协调合作
立德树人

茅台学院工商管理系
课程思政探索

田戊戌 ◎ 主　编

童　俊 ◎ 副主编

中国财经出版传媒集团

经济科学出版社

Economic Science Press

·北京·

图书在版编目（CIP）数据

协调合作　立德树人：茅台学院工商管理系课程思政探索／田戊戌主编；童俊副主编. -- 北京：经济科学出版社，2024.12. -- ISBN 978 - 7 - 5218 - 6524 - 0

Ⅰ. F203.9；G641

中国国家版本馆 CIP 数据核字第 20248759R2 号

责任编辑：纪小小
责任校对：齐　杰
责任印制：范　艳

协调合作　立德树人
——茅台学院工商管理系课程思政探索

田戊戌　主　编

童　俊　副主编

经济科学出版社出版、发行　新华书店经销

社址：北京市海淀区阜成路甲 28 号　邮编：100142

总编部电话：010 - 88191217　发行部电话：010 - 88191522

网址：www. esp. com. cn

电子邮箱：esp@ esp. com. cn

天猫网店：经济科学出版社旗舰店

网址：http：//jjkxcbs. tmall. com

北京季蜂印刷有限公司印装

710×1000　16 开　28 印张　460000 字

2024 年 12 月第 1 版　2024 年 12 月第 1 次印刷

ISBN 978 - 7 - 5218 - 6524 - 0　定价：112.00 元

编委会成员

目　　录

第三篇　课程思政案例分析

第四篇　第二课堂课程思政

第一篇

课程思政及教学改革论文

高校教师教学能力评价研究综述[*]

童　俊　罗雪梅

教学能力是教师的职业能力，也是教师专业能力结构中的核心要素，而教学能力评价是对教师的教学能力进行价值判断的过程，是教师评价体系中最关键的构成要素。尤其在新时代教育评价改革的大环境下，从传统的人才培养模式转变为创新型教育模式，培养创新型人才的背景下，如何更加科学、合理、有效地对高校教师的教学能力进行评价，促使教师教学能力的提升，进而提高人才的培养质量与综合素质，值得我们深入探讨和研究。本文使用文献分析法，对近年来国内外高校教师教学能力评价相关研究进行梳理，以期能为高校教师教学能力的评价指标体系构建提供参考。

引　言

教学是科学和艺术的统一体，教师的教学能力会对教学活动的效果产生直接影响。[1]高校教师教学能力存在基础能力不足、完善提升有限等问题，许多教师尤其新晋教师毕业于非师范类学校，教学功底不扎实，再加上缺乏完善的培训机制，很多高校的考核机制使得教师更加注重发展自己的科研而非教学。[2]对教学能力进行有效的评价，促进教学质量持续改进，是整个教育质量监控的基点。[3]

* 基金项目：2022 年贵州省高等学校教学内容和课程体系改革项目应用型高校经管类教师教学能力评价体系的研究与构建。

通过对万方、维普及知网期刊数据库进行主题词为"教学能力评价体系"的搜索得到图 1。如图 1 所示，自《国家中长期教育改革及发展规划纲要（2011 – 2020 年）》颁布实施以来，关于教学能力评价的文献数量显著增加，许多学者对评价指标体系进行了研究，但当前高校教师教学能力评价体系存在影响因素繁多、各因素间关联复杂且具有不确定性等显著问题[4]，缺乏清晰明了的要素结构和详细具体的评价体系[5]。尤其在当前深化教育教学改革的背景下，如何设计更有效的高校教师教学能力评价指标体系是值得深入探讨的问题。我国学者关于高校教师教学能力评价的研究成果较多，但比较分散，综述类文章较少。因此，本文梳理了相关文献，归纳总结主要观点，以便有系统了解。

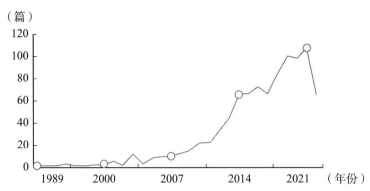

图 1　1989 ~ 2021 年教学能力评价体系研究文献数量变化情况

一、教学能力的内涵

教师教学能力评价吸引了许多学者的关注。然而，关于能力的定义，却没有一个统一的标准，新标准中规定能力是在特定范围将知识、技能和个人特质加以成功运用的潜力。[6]关于教学能力的定义，依据不同的视角，学者们各有阐述。教学能力是成功地将学习技能传授给学习者的能力，包括对自己、他人和所研究的客观世界的碎片深刻而全面的了解，为学生多方面、多层次地理解知识和技能创造条件。[7]教师能力是依托于一般能力，在特定环境下表现出的特殊能力与一般能力的综合应用，包含教学监控能力、教学认知能力和教学操作能力。[1]教师教学能力应为内容知识、一般教学知识以及教师个人的信念、价值观、动机取向和自我调节能力的综合体现。[8][9]具有自我高度效能信念的教师能更容易接受新的教学方法，从而更好给予学生支持。[10]对待教学满腔热忱的教师能更好地教育、引导学生。[11]价值观会影响教师对学生的感知和行为，故教学能力框架中应包含教师的价值观。[12]教学能力是在各种教学环境中有效表现所需的一整套个人特征、知识、技能和态度。[13]教学能力作为一般教学能力与所教学科和主题的结合，还间接体现在教师对教学问题的认识等方面。[14]王碧梅等指出教学能力并非指某一种能力，而是多种能力的综合，是基于学术知识、通过技能得以展现的一种综合能力。[15]

二、教学能力评价视角

高校教师教学能力评价包含自评与他评，由于具有主观能动性，教师能对自身教学状况、过程、效果及质量给出自我评价，而他评主要体现为高校管理者（内含专家）对教师的教学过程、质量及效果等方面做出评价。[16]专家评价通常是由教学经验丰富的专家通过随堂听课对教师的教学水平、能力等方面给予评价，能从专业的角度对授课教师做出评价和指导。彭素认为学生作为教学活动最直接、最主要的参与者，其评价能较真实地反映教师教学水平，并以学生作为调查对象，通过问卷的形式对任课教师教学能力进行评价，从学生实际需求的角度对教师教学能力提升提出建议。[17]还有一种作为补充的他评方式就是同行评价，一般选取有同一授课任务或同专业背景的教师对任课教师的教学进行评价，这种评价方式能有效促进教师之间的交流，提高全体教师教学水平。[3]高校教师教学能力评价除督导专家评价和教师自评外，还应结合校领导、校同事、学生及家长等多方面的评价。[16]

三、教学能力评价原则

综合各研究者的成果，教学能力评价体系构建应遵循如下原则：一是全面性原则，构建评价体系时应将所有可能影响教师教学能力的因素纳入考虑。[18]二是多样性原则，评价教师的教学能力不应局限于某一单个维度，而应从多个维度去进行。[18]三是科学性原则，确定评价指标必须有理论依据，且严格遵循科学的研究方法和手段。[19]四是系统性原则，评价指标的选择应覆盖整个教学过程，以使构建的指标体系能系统地反映研究目标。[19]五是整体性原则，构建指标时应有全局观，体系内各指标不重复、不矛盾且能全面反映教师教学能力水平高低。[19]六是客观性原则，选取评价指标需从实际教学活动出发，选取能对教学能力的本质和目标进行真实客观反映的指标。[19]七是可操作性原则，指标数量应合理，方便操作，保证评价体系的质量和精确度。[19]八是导向性原则，评价指标体系应对教育改革具有导向功能。[19]九是个性化原则，选取评价指标时应注意激发教师的内在动力，促进教师的个性化优势发展。[20]十是学生关注原则，评价的最终目的是提升教师教学能力，提高学生的培养质量，故应遵循学生关注的原则。[20]十一是多元参与原则，评价指标的选取应将教师、学生、家长、政策制定者、研究人员、教师联盟等在内的多元主体意见纳入考虑。[20]十二是定性与定量相结合的原则，教师教学能力的影响因素较多，既有定性指标，也有定量指标，应注意兼顾定性与定量，增强评价结果可信度。[21]十三是奖惩性与发展性相结合的原则，奖惩性评价使教师更注重评价结果，发展性评价则是促进教师课堂教学改进，提升教学能力。[21]十四是结果性与过程性相结合的原则，结果性是面向过去的评价，过程性评价则涵盖教学全过程，有助于教师对教学方法技巧做及时调整。[21]还有学者指出要兼顾全面性与通用性、科学性与客观性、可靠性与可操作性、发展性与动态性等原则。[22]

四、教学能力评价方法

1. 德尔菲法

德尔菲法是就研究问题选择一组专业知识渊博的专家进行匿名咨询调查，对所有专家意见进行收集汇总，并反馈至各专家的调查方法。[23]德尔菲专家咨询法一般需要进行两轮以上，并根据实时意见对专家咨询表进行不断修正。[15]德尔菲法用于教学能力评价具有如下优点：首先，这是获取专家意见并使之达成共识的有效方法；其次，专家组成员可单独考虑他们各自认为重要的教学能力，避免了小组讨论中主导观点的偏见；最后，该方法的意见和想法不是仅针对关键任务，而是具体全面的观点建议。[13]

2. 层次分析法

20 世纪 70 年代，美国著名运筹学家萨蒂（Saaty）教授提出了一种结合定性与定量分析的多目标决策分析法——层次分析法。该方法能相对简便地对一些复杂的、模糊的问题做出决策。[24]层次分析法的基本原理在于将复杂的问题细分为各组成要素，又按照要素间的支配关系将其进行分组形成递阶层次结构，两两比较，确定层次中各因素的相对重要性，再综合决策者的判断，确定相对重要性的最终排序，从而构建数学模型，计算每一层次相对重要性的权值并进行排序，最后依据排序结果做出决策。[25]使用层次分析法构建高校教师教学能力评价指标体系，结合了定性与定量两个维度，评价较为客观。[26]

3. 灰色关联分析法

灰色关联分析法的原理是通过序列曲线形状的相似度对指标间联系的紧密程度进行判断，曲线越接近，两者关联度越高。[27]灰色关联分析法对样本量要求不高，小样本建模分析也能使用，蔡晶晶将此方法运用于构建高职院校教师教学能力评价体系中。[28]王晓霞等使用灰色关联分析法确定各评价指标的权重，并将待评价教师的教学能力与理想形态进行关联分析，关联度最大的教师教学能力相对更强。[29]

4. 模糊综合评价法

模糊理论起源于 1965 年扎德（Zadeh）发表的论文《模糊集合》[30]，后被广泛应用于各领域以刻画生活中模糊、不确定性的现象。模糊综合评价法则是基于此，通过赋予隶属度对模糊的客观现象进行分析，进而得到清晰结果的一种转定性为定量的分析方法。[31]模糊综合评价法通常需要借助其他方法（如层次分析法或德尔菲法等）确定评价指标的权重，然后创建恰当的隶属函数对各评价指标的隶属度加以计算，得到模糊评价矩阵，最后再经过层层的运算得到最终评价结果。[32]

5. 神经网络分析法

通过自身不断学习、积累以及强化训练，深入挖掘数据间的规律，进行高效分析，神经网络在数据挖掘分析中有着明显异于传统分析方法的优势，该方法效率与效度都较高。[33]杨明莉基于离散 Hopfield 神经网络结构建立了高校教师教学能力评价模型，将教学能力评价的等级作为模型设计的平衡点，当输入待分类的评价指标时，Hopfield 神经网络根据前期学习存储的平衡点对其进行等级分类。[4]王欢和李强进一步将亲和力、逻辑思维力和敬业精神作为隐性指标纳入模型，单独创建神经网络生成相应隐性反馈系数，再并入待评价显性指标重新创建神经网络得到评价等级。[34]

五、教学能力评价体系

关于综合性的教学能力评价体系，王照奎尝试构建教师教学能力的评价模型，编制了 4 个评估量表。[35]吴志华等构建了包含语言、操作、监控和设计的四维评价体系。[36]张大良等在认知、实施、监控、反思、终身学习 5 个能力评价方面基础上增加了"总体印象"构成评价体系。[37]根据教师成长规律理论，孙宁云等将高校教师职业发展划为入职早期、入职初期、能力形成、职业受挫、热心成长和职业稳定六个阶段，构建了PMPI教学能力评价体系。[38]在不同阶段，教师的关注点不同，教学技能掌握程度不同，面临的困境也不相同，故应根据教师所处阶段采用不同的评价指标。[38][39][40]杨菊仙等构建了涵盖特质能力、工作技能、基本素质、人际关系和教学风格五个能力维度的教学能力评价体系。[18]谢建等从态度倾向、自我评价和客观考量三个方面，自身角色认知能力、学生学习理解能力、课程设计与开发能力、教学设计与实施能力、学业反思与评价能力、技术改善教学能力六个维度构建了高校教师教学能力评价体系。[26]

关于专项教学能力评价体系，李小娟等从高校、教师和学生三个维度出发，建立了针对高校创新创业教师教学能力的多角度、分层次、全方位评价体系。[41]王碧梅等将教学过程中的许多因素纳入考虑，构建了科学教师教学能力评价体系。[42]雷晓莉基于普通高校向应用型高校转型的背景，利用层次分析法，从专业理论知识、实践教学设计、实践教学组织、实践教学评价、产学研结合五个能力方面构建了经管类教师实践教学能力评价体系。[43]刘满芸等对翻译专业所需能力进行分解，构建了针对翻译专业教师教学能力的本体维、条件维、实践维、批评维四维评价体系。[44]樊云和冯其明运用主成分分析法分析关于网球教师教学能力情况数据，构建了网球教师教学能力评价指标体系。[45]刘泽林构建了包含教学设计、教学实施、教学评价及教学拓展四项大指标的普通高校体育教师教学能力评价指标体系。[46]也有学者对医学院教师教学能力评价体系进行了讨论。[47][48]

还有学者对国外的教师评价体系进行了阐述，美国的TEAM评估系统有助于促进师生共同成长，采用质量结合的评价方法，评价的信效度都较高，评价主体涵盖专家评价和教师自评，评价体系较为完善。[49]

六、建议

1. 关于教学评价的建议

第一，建立健全评价体制机制。抽取专家代表、学生代表、家长代表、企业用人单位代表和任课教师代表组成"五位一体"的评委会，从不同角度对教师的教学表现进行较全面的评价。[2]第二，构建贯穿教学全过程的评价指标。教学能力通过教学活动体现，故对教学能力的评价应从教学的前、中、后三个阶段对整个教学活动进行分析。[1]第三，体现学生主体地位。教师评价应以发展性理念为指导，以学生的需求和能力素质培养为标准[50]，以促进学生发展为最终目标[51]。

2. 关于提升教学能力的建议

第一，积极组建教学团队。号召教师积极组建教学团队，围绕课程的教学大纲、教学方案、教学设计等展开讨论，进行集体备课、磨课。[2]第二，构建培养机制。开展多样化的教学培训项目、讲座，请专家、教学名师分享成功经验和教学技能，并鼓励教师走出去，与各高校同行多进行教学交流。[52]第三，完善教学科研考核评价体制机制。进一步完善教师考核制度，建立恰当的教学与科研考核评价机制，以使教师能教学与科研并重，教学中孕育科研，科研中反哺教学。[2][22]

结　　语

虽然国内对高等院校教师教学能力评价的研究发展较快，目前已大致形成以学生评价为主，专家评价、同行评价和自我评价相结合的方式，但是这些评价多倚重教学结果，对教学过程的重视程度不高，且许多研究都是立足于学术，从理论层面进行分析讨论，与教学实践结合度不高。很多研究开发出了量表对教师教学能力做定量分析，但量表中仍有部分问题是定性化问题，使得评价结果并不能真实准确地反映教学能力水平。进一步的研究可以通过学习借鉴国外教师教学能力评价体系的成功经验，结合国内教学实际情况，对高等院校教师教学能力现有评价体系存在的不足进行改进，以提高教学质量，培养更优秀的人才队伍。

参考文献

［1］申继亮，王凯荣.论教师的教学能力［J］.北京师范大学学报（人文社会科学版），2000（01）：64-71.

［2］俞成涛，孙月梅，叶霞.新工科建设背景下地方高校教师教学能力提升途径研究［J］.江苏技术师范学院学报（自然科学版），2019，025（006）：102-106.

［3］张馨予，王杜春.高校教师教学评价研究文献综述［J］.黑龙江教育：理论与实践，2017（07）：2.

［4］杨明莉.基于离散Hopfield神经网络的高校教师教学能力评价研究［J］.福建质量管理，2015（10）：196.

［5］杨世玉，刘丽艳，李硕.高校教师教学能力评价指标体系建构——基于德尔菲法的调查分析［J］.高教探索，2021（12）：66-73.

［6］Nyshanova S T，Baimukhanbetov B M，Abdigapbarova U M，et al. Developing Future Teachers Creative Abilities In Competence—Oriented Educational Process of High School［J］.*Procedia - Social and Behavioral Sciences*，2014，116：4287-4292.

［7］Elena B，Irina G，Menshikov P，et al. The ability to learn and ability to teach：learning and teaching styles［C］.*International Conference on the Theory and Practice of Personality Formation in Modern Society*（ICTPPFMS 2018）. Atlantis Press，2018：146-153.

［8］Hachfeld A，Hahn A，Schroeder S，et al. Should teachers be colorblind? How multicultural and egalitarian beliefs differentially relate to aspects of teachers' professional competence for teaching in diverse classrooms［J］.*Teaching and Teacher Education*，2015，48：44-55.

［9］M. Kunter，J. Baumert，W. Blum，U. Klusmann，S. Krauss，M. Neubrand（Eds.）.*Cognitive Activation in the Mathematics Classroom and Professional Competence of Teachers：Results from the Coactiv Research Program*［M］.

Springer, New York, 2013: 273 – 289.

[10] Tschannen – Moran M, Hoy A W. Teacher efficacy: Capturing an elusive construct [J]. *Teaching and Teacher Education*, 2001, 17 (07): 783 – 805.

[11] Moè A, Pazzaglia F, Ronconi L. When being able is not enough. The combined value of positive affect and self-efficacy for job satisfaction in teaching [J]. *Teaching and Teacher Education*, 2010, 26 (05): 1145 – 1153.

[12] Voss T, Kleickmann T, Kunter M, et al. Mathematics teachers' beliefs [M]. *Cognitive Activation in the Mathematics Classroom and Professional Competence of Teachers*. Springer, Boston, MA, 2013: 249 – 271.

[13] Tigelaar D E H, Dolmans D H J M, Wolfhagen I H A P, et al. The development and validation of a framework for teaching competencies in higher education [J]. *Higher Education*, 2004, 48 (02): 253 – 268.

[14] 王磊, 魏艳玲, 胡久华, 等. 教师教学能力系统构成及水平层级模型研究 [J]. 教师教育研究, 2018, 30 (06): 9.

[15] 王碧梅, 胡卫平. 科学教师教学能力结构模型建构——基于德尔菲专家咨询法的调查分析 [J]. 教师教育研究, 2016, 28 (06): 65 – 74.

[16] 高巍. 高等教育中的教学观察与评价 [J]. 武汉大学学报 (哲学社会科学版), 2013 (03).

[17] 彭素. 基于学生视角的高校青年教师教学能力评价及对策研究 [C]. "决策论坛——经营管理决策的应用与分析学术研讨会" 论文集 (下), 2016: 176 – 177.

[18] 杨菊仙, 杨灿. 基于粗糙集的大学教师教学能力评价体系研究 [J]. 重庆科技学院学报 (社会科学版), 2018 (02): 125 – 127.

[19] 苏玥. 天津市高校体育教师教学能力评价指标体系的研究 [D]. 长沙: 湖南师范大学, 2012.

［20］孙颖 . 试析美国有效教师评价方式的价值取向——基于增值性评价和标准化评价［J］. 教育理论与实践，2015，35（28）：40－43.

［21］谭海林，王亮成，张治坤 . 高职院校专业教师课程思政教学能力评价体系构建探析［J］. 中国现代教育装备，2022（11）：162－164.

［22］米娟 . 高校教师教学能力的评价与提升策略［J］. 经济研究导刊，2014（10）：273－274.

［23］Louis Cohen，Lawrence Manion，Keith Morrison. *Research Methods in Education*［M］. Taylor and Francis，2017.

［24］Satty T L. *The Analytic Hierarchy Process*［M］. New York：McGraw Hill Company，1980.

［25］王莲芬，许树柏 . 层次分析法引论［M］. 北京：中国人民大学出版社，1990.

［26］谢建，褚丹，葛涵 . 基于层次分析法的高校教师教育者教学能力评价体系研究［J］. 中国成人教育，2015（04）：122－125.

［27］刘思峰，党耀国，等 . 灰色预测与决策模型研究［M］. 北京：科学出版社，2009.

［28］蔡晶晶 . 基于灰色关联分析的高职青年教师教学能力评价［J］. 安徽广播电视大学学报，2016（03）：120－123.

［29］王晓霞，祖培福 . 基于灰色关联分析的高校青年教师教学能力评价模型［J］. 商业经济，2020（11）：3.

［30］Zadeh L A. Fuzzy sets［C］. *Fuzzy Sets，Fuzzy Logic，& Fuzzy Systems*. World Scientific Publishing Co. Inc. 1996.

［31］曾涛 . 专家与新手教师的研究及培养启示［J］. 河北民族师范学院学报，2005，25（03）：2.

［32］方璐瑶 . 基于模糊综合评价法的新手教师课堂教学能力评价［J］. 科教导刊，2020（01）：3.

［33］崔铭，吴亚光 . 基于改进BP神经网络的高校教师创新创业教学

能力评价研究 ［J］. 江汉大学学报（自然科学版），2018，46（02）：125 - 129.

［34］王欢，李强. 基于离散 Hopfield 神经网络的高校教师教学能力评价研究 ［J］. 现代计算机（专业版），2018（28）：20 - 23.

［35］王照奎. 高等学校教师教学能力评估初探 ［J］. 山西大学师范学院学报（哲学社会科学版），1989（02）：72 - 76.

［36］吴志华，刘婷. 教师教学能力评价指标体系的建立——基于高师微格课程效能评价的研究 ［J］. 辽宁师范大学学报（社会科学版），2011，34（04）：58 - 61.

［37］张大良，纪志成，周萍. 高校青年教师教学能力的评价体系与影响因素研究 ［J］. 贵州社会科学，2009（09）：91 - 96.

［38］孙宁云，李健，袁帅，等. 高校青年教师教学能力 PMPI 评价体系构建研究 ［J］. 河南科技学院学报（社会科学版），2019，39（10）：5.

［39］费章凤，胡小红. 高校教师教学评价的实证分析——基于职称评审的视角 ［J］. 复旦教育论坛，2011（03）：5.

［40］张圆圆. 高职院校教师信息化教学能力现状分析及提升对策 ［J］. 黑龙江生态工程职业学院学报，2017，30（06）：3.

［41］李小娟，陈晨，许杰慧. 刍议高校教师创新创业教学能力评价指标体系的构建 ［J］. 时代经贸，2018（25）：92 - 93.

［42］王碧梅，曹芳芳. 基于 Delphi - AHP 法的科学教师教学能力评价指标体系建构 ［J］. 当代教育与文化，2019，11（03）：45 - 53.

［43］雷晓莉. 应用转型背景下高校经管类教师实践教学能力评价体系构建 ［J］. 教育现代化，2019，6（88）：79 - 81，101

［44］刘满芸，秦丽艳，安宇. "国标" 框架下 BTI 教师教学能力发展及评价体系研究 ［J］. 长治学院学报，2020，37（03）：93 - 100.

［45］樊云，冯其明. 体育院校网球教师教学能力评价指标体系构建 ［J］. 攀枝花学院学报，2012，29（01）：120 - 123.

［46］刘泽林．基于层次分析法的普通高校体育教师教学能力评价指标体系研究［J］．山东体育科技，2012，34（06）：67－69．

［47］王玲，邢素平．高等医学院校青年教师教学能力评估标准指标体系研究［J］．世界最新医学信息文摘，2018（73）：1．

［48］张晗，田文华．医学院校教师教学能力评估标准指标体系研究［J］．中华医学教育杂志，2015（04）：4．

［49］高巍，张亚林．美国最新教师评价系统TEAM及其启示［J］．教育研究与实验，2017（01）：42－47．

［50］杜兰花．高职院校教师教学能力评价体系的重新构建［J］．职业，2008：111．

［51］王艳萍．高职教师教学能力评价体系的反思与重构［J］．濮阳职业技术学院学报，2014（04）．

［52］范宏宇．应用型本科院校青年教师教学能力提升机制探析［J］．教育与职业，2017（19）：4．

（已发表于《湖北第二师范学院学报》2023年第3期）

大数据背景下统计学课程思政建设模式与实现路径[*]

黄思博雅　杨　娇　刘敬伟

　　统计学课程蕴含着丰富的思想政治教育资源，顺应时代的要求教师应将思政元素融入统计学专业知识教学过程中，培养学生应用统计学基本理论与方法解决实际问题的能力。本文针对目前统计学课程思政建设中存在四个方面的问题，即课程内容尚未完全适应大数据时代的新要求，授课教师尚未完全适应课程思政的教学观念，教学设计尚未完全适应课程思政要求下的新模式，学生尚未完全适应课程思政的教学模式，通过从统计学起源、统计调查、统计整理、统计推断、统计学家故事等几方面着手深挖思政元素，提出统计学课程思政建设模式与实现路径。

引　　言

　　2017 年中共中央、国务院发布的《关于加强和改进新形势下高校思想政治工作的意见》中提到，加强和改进高校思想政治工作是一项重大的政治任务和战略工程。这需要高校发挥育人功能，显性教育和隐性教育相统一，培养学生历史思维、辩证思维、系统思维和创新思维，引导学生把握历史和时代发展方向，学会用正确的立场、观点、方法分析并解决问题。总体来说，高校教育要把立德育人和文化素养培育贯穿整个课程的教学

　　* 基金项目：贵州省高等学校教学内容和课程体系改革项目（项目编号：2021358）。

中，把思政教育贯穿整个人才培养过程，将"三全育人"理念贯穿教学全过程，真正做到从"教"走向"育"，培育社会所需要的具备专业知识和良好政治素养的人才。

统计学是研究数据收集、整理和分析的方法论科学，目的是通过培育统计思维、提升探索数据内在的数量规律性的能力，达到对客观事物的科学认识。统计学发展至今已有300多年的历史，积累了大量理论与实践成果，广泛应用于政府管理、学术研究、日常生活、企业经营过程中。因此，统计学蕴含着丰富的思想政治教育资源，为统计学课程思政建设提供了不竭的源泉。高校教师应适应时代要求，深挖思政元素，将思政教育融入课程中，以知识点为出发点，将最新的政策、社会事件、区域发展、学者生平和理论前沿融入教学全过程，引导学生树立正确的价值观、人生观、世界观。

一、关于统计学课程思政建设的文献综述

近年来，课程思政已经成为各类课程建设研究热点，取得了丰富的研究成果，许多学者对统计学课程思政建设进行了有关的探索与实践研究。易大莉（2022）通过检索统计类课程思政文献，并采用文献计量分析方法，对关键词指标进行了深入分析，认为关键词检索热点演化经历了2017～2019年的起步期，热点主要集中在课程思政的调查研究方面；2020～2021年的生长期，热点主要集中于课程思政的具体实践与应用方面。

黎伟（2020）从统计学面临时代的新挑战角度进行了相关研究，他认为在大数据时代背景下，管理统计学课程内容体系和教学方法需要结合大数据的特点不断优化，注重实践。汤银芬（2021）也认为统计学需与大数据时代特色结合，引导学生紧跟时代脚步。王萍萍（2019）从思政理论指导着手，在教学设计上进行了有关的探索，认为教师可以将马克思主义哲学与统计学的理念相结合，通过理念的创新以及教学实践总结经验改善教

学方法；吴青青（2022）从教学模式着手，认为将"OBE＋对分课堂"教学理念引入，可以改变传统教学模式，有效发挥课程思政功能；文慧霞（2021）从案例嵌入方面着手，介绍了通过案例教学法结合思政元素来理解专业理论知识，达到育人效果。统计学来源于实践，陈伟（2022）提出，统计学课程思政融入需要从校内、校外实习、第二课堂的实践教学中寻找契合点。潘鸿（2020）认为在统计学的学习中，学生应掌握对 Excel、SPSS 等统计软件的应用。

二、目前统计学课程思政建设存在的问题

统计学通过对各个领域的数据进行处理和分析来探索数据背后的规律性，是人们认识客观世界数量关系的重要工具课程，统计学课程思政在引导学生树立正确世界观、人生观和价值观上发挥着重要的价值引领作用，然而，当前统计学思政建设中仍存在以下几个问题。

（一）课程内容尚未完全适应大数据时代的新要求

在大数据、人工智能时代背景下，传统统计学先"问题"后"数据"的模式已经转变为先"数据"后"问题"模式，且统计学研究思维、研究方法、研究过程、研究对象、相关概念发生了变化。然而，在实际授课中，存在高校统计学教学仍沿用传统教学内容，未在课程教学内容中融合学科前沿，因此，如何与时俱进地丰富和完善教学内容，是大数据时代背景下统计学教学需要思考的问题。

（二）授课教师尚未完全适应课程思政的教学观念

统计学授课教师是课堂教学质量的第一责任人，也是实施课程思政的主体，在传统教学中，授课教师在思政教育中普遍缺位。部分教师认为思政教育与专业课教师无关，只属于思政教师的职责，把统计学专业知识教

育与思政教育相割裂，只教书不育人，仅讲授统计学知识，不对学生进行价值观引导，使得统计学课程思政流于形式。

（三）教学设计尚未完全适应课程思政要求下的新模式

统计学课程教学体系不完善，主要表现在：大数据时代下，存在统计理论与方法的不断发展与统计学课程的教学框架长期维持不变的矛盾，沿用之前的教学方式和教学内容无法满足目前的统计教学需求；思政元素挖掘不够，思政融入僵硬，理论知识教育与思政教育融合不足；教材陈旧，应用性较差，不满足新背景下的教学需求；课程资源运用不足、课程缺乏相应的实践配套练习，理论教学和实践操作相脱节等问题。

（四）学生尚未完全适应课程思政的教学模式

以教师为主的"灌输式"传统教学已经不再适应现实的教学需求，学生被动参与到课堂中，观念仍是"要我学"而非"我要学"，缺乏学习积极性与主动性，对知识点的认识停留在感性认识，对数据的理解也仅限于表面的分析，学生无法正确地将丰富的感性材料去伪存真加工改造上升至理性认识，培养理性思维。

三、统计学课程思政的融入点

为了深挖统计学思政教育资源，更好地融入课程思政元素，达到思政育人效果，可以从统计学起源与发展、统计调查、统计整理、统计分析与推理推断及统计学者故事和经典理论分享五个方面出发，以统计思想为契机，关注历史和现实问题，做到课程与思政有机融合。

（一）由统计学起源与发展，培养学生历史情怀和与时俱进的精神

统计是静止的历史，历史是流动的统计，人们通过统计见证、记录了

历史与变迁。以史为鉴，可以知兴衰，通过了解我国统计学的发展历程，引导学生用历史的眼光看待问题。通过对比中外统计学发展历史，引导学生正确认识世界和中国发展大势，正确认识中国特色与国际比较，培养学生的历史情怀与文化素养。

统计学产生于应用，并在应用中发展和完善，大数据时代背景下，数据越界收集、批量处理等方面发生巨大变化。为了适应时代发展，在数据统计中站稳脚跟，应讲授统计学的发展，鼓励学生学习最新的挖掘工具及算法，培养学生与时俱进的精神。

（二）由统计调查，培养学生实事求是的精神和法律意识

统计调查是一项重要的基础工作，通过调查取得统计数据是统计活动的开端和基础，数据的完整与准确直接影响后期的数据整理与分析。在讲授统计调查专业知识时，应融入中国革命发展历史和实践经验，讲解毛泽东同志深入中国农村和城镇，提出了工农武装割据的思想，选择农村包围城市革命道路，引导学生理解"一切从实际出发，实事求是""没有调查就没有发言权"，认识到调查研究是认识问题的根本途径，也是解决问题的重要基础。培养学生实事求是的科学精神。

与此同时，在大数据时代背景下，近年频频曝出数据泄露事件，数据泄露对用户和国家都产生了严重威胁，应该引起重视。教师通过美国facebook公司数据泄露案例分享，引导学生关注数据来源的合法性，重视用户数据的保护，自觉遵守诚实守信的核心价值观，要求学生在进行数据收集过程中，严格遵守《统计法》等法律法规，自觉提升道德素养，培养法治思维。

（三）由统计整理，培养学生职业道德和社会责任感

统计整理是将收集到的数据通过图表进行展示，在此阶段，应坚持数据的真实性，不篡改数据，不误导读者，严格遵守统计法律法规，坚决贯

彻执行国家各项统计政令，严格执行国家统计制度和行为规范，自觉遵守爱岗敬业核心价值观。然而，统计法实施中统计造假、数据操控并不少见，"官出数字，数字出官"的丑恶现象时有被曝。教师教育学生在以后的工作中要高度敬畏和培养高尚职业道德和社会责任感，要脚踏实地，保持诚信，不弄虚作假，不歪曲数据特征，培养具有数据处理能力和崇高职业道德的技术人才。

数据是一面镜子，反映社会的发展。教师可以通过党的二十大报告中居民人均可支配收入、城镇新增就业等数据解析我国经济社会发展所取得的非凡成就。教师也可鼓励学生通过观察数据了解社会。观察农村地区第二产业用电、第三产业用电、居民用电、农村基础设施建设、交通便利性等电力大数据，分析乡村产业发展情况、家庭电气化水平、乡村生活富裕程度，了解乡村振兴战略实施现状，引导学生关注社会、关注民生，培养学生社会责任感和使命感。

（四）由统计分析与推理推断，培养学生理性思维

统计推断是用样本的数据对总体特征进行评估和检验的方法，是由部分推断总体的过程，蕴含着唯物辩证思想。互联网信息时代下，信息资源无序增长，质量良莠不齐，如何在数量庞大、价值密度低的信息中快速鉴别信息真伪，筛选有效信息加以利用是一门必修课。对此，教师应分享大数据时代背景下通过数据分析和挖掘解决实际问题的案例，同时，通过开展实践项目，提高学生统计分析软件运用的能力，提升学生的数据敏感性和推理能力，培养学生理性思维。

（五）由统计学学者故事和经典理论分享，培养学生敬业精神和学习兴趣

统计学发展至今，其成果由无数学者呕心沥血潜心研究而来，在教学过程中加入学者生平与事迹介绍，引导学生学习学者思考和处理问题的方式，培养学生敬业精神。例如，介绍我国统计学的一代宗师许宝騄的一生，引导学生学习他不畏困难兢兢业业献身于统计的敬业精神。

同时，也可以分享学者在研究过程中发生的趣事或者产生的经典理论。例如，通过推荐课外读物《女士品茶》，引导学生思考，这个简单的实验设计如何具象化统计学中最大似然估计、假设检验、中心极限、大数定律等理论概念；通过分享幸存者偏差的由来，解释样本选取没有代表性或者感性的材料会引起认知偏差，引导学生全面地、辩证地看待问题，激发学生学习兴趣。

四、大数据背景下统计学课程思政建设模式与实现路径

（一）结合大数据背景更新课程内容，完善课程体系

第一，教师应结合大数据背景融入大数据、机器学习等理论与方法，完善教学内容，厘清教学思路，更新教学大纲与教学重点、难点，完善教学内容，保持统计学课程前沿性。第二，教师应找准思政内容与统计学知识的契合点，补充课程思政的教学内容，不生搬硬套、空谈思政，做到统计学与课程思政同向同行。第三，加强教材建设。参考现有的经典教程，结合大数据背景，编著兼顾科学性与时代性的教材或讲义，将传统统计分析方法与机器学习方法有机结合。第四，建设课程资源。除了利用传统的教材课件、课后习题、案例分析外，教师可以充分利用网络教学资源，鼓励学生主动学习主流机器软件，提高学生统计软件应用能力。第五，加强实践教学环节。纸上得来终觉浅，绝知此事要躬行，有效的实践环节十分重要，教师需要将课堂教学延伸到实践教学，以产教融合项目为依托，组织学生设计、发放、回收调查问卷并整理问卷数据、撰写统计分析报告，培养学生的实践应用能力，实现从理论验证性学习到探索式学习的跨越。转化教学成果，加强校企合作，高校、企业、社会协同支撑，形成"产学

研"合作育人，培养应用型本科专业人才。第六，引入新的信息技术手段优化课堂教学。提高数字化教学效果，在学习通、雨课堂 App 平台建立兴趣群或者 QQ 群，打破课堂的时间空间局限，延伸统计学课堂，巩固课堂所学，加强师生之间的互动交流。

（二）转变教师课程思政教学观念，发挥教师的关键作用

教师是课堂教学的关键，是传授专业知识和进行思想政治教育的主体，教师的品德、修养和学识决定了教学课堂的水平。在过去的课堂上多呈现重知识、轻育人的现象，教师授课停留在理论教学，教师关键作用未得到全面发挥，为解决这一问题，发挥教师的积极性、主动性、创造性，第一，应激发和培养统计学任课教师的课程思政意识，提高专业教师对专业课思政育人功能的认识，增强教师对课程思政的认同感与使命感。第二，教师应提高自身思政素养，注重自身品德修养与言传身教。提高政治理论水平，把思政教育贯穿课堂始终，潜移默化影响学生，达到润物细无声的育人效果。第三，教师应坚定共产主义远大理想和中国特色社会主义共同理想，把理想信念教育作为思政教育的重要任务，激励大学生坚定理想、肩负使命，为实现中华民族伟大复兴奋勇前进。

（三）转变课程思政的教学模式，强化学生的主体地位

为了发挥学生主体作用，重视学生的需求，提高学生学习积极性与主动性，在教学过程中应转变课程思政的教学模式。可以从下几点出发。首先，教师可以采用 PBL 教学模式，通过增加应用场景、导入案例，激发学生学习动机，引导学生自主学。例如，通过分享"常在河边走，哪能不湿鞋"的谚语，告诫学生概率再小，重复实验次数多了事情也会发生。因此要警惕小概率事件，警惕"黑天鹅"事件变成"灰犀牛"事件，重视生活中的细节，谨防坏习惯日积夜累酿成大患，在工作生活中保持认真严谨的态度；通过分享烽火戏诸侯的故事，告诫学生尊重他人，诚实地对待每一

个人，做事要沉稳，不能因一己私欲欺骗别人。其次，教师可以以时事政治、社会热点新闻为出发点，把中国经济社会和政策实践嵌入统计学专业知识点学习中，通过典型的案例，阐述如何学以致用，运用统计学研究中国现实问题，解释中国发展的独特规律和改革举措。例如，通过党的二十大报告中的数据了解民生建设成就；通过数据见证乡村振兴战略实施成效，了解农村发展现状，引导学生关注社会民生重点、难点、热点等现实问题；通过人类发展指数的案例导入，引导学生掌握绿水青山与金山银山的辩证统一关系，关注绿色发展，注重人与社会的协调发展，培养学生社会责任意识和家国情怀。再次，课堂上鼓励主动思考与发言，通过小组讨论激发学生的学习兴趣，培养学生统计思维，提高利用统计理论解决实际问题的能力。最后，鼓励学生参与全国大学生统计建模大赛等比赛，以赛促教，通过积极参赛促进学生提升自主学习能力，也可以通过鼓励学生考取数据分析师（CDA）证等证书，学习数据分析方法和技术，增强数据分析能力，激发学生学习兴趣与动力，促进知识内化。

结　　语

统计学是高等学校经济学类、工商管理类高校的基础必修课程，主要培养学生发现问题、分析问题和解决问题的能力。课堂教学中，不仅包括书本理论知识，还要融入思政元素，培养学生思想道德素质。路漫漫其修远兮，在今后的教学实践中，教师仍需不断挖掘统计学思政元素，总结教学经验、创新教学理念、更新教学体系，重视学生主体作用，通过不断学习提升思政教学水平。

参考文献

［1］王筠. 统计学"课程思政"教学改革研究——以市场调查与数据分析实践课程为例［J］. 华东纸业，2021，51（06）：173－175.

［2］易大莉，张彦琦，陈济安，伍亚舟．统计类课程思政研究的文献计量分析［J］．中国卫生统计，2022，39（04）：616－618＋624．

［3］潘鸿，张立芳，魏思琳．"课程思政"理念下《统计学》课的教学探索［J］．创新创业理论研究与实践，2020，3（09）：54－55＋60．

［4］陈伟．对《统计学》课程教学内容与思政元素契合点的探讨［J］．内蒙古统计，2022（02）：43－46．

［5］文慧霞，王晨阳，张雷．基于课程思政的教学案例——假设检验中的两类错误［J］．现代商贸工业，2021，42（12）：137－138．

［6］王萍萍．马克思主义哲学在统计学课程教学中的实践探讨［J］．教育教学论坛，2019（18）：43－44．

［7］吴青青，王巍，王贞．课程思政理念下统计学"OBE＋对分课堂"教学模式研究［J］．现代商贸工业，2022，43（12）：160－161．

［8］汤银芬．统计学课程教学与思政教育结合的研究［J］．中国多媒体与网络教学学报（上旬刊），2021（03）：215－217．

［9］黎伟，李蓬实．大数据时代管理统计学课程教学改革思考［J］．教育教学论坛，2020（22）：177－178．

（已发表于《大学》2024年1月刊）

应用型本科院校统计学课程教学改革思考

罗 君 刘敬伟

大数据时代对人们的统计分析能力提出了更高的要求。本文根据应用型本科院校工商管理类专业统计学课程的特点，针对课程教学存在的不足，提出了重构教学内容、改进教学方法、加强案例教学、强化实践教学环节等改革内容和措施，以提高学生的学习兴趣，充分调动学生的学习积极性和主动性，培养学生的自主学习能力和实践应用能力，为学生后续专业课程的学习打下坚实的基础。

引 言

大数据时代对人们的统计分析能力提出了更高的要求。统计学课程是应用型本科院校经管类专业的一门专业基础课，通过本课程的学习，学生能够掌握数据分析的基本概念、基本原理和基本方法，为后续的专业课程学习提供必要的统计分析工具与方法。[1] 如何针对应用型本科院校学生的特点及应用型本科院校专业基础课的教学要求，在有限的学时安排下，使学生掌握基本的、必要的、够用的数据分析方法，是每个统计学课程任课教师必须面对和解决的问题。根据统计学课程的特点及应用型本科教育专业基础课的教学要求，深入分析目前统计学课程教学存在的不足，并以此为基础，探讨科学合理的教学理念、教学内容与教学方法，提出相应的教学改革与创新措施，具有十分重要的理论和实践意义。[2]

一、统计学课程的特点

（一）内容体系的连贯性及基本理论的逻辑性较强

目前，国内本科高校统计学课程的内容主要有统计描述、参数估计、假设检验、方差分析、相关与回归分析、时间序列分析、统计指数等，内容丰富，知识点多，并且前后连贯性、逻辑性较强。但一般来说，本课程教学课时特别是实践环节的课时比较少。如何在有效的时间内使学生掌握统计学课程的主要内容，并能灵活加以运用，是本课程教学必须首先考虑的一个关键问题。

（二）以数学模型表现的统计模型大多比较抽象

统计学课程的特点决定了在教学中必须运用一定的数学方法研究数据背后存在的规律性，因此，本课程的讲授必须在学生具备一定的数学知识特别是数理统计的基本知识的基础上进行。[3] 能够熟练掌握并运用数学公式进行统计计算和分析，这是学习统计学课程的基本要求，也是学生应该掌握的基本技能之一，教学中完全撇开数学公式是不可能的。特别是参数估计与假设检验的教学，理论性、连贯性、逻辑性较强，如何针对应用型本科院校学生数学基础相对比较薄弱的特点，使学生能够有兴趣、听得懂、记得住，并且能够熟练地加以应用，是本课程教学过程中的一个难题。

（三）对统计软件的依赖性较强

为适应大数据应用与分析的需要，统计技术越来越依赖于统计软件的应用。[4] 目前的统计学教材中，出于教学的需要，案例或例题可能罗列大量的数据，教师在教学过程中出于说明问题的目的，分析的数据也不会太多，在这种情况下，手工计算虽然难度较大，但仍然可以勉强为之，而在实际工作中，海量数据是普遍存在的客观事实，特别是当前基于 Python 等互联网技术的数据可获得性得到了全面提高，从而使得手工计算和分析数据根本不可能实现，并且对统计软件的功能要求也越来越高，之前可以用 Excel 做基本的统计分析，现在可能需要 R 软件才能更好地满足数据分析的要求。尽管应用型本科院校一般都开设了计算机应用等必修或选修课程，但这些课程大多只是单纯教学计算机语言，与统计分析的联系不密切。因此，如何在讲授统计知识的同时，辅以必要的统计软件（如 Excel、SPSS、Stata、R 等）的教学，是本课程教学过程中必须考虑的一个现实问题。

二、当前统计学课程教学存在的不足

（一）教学目标不够清晰

统计学以数学为语言，运用一定的数理方法，通过对大量数据的数理分析与推断，揭示数据背后隐藏的规律性，为科学决策提供依据。[5] 目前，普通本科院校除统计学专业外，经济类和管理类专业也普遍开设统计学课程，也有一些院校的经管类专业在开设统计学课程的基础上，又开设了计量经济学课程——这是一门基于统计学并高于统计学的数据分析课程。由于普通本科院校学生特别是统计学专业的学生数理基础相对较好，统计学教学课时也较长，因此通过统计学课程的深入学习，学生可以从事一定的数据分析工作。而应用型本科院校开设统计学课程的主要目的在于为后续专业课程的学习提供一定的分析工具，其主要培养目标一般是让学生掌握基本的统计理论和统计知识，能够在后续专业课程的学习过程中运用统计技术与方法对相关业务数据加以分析并用以指导决策。[6] 基于这样的培养目标，教师在实际教学过程中存在两种倾向：一是简单化倾向，即在讲授过程中力求简单，不解释更不推导数学公式的统计含义，只是对统计模型的结论加以简单应用，在内容上也尽可能简单化，对推断统计及回归分析的内容大幅删减；二是小而全的倾向，试图把每一个统计分析方法都讲授给学生，让学生掌握更多的知识，但对每一种方法都只是泛泛而谈，比如，对回归分析只介绍 OLS 估计量的计算公式及其统计意义，对 OLS 估计方法的适用条件是否满足却不做过多说明（现实数据往往不满足 OLS 的适用条件，比如异方差等）。在这两种倾向的影响下，学生学到的是刻板的知识，而非方法的应用，这就偏离了应用型本科院校培养学生对知识的应用能力的目标。[7]

（二）教学内容与大数据时代的要求相比显得较为滞后

更早期的统计学课程大多是基于统计工作过程来组织课程内容体系的（甚至目前在某些高校仍然存在这种情况），即根据统计调查—统计整理—统计分析（包括综合指标分析、动态数列分析、指数分析等）这样的工作过程来程序化教学内容。从统计的含义来看，这样的教学内容突出的是统计工作而不是统计学，更不是统计分析，教材通常以大量的篇幅论述统计工作中的统计总体与统计单位、统计标志与标志表现、变异与变量、各种统计指标与统计分组方法、调查方案的设计等。这样的课程内容体系过分强调统计工作的内容，忽略了统计学的数据分析功能。后来，统计学的教学内容逐步注重统计推断和数据分析，教学内容涵盖了参数估计、假设检验、卡方检验、方差分析、回归分析等，构成了当前统计学教学的主要内容体系。即便如此，仍然不能满足实际数据分析的需要。有些教师为了尽量避免数学化、避免过分涉及数理统计，对一些基本的估计和检验问题含糊其词，想说清楚但又说不清楚或者不知道怎样才能说清楚，从而使学生刚开始接触这门课程就失去了应有的兴趣。[8]有些教师对于应用性更强的多元统计分析（在现实数据分析中很难有单纯的一元统计分析），因认为其难度较大而在应用型本科统计学教学中将其忽略掉。

（三）教学计划与前修课程的契合度不足

在应用型本科院校经管类专业的教学计划中，统计学课程的课时安排一般较少。同时，统计学课程与前修课程（特别是概率论与数理统计课程）的关系虽然在培养方案中得到了明确，但在实际教学活动中，统计学与数理统计往往是由不同院系分别授课，任课教师相互之间的沟通不够顺畅。任课教师的侧重点不同，往往会各讲各的，导致先修课程没有很好地起到对后续课程的支撑作用。统计学课程是应用型本科院校经管类专业的一门专业基础课，是为学生后续专业课程的学习提供分析方法和分析工具的课程，具有一定的深度和难度。要讲授好这门课程，使学生有兴趣学，并且最终能培养学生分析问题和解决问题的实际能力，需要合理安排教学计划，给予一定的学时保障。[9]同时，统计学也是一门应用性较强的课程，学生的数理统计基础对学好统计学具有至关重要的作用，因此在教学计划中应切实处理好两者之间的关系。

（四）教学方法和教学手段有待改进

要学好统计学课程，需要有一定的数学基础知识特别是数理统计的基础知识。教师在教学过程中需要结合案例以及现实社会中的经济和管理现象加以讲解，并且要通过对统计软件的讲解与演示，来提高学生的实际应用能力。[10]在传统的教学过程中，部分教师教学方法陈旧、教学手段单一，主要表现在：一方面，课堂上以教师为主导，进行"填鸭"式的知识灌输，学生只是被动地接受，学习兴趣和积极性不高；另一方面，虽然有的教材配备多媒体教学课件或者教师本人制作了多媒体课件，但这些课件只是教材内容的拷贝复制，形式僵化，缺乏生动性和形象性，教学效果不理想。上述陈旧的教学方法和手段，再加上统计学课程理论性、逻辑性、连贯性、技术性较强，难度较大的特点，极易导致出现教师讲得累、学生听得累、教学效果差的问题，严重影响学生的知识掌握和能力提升。

（五）教学评价方式有待完善

目前应用型本科院校经管类专业的课程考核评价方法主要有考试和考查两类：考试主要采用期末闭卷考试的方法进行考核，并结合平时成绩等给出合理的评价；考查则采用课程论文或实验报告的形式，按照不同的档次进行考核评价。这样的考核评价方法能够大致体现教学的实际效果，但对于统计学课程而言有其不尽合理的地方。统计学课程主要培养学生对经济管理活动中产生的各类数据进行分析的能力，这种能力的体现和评价是不能靠背诵一些专业术语、记忆一些统计公式、计算几道应用题来实现的。不论是考试还是考查，都应该注重对应用能力的评价，具体包括分析和解决实际问题的能力、统计软件的应用能力、统计结果的分析和解释能力等。

三、统计学课程教学改革创新与实践

（一）重构教学内容，突出应用性、实用性

在应用型本科院校统计学课程教学中，教师需要强调统计学课程的实用性和应用性，其课程性质就是为学生后续的专业课程提供一种分析工具，因而它是一门工具课、方法课，工具和方法的本质就是为了实际应用。[11] 所以，统计学课程的教学应十分重视并突出应用性与实用性，这就有必要对现有教学内容加以改革和创新，紧紧围绕应用性和实用性更新教学内容。教师可适当删减或更新一些过时的、陈旧的、主要针对统计工作或统计岗位的内容和提法，如反映统计工作的统计方案、统计组织等，反映数据分类的定类数据、定序数据、定距数据、定比数据等。这些内容和概念主要是适应统计岗位或者统计工作的，而对于应用型本科院校的学生来说，尽管他们学习了统计学课程，但在专门的统计岗位上从事统计工作

的可能性较小，他们更需要的是对统计数据进行分析的知识和能力，因此教学内容需要突出统计分析而不是统计工作。比如在数据的分类上，完全没有必要讲解抽象的定类、定序、定距、定比数据，而是应适应统计分析的需要，突出应用性，把数据分为分类数据、顺序数据和数值型数据，甚至按计量经济学的数据分类方法，把数据分为截面数据、时间序列数据、面板数据等，这样的数据分类形象而且实用，易于理解。其他的概念如标志与变异等，对于应用型本科院校的学生学习数据分析来说，没有太大的意义，并且较为抽象，为了突出实用性和应用性，完全可以摒弃。这里需要指出的是，针对应用型本科院校学生，在统计学课程的教学过程中，教师应该强调统计分析基础知识，培养学生在今后的工作中进行数据分析的应用能力，而不是让学生记忆一些抽象的、枯燥的统计学概念。另外，为了强调实用性，在课时有限的情况下，可以将统计学与计量经济学的内容进行有机融合，使得统计方法具有应用的价值，而不仅仅是为了讲授统计方法而讲授。举例来说，OLS 估计方法在基于有限样本的情况下，需要满足严格的高斯—马尔可夫定理的假定条件才能加以使用，但部分教师在统计学教学中对这一问题避而不谈，并且对数据是否能够满足假定条件的检验方法以及在违背假定条件的情况下如何修正 OLS 估计方法，一概不做介绍。大部分统计学教材中的回归分析都只是简单的数学公式，无法在实际数据分析中使用这一方法，因为现实数据一般很难满足 OLS 估计的假定条件，回归分析的实用性和应用性根本无从谈起。再如，普通本科院校统计学教学，除统计学专业外，一般都不涉及多元统计分析，然而，多元数据在现实经济管理活动中是普遍存在的，很难有纯粹的一元数据，所以，多元统计分析具有很强的应用性和实用性。尽管多元统计分析从数理基础上来说有一定难度，但这并不影响对其基本原理的理解和应用。

（二）改进教学方法，活跃课堂气氛

教师应改变教师讲解、板书，让学生被动听讲的传统授课方式，应以学生为主、教师为辅，体现课堂教学组织与设计的科学性和灵活性，采用多种形式相结合的课堂教学手段，活跃课堂气氛，提高教学效果。[12]

1. 针对一些重点难点问题，开展课堂讨论

针对一些比较难以理解的知识点，教师应提供能够启发学生思考的案例，让学生在课堂上分组讨论，在组与组之间相互辩论、相互补充的基础上，形成小组意见。学生讨论结束后，教师结合案例对学生的讨论内容做出总结，并顺理成章地引出规范的概念、定义和公式。课堂讨论可以使学生将所学知识融会贯通，并且记忆深刻。比如，在讲授描述统计时，可以采用学生自身的真实数据（如身高、体重等数据）作为教学案例，引导学生通过课堂讨论，分析数据背后蕴含的统计学知识，再通过这些统计学知识反过来对数据进行重新认识。通过这种认识和再认识的反复过程，学生可以掌握诸如平均数、方差、偏度、峰度等描述统计的基本概念及其含义。由于数据是真实的，学生对此比较感兴趣，也有直观的认识，讨论起来气氛比较活跃，加上教师的科学引导，学生完全可以自己推导并牢固掌握描述统计的基本含义，教师所要做的就是加以系统的归纳总结而已。从笔者的教学实践来看，这种方法效果非常好，但其难点是对课堂时间的把控。

2. 板书教学与多媒体教学有机结合

板书教学和多媒体教学是最普遍使用的教学手段，但两者各有优缺点，单一地使用某一种教学手段往往达不到理想的教学效果，只有将两者恰当地结合起来，根据不同的教学内容采用不同的教学手段，才能达到预期效果。例如，在讲授数据的图示方法时，完全可以采用多媒体方法，以动画的方式绘制各种统计图，如散点图、直方图、折线图等。需要注意的是，此时的动画绘图并不是统计软件的使用（下文将对软件制图加以叙述），而是运用多媒体的动画功能呈现绘制统计图的过程，目的是增强直观性，帮助学生建立感性认识。再如，在讲授假设检验时，由于这部分内容逻辑性较强，若使用多媒体教学，留给学生思考和消化的时间往往较

少，不便于学生理解前后的逻辑关联性，此时则宜采用板书教学，特别是思维导图式的板书，教师边板书边讲解，主要是讲解其内在的逻辑性，这样既能与学生增强互动，又能促进学生对知识的消化吸收，激发学生的学习兴趣。[13]

3. 注重软件应用

正如前文所述，统计学课程是一门工具课，具有很强的实用性和应用性。这种实用性和应用性应该体现在两个方面：一方面是运用统计技术与方法分析和解决实际问题的统计应用，另一方面则是统计工具即统计软件的应用。在大数据时代，实际工作中存在着大量甚至是海量的数据，所以对统计数据的分析必须借助相关的统计软件。因此，在统计学课程的教学中，统计软件的使用是必不可少的内容。同时，学习相关的统计软件，如Excel、SPSS、Stata、R等，还可以提高学生今后的岗位能力。[14]在统计学课程的教学过程中，将软件使用与课程教学有机结合起来，运用统计软件进行实例演示操作，能收到事半功倍的效果。例如，在课堂上运用统计软件演示实际销售数据的回归分析，可以使学生切实感受到课堂上学到的知识和技能能够在今后的工作实践中加以应用，从而激发学生的学习兴趣，使学生不再感到枯燥乏味。同时，教师应为学生指出课外学习的方向，以拓宽学生的知识视野。从笔者的教学实践来看，学生自学软件的能力是很强的，有时候学生做出的软件分析比教师的还要好。

（三）加强案例教学，促进理论联系实际

统计学课程是一门实践性、应用性很强的课程，教材中的理论既来源于统计分析实践，又直接服务于实践中的数据分析，因此，在统计学课程的教学中，教师切忌脱离实际，一味地进行理论讲解和公式推导，否则会让学生因为缺乏实际的感受而感觉空洞、枯燥，进而失去学习兴趣。[15]笔者通过教学实践发现，学生很容易对具体的数据分析案例产生兴趣并为之所吸引，为此，笔者在教学中十分注重使用生活中的案例。例如，笔者在

讲授统计指数时，将实际生活中的物价指数和股票指数等实际案例用多媒体展示出来，与学生共同分析探讨，在分析讨论中，使学生理解统计指数的实际意义，明白并掌握基期、报告期、权重等基本概念，提高学生分析和解决实际问题的能力。

（四）强化实践教学环节，培养学生的实践应用能力

根据应用型本科教育的性质和特点，应用型本科院校的统计学课程一般分为实践教学和理论教学两个环节。实践教学环节主要是指课程实验操作设计，这一方面能让学生巩固课堂所学的理论知识，另一方面能让学生掌握适当的操作技能，以适应今后工作的需要。同时，课程实验操作设计也可以作为改进课程考核的手段。课程实验操作设计体现了统计学课程的实用性和应用性，是对实际能力的考核。[5]为了更好地指导学生完成高质量的课程实验操作设计，应当注意以下几个方面。

1. 改进教学组织与设计，使课程实验操作设计贯穿课堂教学的始终

传统的教学安排通常是将课程实验操作设计放在每学期的后期，也就是在理论教学结束以后集中进行课程实验操作设计，这样会导致学生期末学习任务繁重，影响课程实验操作设计的质量。为了改变这种局面，应该将实践教学环节即课程实验操作设计贯穿课堂教学的始终，在理论教学环节开始时，即着手引导学生为实践教学环节做准备。比如，教师在讲述数据收集时，就要有为实践教学环节做准备的意识，引导学生科学地搜集数据，做到数据准确、真实、可靠，为后期的数据描述与推断打下良好的基础。

2. 建立一套课程实验操作设计的方法

从一定意义上说，统计学课程实验操作设计的具体形式本质上就是统计实验和分析报告，但又不完全等同于一般意义上的统计实验和分析报告，这是一种创新性的形式，既要体现学生的分析方法、分析过程以及分析结论，又要体现一种规范的结构和形式。为此，教师可以和学生一起讨

论制定统一的课程实验操作设计模板，也可以发挥学生的主观能动性，让学生分组设计模板。在模板确定以后，教师还要引导学生做好课程实验操作设计的整体布局、数据的来源标注及图表展示、分析过程中的逻辑关系以及分析结论的可靠性分析与检验等。这个过程是课程实验操作设计的重要环节，对于培养学生的应用能力以及严谨性、规范性、科学性有重要的意义。

3. 实践教学环节应加强对学生的监督和督促

一方面，要防止学生完全抄袭网络资料或其他课程实验操作设计的实例；另一方面，也要根据教学进度对课程实验操作设计进行督促检查，防止学生拖延时间，最后因为时间紧张而应付了事，从而影响课程实验操作设计的质量。为此，教师的监督和督促作用尤为重要。可以对学生进行分组，给每组学生布置不同的课程实验操作设计任务，同时，引导学生查阅有关文献和资料，在引导学生的过程中发挥监督和督促的作用。

结　　语

应用型本科院校统计学课程的教学应立足于课程的培养目标和特点，以学生为中心，强化课程的应用性和实用性，以课堂理论教学环节为基础，更加重视实践教学环节，着力培养学生分析问题和解决问题的应用能力；通过课堂讨论、案例教学、软件操作等多种手段调动学生的学习积极性，提高学生的自主学习能力和实践应用能力。实践证明，以上措施运用得当，不但能够在课堂教学中吸引学生，还能够增强学生学习的自觉性和主动性。通过本课程的学习，学生不但能够掌握统计学的基础知识、基本方法，还能够学会对相关统计软件的应用，并能够运用这些知识、方法和工具独立地、高质量地完成课程实验操作设计任务，从而培养适应时代要求和工作要求的基本能力。

参考文献

[1] 姚丽，梁馨娜．大数据背景下经管类统计学课程改革与创新研究 [J]．科技经济市场，2022（07）：127－129．

[2] 杜永军，王小英，张学翠．新时代背景下经济管理类专业统计学课程教学改革 [J]．高教学刊，2023，9（04）：122－125．

[3] 张丞，刘硕．PBL＋案例教学法在统计学课程中的应用 [J]．现代商贸工业，2022，43（24）：189－191．

[4] 张文博．混合式教学背景下统计学课程教学设计研究 [J]．长春师范大学学报，2022，41（09）：177－180．

[5] 康元宝．大数据新时代统计学课程建设的探究与思考 [J]．大学教育，2019（08）：87－89．

[6] 陈倩．基于PBL的《统计学》课程教学改革及实践 [J]．科技资讯，2022，20（10）：134－137．

[7] 高书丽，王宝花．大数据背景下经管类专业统计学课程教学改革研究 [J]．教育教学论坛，2020（11）：144－146．

[8] 颜冀军．大数据时代统计学的教学改革：评《社会统计学》[J]．教育理论与实践，2019，39（23）：65．

[9] 李亚萍．浅谈医学统计学教学面临的主要障碍及教改思考 [J]．现代职业教育，2020（05）：28－29．

[10] 吕琦，马炳洁，金凤，等．"新农科"背景下农林院校"生物统计学"课程的改革与探讨 [J]．现代职业教育，2021（42）：42－43．

[11] 张燕．统计学课程教学改革研究 [J]．教育现代化，2020，54（07）：39－42．

[12] 车金星，李小玲，张毓华，等．应用型本科院校应用统计学实践教学改革探索 [J]．现代职业教育，2021（09）：116－117．

[13] 刘雪娜．高校医学统计学课程实训教学改革初探 [J]．中国卫生统计，2021，38（01）：151－154．

[14] 石红溶. 大数据背景下的统计学教学改革 [J]. 西安文理学院学报（社会科学版），2021，24（01）：84 – 87.

[15] 刘妍琼. 高校经管类专业统计学课程教学探讨 [J]. 湖南理工学院学报（自然科学版），2020，33（03）：91 – 94.

（已发表于《大学教育》2023 年 6 月刊）

统计学的新视野：大数据与机器学习

刘敬伟　罗　君　张小成

随着科技的进步和发展，数据量急剧增长，于是，大数据概念和大数据分析产生了。大数据是指无法使用传统数据处理工具进行分析且结构复杂的大量数据的集合。[1]广泛使用大数据分析的主要原因是，如今连续生成和存储大量高维或非结构化数据的成本要比以前低得多。当今时代，每天都会产生大量信息，加上计算机硬件和软件的发展，人们能够更细致地考察和分析这些海量数据。借助于数据挖掘、数据转换、数据合并以及机器学习算法等，这些数据已在不同领域得到应用。因此，人们更有可能获得关于所研究的各种事物的详细资料和信息。人们也在不断地开发新技术和新方法，以便更好地进行大数据分析。

大数据应用的目的是通过适当的方法对海量数据和高维数据进行估计，从而了解变量之间的关系，寻找隐藏的数据结构，并揭示总体的重要的共同特征。[2]大数据可以以不同的格式从许多不同的渠道获取，除了已知的统计数据库（如统计年鉴）之外，可以是基于计算机的数据，例如科学实验数据、传感器数据、图片、视频等，也可以是基于人工的数据，例如社交媒体、个人博客和网站网页等。[3]美国科技基金会联邦大数据委员会（Tech America Foundation Federal Big Data Commission，2012）将来自不同来源的大数据定义为："大数据描述了高速生成的海量复杂数据，它需要先进的技术与方法来实现对信息的收集、存储、传输、管理和分析。"从该定义可以看出，大数据考虑了要处理的数据的规模、结构和复杂性，也正由于这些特性，它不同于常用的数据类型。[4]

在天文学、生物学和遗传学领域业已得到广泛应用的大数据，已经开始在金融、医疗、营销和人工智能等许多不同领域发挥决定性作用，这说明大数据具有广阔的应用前景。由于每个部门都有自己的动态变化，大数据的使用自然会因部门而异，基于此，收集什么样的数据以及如何使用这些数据会有所不同。随着大数据在众多领域的广泛应用，近年来大数据和大数据分析的概念在统计学领域开始受到关注，并不断发展新的统计技术与方法。不过，用于大数据分析的机器学习，由于其视角的不同和难度的不同，在统计学领域中采用得较慢一些。现有研究表明，人们对大数据和机器学习在统计学中的应用越来越感兴趣。洪永森、汪寿阳（2021）等认为，从长远来看，日益重要的大数据，必将为统计学研究开辟新视野。为了在统计学中应用大数据、进行大数据分析并发展新的统计方法，清楚地解释大数据的概念并正确理解机器学习就显得非常重要。

本研究通过梳理相关文献，分析大数据的特征、优势和挑战，考察大数据和机器学习在统计学领域的地位和重要性，论证大数据和机器学习将成为统计学的新视野的观点。

一、大数据的概念与特征

（一）大数据的概念

阿贝克等（Abaker et al.）为大数据下过一个简单的定义，他认为，大数据是用来表示用传统数据库技术难以存储、处理和分析的数据量的增加的一个术语[5]，它不仅意味着量大，还意味着高维，这些数据表示为具有大量的解释变量和大量的观测值的数据。大数据以以下三种基本方式进行分类：结构化数据、非结构化数据和半结构化数据，这三种数据类型是从不同的数据源获得的。结构化数据是指按照预先定义的模式存储在文件中作为固定栏下记录的信息，可以以非常系统的方式创建和处理这些数据，无论是表格还是其他形式。添加、删除、更新、存储、查询和分析这些数据是很简单的事情，结构化查询语言（SQL）通常用来查询结构化数据。[6]非结构化数据是指以非标准的、未知形式写入的数据，此类数据有不同的来源，例如电子邮件、视频、图像、文本文件、社交媒体的帖子等。半结构化数据是指关系数据库中不可用的信息，这些数据很难存储、检索和分析，执行这些操作需要专门的软件。[7]

（二）大数据的特征

大数据有几个不同的重要特征。莱尼（Laney）将大数据的特征定义为数量性（volume）、多样性（variety）和速度性（velocity）等几个组成部分[8]，大数据的概念一般都是通过考虑这三个基本特征来研究的，这三个特征在文献中也被称为 3V 维度。随着研究的深入，除了莱尼确定的几个特征外，可变性（variability）、准确性（veracity）和价值性（value）这三个特征也被作为大数据的特征在文献中被广泛讨论，从而形成 6V 维度的特征。[7]

大数据的关键特征当然是数据的容量（volume），也就是数据量，在大数据几个特征中数据量总是排在第一位的，无论是用户生成的还是机器自动生成的数据。通常，同 TB、PB 或 EB 等单位来衡量产生的数据量。大数据的速度特征（speed feature）是指需要处理的数据的频率，该特征意味着数据正在以前所未有的速度生成、存储或更新。多样性（variety）是指数据中的结构异质性，也表示数据来源的多样性（diversity）。大数据包括来自不同数据源的各种类型的数据，这些数据需要更高的数据处理能力，因此，有必要为每种数据类型分别定义数据质量度量。可变性特征（variability）是指确定数据的结构是否规则和可靠，即使在极其不确定和不可预测的情况下，换句话说，它描述了数据有时可能显示的不一致性，在这种情况下，有效管理和控制数据的过程会受到阻碍。可变性（variability）常常与多样性（diversity）相混淆，可变性是指数据含义的变化，而非数据的异质性。准确性（veracity）是指与某些类型的数据相关的信度水平，包括可靠性（reliability）、准确性（accuracy）和精确度（precision）。[9]换句话说，准确性是表明数据集的可靠性和无差错程度的属性。如果数据不准确或不可靠，即使有大量的高速数据可用，也毫无价值，这种类型的数据给研究人员带来了很多困扰。价值性（value）是指从数据中可以得到的价值及其意义。拥有海量数据并不总是意味着拥有高价值的数据，数据的价值属性直接关系到最终的研究目的，如果不能从数据中获得价值，我们所讨论的大数据的其他特征将毫无意义。出于这个原因，就必须确保所作的分析是基于正确的数据，并且在分析结束时数据仍具有价值并得到明显的改进。

大数据的其他特征，如有效性（validity）、波动性（volatility）、可视化（visualization）和脆弱性（vulnerability）在相关文献中也有提到。有效性特征与准确性特征类似，表明数据对其预期用途的准确度和有效性[10]；波动性是指数据的有效时长和存储时间；可视化是指可以包含许多数据变量的复杂图形；脆弱性是指数据来源的不足。[11]除了大数据的这个10V（按照英文术语的首字母缩写）特征外，还可以增加复杂性特征。复杂性（complexity）是指数据处理的难度和困惑。[12]讨论大数据的这些特征，有助于研究人员了解大数据的优势和挑战，以及为克服可能遇到的困难能够采取的措施。

二、大数据的优势与挑战

与传统数据类型不同，大数据具有自身的特点，它是许多数据源的综合，这些数据源彼此之间没有共同的特征，并且来自不同的总体。[13]大数据分析的一个主要优势是可以从单个大群体中获得额外信息，而不是从统计总体中单独的一个子群体中获得。大数据的大样本容量使我们能够发现与统计总体的子群体相关的隐藏模式，从而有机会运用那些需要复杂统计技术的子群体数据对变异性进行建模。大数据分析的另一个优势是数据源是实时更新的。数据的这一特征使得判断正在发生的经济趋势成为可能。此外，使用大样本数据集还可以解决由有限观测值引起的统计问题，也有机会获得关于研究对象更详细的信息。

大数据除了上述优势外，也面临着困境和挑战。从大数据的定义和特征可以理解，这些数据不同于分析中常用的数据类型。由于大数据的特性，此类数据的收集、存储、共享、传输、可视化和分析是大数据面临的最重要的挑战之一。[14]数据存储问题是因为用于存储数据的硬件不足，对存储数据的分析也不够充分。另一个困境是处理数据时可能出现的问题。为了处理数据，特别重要的是不要遇到内存问题，如 RAM 限制，并且要在处理过程中解决时间问题。此外，还要消除索引等数据结构化问题。[15]

大数据最显著的特点是其样本容量大和维度高。[16]由于这两个特点，传统的统计方法已经不再适用，有待发展新的统计方法和计算方法。[17]由于大数据的规模和样本量很大，在应用中使用大数据会遇到一些困难。首先是由于大数据的高维性而可能产生的噪声累积、虚假相关和随机内生性问题。由于大数据的大样本特征，还可能会遇到的困难是变异性（异质性）和偏差问题。当大数据的高维和大样本这两个重要特征结合在一起时，就会出现分析的计算成本高和规则的算法不稳定等问题。[18]如果在使用大数据时不考虑适当的方法而是基于传统方法进行预测，上述情形就会导致模型选择的不一致性，错误的选择进而得到错误的结果。大数据很难用标准的数据处理方法进行检验，因此，发展新的统计方法以克服可能遇到的困境是非常重要和必要的，最根本的原因在于适用于小样本的统计方法不适合大数据。新的统计方法能够成功地解决大数据使用中最常遇到的诸如变异性、噪声积累、虚假回归和内生性等问题。这些新的方法，简言之，就是将新的统计思想和算法与机器学习结合起来，以应对大数据面临的挑战。

三、机器学习

机器学习是人工智能的一个分支，由建模和算法组成，这些算法使用数学和统计学方法从现有数据中进行推断，并通过这些推断对未知事物进行预测。机器学习的主要目的是做出精确的预测，然而，估计函数通常难以解释并且与特定概率模型相关。"机器学习是一个广泛的领域，包括人工智能、计算机视觉和统计学习等主题。统计学习是机器学习的一个子集，在统计学中有很好的应用，是数据分析中不同预测方法和规范方法的总称，这些方法是现代经济中大多数智能服务和应用的基石。"[19]

从事大数据分析的研究人员使用各种机器学习算法来获取所需的信息并进行预测，这些算法根据数据的学习路径分为无监督学习（unsupervised learning）和有监督学习（supervised learning）两类。无监督学习是指用来寻找数据中先前未知的结构与关系的方法。无监督学习的目的是在数据中找到相似的样本集，并对数据中的底层结构或分布进行建模，以了解有关数据的更多信息。有监督学习是指基于训练数据集创建机器学习模型的过程。之所以称为有监督学习，是因为从训练数据中寻找算法学习过程（这些训练数据包含了数据中的很大一部分），然后用测试数据对学习过程进行监督。有监督机器学习主要关注预测和估计问题，有监督机器学习分为回归（regression）和分类（classification）两个部分进行讨论。回归是用于估计定量变量的有监督学习，分类是将观察结果划分为定性类别以建模和预测定性变量的有监督学习。

对于有监督学习，有不同的机器学习方法，如 LASSO（Least Absolute Shrinkage and Selection Operator）、Ridge、随机森林、回归树、支持向量机以及矩阵因子等。[20]统计学中的大多数应用都属于有监督学习，统计学方法与有监督机器学习之间的区别在于，很多有监督机器学习方法都依赖于数据驱动的模型选择。对于有监督学习方法，数据集通常分为训练数据和测试数据两部分。训练数据是由算法决定的观测值组成的数据，使用这些数据，通过所讨论的算法进行推断并创建模型。另外，测试数据用来确定使用训练数据获得的模型与真实值的接近程度。机器学习可用于传统数据集以及大数据的预处理和估计，在低维数据和高维数据中也都有应用。[21]

四、大数据、机器学习与统计学

虽然大数据已经在很多领域得到了普遍应用，但在统计学领域的应用却相对迟缓，在经济与统计分析中使用大数据还存在一定的局限性。造成这种情况的最重要原因是社会科学领域中与大数据和大数据分析相关的概念还没有被明确接受。事实上，大数据为更好、更细致地衡量经济趋势、对不同的主题开展新的研究、发展新的方法以及进行更强大、更准确的分析提供了重要机会。根据埃纳夫和莱文（Einav and Levin，2014a）的说法，大数据将影响经济学家提出的问题类型，并通过允许更多的变异性和随着时间的推移对经济活动进行更详细的分析来提供更多信息。

尽管在不同领域对大数据的相关研究都很丰富，但在经济学和统计学领域的研究尚在起步阶段，而大数据的种种特征正是统计学研究的重要源泉，有学者也指出，大数据将对未来经济学和统计学产生重要影响。[22]近年来，大数据在统计学领域的应用受到了重视，也发展了一些新的统计方法，以大数据为主题的理论研究和实践应用的学术会议也在逐渐增多。

大数据统计学家试图要做的是，在不受数据约束的情况下，通过在更广泛的范围内考虑所研究理论的内在原因来研究问题。考虑到机器学习在分析高维数据中的必要性，他们试图通过统计学与机器学习的结合来提供更多的信息。从而，在收集和分析大型数据集、建立变量之间的关系并加以比较时，可以保证所需要的计算能力和算法精度达到最高。这样，在获得经济计量与统计结果的同时，对大数据和高维数据的处理也成了可能。

尽管由于机器学习的适用范围、偏差和存在的困难，统计学领域的大数据研究还相对比较少，但机器学习和统计学的结合使用已经引起人们的关注，尤其是随着最近几年机器学习算法的改进更是如此。在统计学应用中使用机器学习算法和方法时要记住的最重要的一点是要了解统计学和机器学习之间的区别。统计学主要侧重于估计因果效应和识别因果关系，而机器学习提供的算法工具可以汇总数据中的各种关系，而不管因果关系如何，并侧重于基于数据的模型选择，以便做出适当的估计。[20]简单来说，机器学习主要包括降维、模型选择和数据分析等算法。虽然使用了统计分析中的所有数据类型，但正如我们之前讨论过的，有监督机器学习中的数据集分为训练数据和测试数据两部分。此外，统计分析主要是针对观察值数量大于变量数量的情况进行的，而机器学习不仅可以分析此类数据，也使得在观察值数量等于或者少于解释变量数量的情况下进行数据分析成为可能。以上这些差异，尤其是机器学习不关注因果关系这一事实，也可以说明为什么一些统计学家与机器学习及其算法会保持一定的距离。

斯坦福大学的苏珊·艾希（Susan Athey）教授是支持在统计学领域使用机器学习的重要人物之一，并在该领域进行了许多理论研究。艾希（Athey，2015）在他们的研究中简要概述了机器学习和因果推断之间的关系，艾希和因本斯（Athey and Imbens）创建了一个包括统计学习算法在内的研究框架，这项研究为在统计学领域通过机器学习进行因果推断作出了重要贡献。[23]为了强调机器学习在统计学领域应用的重要性，艾希将机器学习定义为"机器学习是计算机科学诸多子领域的集合，也是计算机科学、工程学、统计学和社会科学中越来越多地应用和发展的一系列主题"[24]。"机器学习是一个开发应用于数据集的算法设计的领域，其核心主题包括估计、回归、分类和聚类。"[25]尽管机器学习方法在经济学和统计学文献中占有相对有限的地位，但由于在统计学领域收集大数据的可能性以及分析大数据的愿望，近年来人们对这些方法的兴趣在显著增加。在统计分析中，机器学习在降维、模型选择和数据分析等方面特别有用，而且在机器学习的框架内考虑因果关系这一事实也促进了新的统计方法的发展。近年来，与因果推断相关的统计学观点出现了新的发展和方法。[26]由于这些新的发展和方法，机器学习也开始在统计学中变得越来越重要。

五、大数据和机器学习在统计学领域的主要研究方向和未来展望

（一）大数据和机器学习在统计学领域的主要研究方向

虽然经济学和统计学中关于大数据和机器学习的研究起步较晚，但文献中也涌现出了一些有趣的研究。例如，瓦里安（Varian）指出，在进行经济分析时集中起来的计算机更有可能执行大量的操作，例如数据收集和编辑、个性化和定制、预测和分析。在他的研究中，强调了通过计算机分析大数据的能力对经济研究结果的表现意义重大。[20]瓦里安还定义了一些使用、管理和分析大数据的工具。[27][28]此外，他强调了机器学习在他的工作中的重要性，并且强调将来通过计算机专家和统计学家的合作，能够取得非常好的成果。[29]埃纳夫和莱文广泛讨论了大数据将如何改变商业、政府和经济的其他领域。[30]他们的研究包含很多不同的案例和讨论，其中他们讨论了不断发展中的数据源和更详细的数据将给经济实践和分析带来的变化。在同年发表的其他研究中，他们还讨论了数据的变化如何对经济和更广泛的社会科学研究产生影响，他们认为，更详细和更全面的数据可以更好地量化经济影响和结果，从而提供新的研究问题。埃纳夫和莱文强调，大数据将改变经济学家和统计学家处理应用研究和研究中使用统计工具的方式。[31]维纳布尔斯和里普利（Venables and Ripley）针对不同领域的大数据和机器学习主题，通过案例展示了不同的应用实例。[32]还有学者讨论了大数据的挑战，这是一个关于大数据的重要资源。在这项研究中，他们通过解决大数据的数量和高维度带来的困难，引起人们对复杂性、噪声数据和异质性等问题的关注。[33]泰勒等（Taylor et al.）分析了如何使用大数据统计学方法来阐明经济问题、大数据将如何发展和改变经济模型，以

及经济学与其他学科的合作。他们通过采访从事横截面数据研究的经济学家，审视了跨学科大数据的视角，并提出了不同的观点。[13]

有关机器学习的文献中，许多研究做了政策预测。[34][35][36]艾希总结了在政策实施中使用估计方法时出现的几个问题。据了解，最近的研究主要集中在通过修正和开发新的统计技术来进行因果推断，特别是在机器学习算法中。[26]贝罗尼等（Belloni et al.）和切尔诺茹科夫等（Chernozhukov et al.）展示了在他们的工作中将机器学习方法应用于经济学因果推理的例子。[40]LASSO 方法是有监督机器学习中最重要的方法之一，它是一种惩罚回归模型，由于大数据的高维性，在大数据研究中提出的这些估计方法得到了普遍使用。[37][38]黑斯蒂等（Hastie et al.）讨论了大数据中的非参数方法。[38]这些方法也是惩罚回归方法，如回归树（Breiman et al.，1984）、LASSO、LARS（最小角度回归）。除此之外，在他们的研究中还加入了人工神经网络和深度学习等概念，并强调了机器学习的必要性。

贝罗尼等（2013）提出了对 LASSO 方法的改进。[41]借助于这种改进，可以得到能够获得有效置信区间的条件，这种方法是一个成对选择过程。贝罗尼等（2014）在他们研究中展示了真实数据集中可能出现的偏差量，该研究还强调了预测建模和因果效应估计之间的区别。[42]工具变量法也是高维模型中的一个重要问题，贝罗尼等（2012；2014；2017）、切尔诺茹科夫等（2015）以及其他相关学者（Fan and Liao，2014）在这方面做了相应的研究。随机森林也是重要的机器学习方法之一，瓦格和艾希（Wager and Athey）在他们的研究中强调，虽然随机森林的结构看起来很复杂，并且与标准的统计学方法有很大不同，但它与 k 近邻等非参数方法密切相关。[43]此外，他们对随机森林方法进行了修正，使该方法能够以真实条件期望函数为中心给出渐近估计，并得到了渐近方差的一致估计量。瓦格和阿西（2018）还引入了因果森林（causal forest）的思想，因果森林是机器学习中使用的大量树的平均值。阿西等还建议用广义随机森林替代局部广义矩或局部最大相似度方法。[44]在另一项研究中，艾希（2018）定义了机器学习并讨论了机器学习的优势和劣势，将机器学习与用于因果推断的传统统计学工具进行了比较。[24]

（二）大数据和机器学习在统计学领域的主要研究趋势与展望

根据以上文献梳理与分析，当前大数据和机器学习在统计学领域的研究热点及未来主要研究趋势可以归纳为以下几个方面。大数据分析：随着信息技术的发展，越来越多的数据被产生和收集。大数据分析正在成为统计学的一个重要方向，它涉及如何从大规模、复杂的数据集中抽取有用的信息。机器学习与统计学的融合：统计学和机器学习之间的边界正在逐渐模糊。两者的结合能够更好地处理复杂的预测和分类问题。深度学习：尽管深度学习更多地被视为人工智能领域的一部分，但其在统计学中也有应用，特别是在处理高维度、非线性数据时。贝叶斯方法的复兴：贝叶斯方法在处理不确定性和复杂数据结构时具有独特的优势。随着计算能力的提高，贝叶斯方法在统计学中的应用正在变得越来越广泛。因果推断：因果推断试图从数据中推断出因果关系，而不仅仅是相关关系。这在很多领域都有应用，例如公共卫生、经济学和社会科学。计算统计：随着计算能力的提高，计算统计学正在成为统计学的一个重要分支。它涉及使用计算机模拟和其他数值方法解决统计问题。隐私保护和数据安全：随着数据收集和分析的增加，如何保护个人信息和数据安全成为一个重要的问题。这包括开发新的、对隐私友好的统计方法，如差分隐私。可解释性和透明度：在机器学习和深度学习中，统计模型的可解释性和透明度正在变得越来越重要。统计学家正在寻找方法来理解和解释这些复杂的模型。统计学在非传统领域的应用：统计学方法正在被应用于越来越多的非传统领域，例如社会网络分析、基因组学和神经科学。自动化和 AI 驱动的统计分析：随着人工智能和自动化技术的进步，我们可以预期更多的统计分析将被自动化。例如，自动特征选择、自动模型选择和自动超参数调优等方法正在被研发并应用。高维统计：在许多领域，如生物信息学和网络分析，统计学家常常需要处理高维数据。高维统计研究如何从高维数据中提取有用信息，同时避免诸如"维度灾难"等问题。稳健统计：稳健统计研究如何创建对异常值和模型假设的小偏差具有弹性的方法。随着数据质量和数据一致性问题的增加，这个领域的重要性正在增长。在线学习和数据流统计：在线学习是指一个模型在新数据到来时进行更新，而不是一次处理所有数据。这种方法对于处理大规模数据流和时变数据特别有用。时间序列分析的新方法：时间序列数据在许多领域都很常见，包括金融、经济、气象等。新的时间序列分析方法，如复杂的非线性模型和多元时间序列模型，正在被开发和应用。统计学软件和编程语言的发展：编程语言和软件工具，如 R 和 Python，正在持续发展，以帮助统计学家更有效地进行数据分析。同时，新的统计学软件和包也在不断出现。图形模型：图形模型包括贝叶斯网络和马尔科夫随机场等，是一种强大的工具，可用于表示变量之间的复杂依赖关系。这些模型在处理高维数据和非线性关系时尤其有用。优化统计学：优化方法在统计学中的应用正在扩大，尤其在参数估计和模型选择中。最近，凸优化、随机优化和分布式优化等方法的应用领域正在扩大。神经网络和深度学习的统计理论：尽管深度学习在实践中取得了巨大的成功，但其统计理论基础仍不清楚。理解神经网络的统计属性和学习动态是一个重要的研究方向。元分析和系统评估：元分析和系统评估是复杂研究综述的重要工具。这些方法可以用于将来自不同研究的结果进行汇总，并评估研究质量和偏倚。生存分析或事件史分析的新方法：生存分析或事件史分析是统计学中的重要分支，复杂协变量模型和多事件模型等新的方法，也在不断地被开发和应用。

结　语

目前，与许多其他领域一样，在统计学领域，我们能够收集到关于不同测量变量的大量数据。大数据分析能够揭示与经典数据应用及预测方法的差异以及带来的新问题。大数据的样本量大、高维度等特点，使得在统计学领域需要使用机器学习等学科提供的方法和算法进行研究。在统计分析中使用机器学习方法和算法的同时，也要明白统计学与机器学习之间的差异。[45]为了克服这些差异，更好地使用大数据，开发新机器学习算法和方法也很重要，当然，这些算法和方法要考虑到因果关系。

可以说统计学中的大数据研究有可能开创一个全新的、有趣的领域。近年来，统计学领域的学术研究、学术会议等明显表现出了对大数据和机器学习的兴趣。除此之外，大数据统计学和大数据计量经济学课程已经开始在大学硕士和博士课程中开设，这也是这种兴趣的另一种表现。从这种日益增长的兴趣中可以看出，除了统计学中现有的大数据应用之外，新的机器学习算法和方法将不可避免地得到广泛应用。有了这些新的机器学习算法和方法，统计学研究将在大数据的使用上得到广泛应用，并且可以利用更详细的信息进行分析，利用从不同来源获得的信息得出不同的结果。[46]

因此，通过统计学与机器学习的跨学科合作建立一种通用语言来揭示跨学科研究的必要步骤，这一点是十分重要的。这样，将会发现更多的可能成为统计学和机器学习跨学科合作的不同领域。除了在统计学领域使用机器学习算法和方法外，开发这些符合统计学研究的目的算法和方法，将对在统计学领域更广泛地进行大数据分析发挥重要作用。当我们审视最新研究文献的进展时，可以说大数据与机器学习为统计学的研究开辟了新的视野。

参考文献

[1] Chen, H., Chiang, R. H., Storey, V. C. Business Intelligence and Analytics: From Big Data to Big Impact [J]. *MIS Quarterly*, 2012, 36 (04): 1165 – 1188.

［2］Badaoui F. , Amar A. , Hassou L. , Zoglat A. , Okou C. G. Dimensionality Reduction and Class Prediction Algorithm with Application to Microarray Big Data ［J］. *Journal of Big Data*, 2017 （04）: 32.

［3］Ohlhorst, F. *Big Data Analytics*: *Turning Big Data into Big Money* ［M］. New Jersey: Wiley Publicity, 2013.

［4］*Demystifying Bigdata*: *A Practical Guide to Transforming the Business of Government* ［R］. TechAmerica Foundation's Federal Big Data Commission, 2012.

［5］Abaker I, Hashem T. , Yaqoob I. , Anuar N. B, Mokhtar S. , Gani A. , Khan S. U. The Rise of "Big Data" on Cloud Computing: Review and Open Research Issues ［J］. *Information Systems*, 2015 （47）: 98 – 115.

［6］Raghupathi W. Big Data Analytics in Healthcare: Promise and Potential ［J］. *Health Information Science and Systems*, 2014 （02）: 3.

［7］Katal, A. , Wazid, M. , and Goudar, R. *Big Data*: *Issues*, *Challenges*, *Tools and Good Practices* ［C］. 2013 Sixth International Conference on Contemporary Computing （IC3）. IEEE, 2013: 404 – 409.

［8］Laney D. 3 – D Data Management: Controlling Data Volume, Velocity and Variety ［J］. *Application Delivery Strategies*, 2001 （06）: 70 – 72.

［9］Schroeck M. , Shockley R. , Smart, J. , Romero Morales D. , Tufano, P. Analytics: The Real – World Use of Big Data. How Innovative Enterprises Extract Value From Uncertain-data ［J］. *Social Sciences Research Journal*, 2012, 7 （02）: 41 – 53.

［10］Firican G. *The* 10 *Vs of Big Data* ［EB/OL］. https: //tinyurl. com/ 24tracm3, 2017, retrieved 2021 – 04 – 09.

［11］Owais, S. S. , Hussein, N. S. Extract Five Categories CPIVW from the 9V's Characteristics of the Big Data ［J］. *International Journal of Advanced Computer Science & Applications*, 2016 （01）: 254 – 258.

［12］ Kaisler S. , Armour F. , Espinosa J. A. , Money W. *Big Data*：*Issues and Challanges Moving Forward* ［C］. 46th Hawaii International Conference on System Sciences，IEEE. 2013.

［13］ Taylor L. , Schroeder R. , Meyer E. Emerging Practices and Perspectives on Big Data Analysis in Economics：Bigger and Better or More of The Same? ［J］. *Big Data & Society*，2014：1 – 10.

［14］ Chen C. L. P, Zhang C. Data-intensive Applications, Challenges, Techniques and Technologies：A Survey on Big Data ［J］. *Information Sciences*，2014，275：314 – 347.

［15］ Jin X. , Wah B. W. , Cheng X. , Wang Y. Significance and Challenges of Big Data Research ［J］，*Big Data Research*，2015，2：59 – 64.

［16］ Rao, B. L. S. *Prakasa Big data and High Dimensional Data Analysis* ［M］. Advanced Institute of Mathematics, Statistics and Computer Science （AIMSCS），2014.

［17］ Bickel，P. , Ritov Y. and Tsybakov A. Simultaneous Analysis of Lasso and Dantzig Selector ［J］. *Annals of Statistics*，2009，37（04）：1705 – 1732.

［18］ Fan J. , Liao Y. Endogeneity in High Dimensions ［J］. *Annals of Statistics*，2014，42（03）：872.

［19］ Hastie T. , Tibshirani R. , Friedman J. *The Elements of Statistical Learning*：*Data Mining，Inference and Prediction* ［M］. Springer – Verlag. 2009.

［20］ Varian H. R. Big Data：New Tricks for Econometrics ［J］. *Journal of Economic Perspectives*，2014，28（02）：3 – 28.

［21］ Mullainathan S. and Spiess J. Machine Learning：An Applied Econometric Approach ［J］. *Journal of Economic Perspectives*，2017，31（02）：87 – 106.

［22］ Einav L. , Levin J. The Data Revolution and Economic Analysis ［J］. *Innovation Policy and the Economy*, 2014, 7 (02): 41 −53.

［23］ Athey S. Beyond prediction: Using Big Data For Policy Problems ［J］. *Science*, 2017, 355: 483 −485.

［24］ Athey, S. *The Impact of Machine Learning on Economics* ［M］. The Economics of Artificial Intelligence: An Agenda. 2018: 507 −547. National Bureau of Economic Research, Inc.

［25］ Athey, S. Machine Learning and Causal Inference for Policy Evaluation, In Proceedings of the 21th ACM SIGKDD International Conference on Knowledge Discovery and Data Mining (pp. 5 −6). ACM. 2015.

［26］ Athey S. , Imbens G. A Measure of Robustness to Misspecification ［J］. *American Economic Review*, 2015, 105 (05): 476 −480.

［27］ Belloni, A. , Chernozhukov V. , Hansen C. Inference on Treatment Effects After Selection Amongst High − Dimensional Controls ［J］. *Review of Economic Studies*, 2014, 81: 608 −650.

［28］ Chernozhukov V. , Hansen C. , Spindler M. Post-selection and Post-regularization Inference in Linear Models With Many Controls and Instruments ［J］. *The American Economic Review*, 2015, 105 (05): 486 −490.

［29］ Varian H. R. *Beyond Big Data* ［C］. NABE Annual Meeting, San Francisco, 2014, 49 (01): 27 −31.

［30］ Einav L. , Levin J. The Data Revolution and Economic Analysis ［J］. *Innovation Policy and the Economy*, 2014, 14: 1 −24.

［31］ Einav L. , Levin J. Economics in the Age of Big Data ［J］. *Science*, 2014, 6210 (346): 1243089.

［32］ Venables W. N. , Ripley B. D. *Modern Applied Statistics with R* ［M］. Springer − Verlag. 2002.

［33］ Fan, J. , Han, F, Liu, H. Challanges of Big Data Analysis ［J］.

National Science Review, 2014, 2 (01), 293 – 314.

［34］Jiang, N. , Li, L. *Doubly robust off-policy value evaluation for reinforcement learning* ［C］. In International Conference on Machine Learning, 2016: 652 – 661.

［35］Athey, S. , Wager S. Policy Learning With Observational Data ［J］. *Econometrica*, *Econometric Society*, 2021, 89 (01): 133 – 161.

［36］Dudik, M. Erhan, D. Langford, J. Li, L. Doubly Robust Policy Evaluation and Optimization ［J］. *Statistical Science*, 2014, 29 (04): 485 – 511.

［37］Tibshirani R. Regression Shrinkage and Selection via The LASSO ［J］. *Journal of the Royal Statistical Society*, 1996, 58 (01): 267 – 288.

［38］Hastie T. , Tibshirani R. , Wainwright M. *Statistical Learning with Sparsity*: *the Lasso and Generalizations* ［M］. CRC Press, Taylor and Francis Group, 2015.

［39］Athey S, Tibshirani J, Wager S. Generalized random forests ［J］. *The Annals of Statistics*, 2019, 47 (02): 1148 – 1178.

［40］Belloni, A. , Chernozhukov, V. , Fernandez – Val, I. , and Hansen, C. Program evaluation with high-dimensional data ［J］. *Econometrica*, 2017, 85 (01): 233 – 298.

［41］Belloni, A. , Chernozhukov V. , Hansen C. High-dimensional Methods and Inference on Structural and Treatment effects ［J］. *Journal of Economic Perspective*, 2014, 28 (02): 29 – 50.

［42］Belloni, A. , Chen D. , Chernozhukov V. , Hansen C. Sparse Models and Methods for Optimal Instruments with an Application to Eminent Domain ［J］. *Econometrica*, 2012, 80: 2369 – 2429.

［43］Wager S, Athey S. Estimation and Inference of Heterogeneous Treatment Effects using Random Forests ［J］. *Journal of the American Statal Associa-*

tion，2018，523（113）：1228 – 1242.

［44］Athey S，Tibshirani J，Wager S. Generalized random forests ［J］. *The Annals of Statistics*，2019，47（02）：1148 – 1178.

［45］Gandomi A. ，Haider M. Beyond the Hype：Big Data Concepts，Methods，and Analytics ［J］. *International Journal of Information Management*，2015，35：137 – 144.

［46］洪永淼，汪寿阳. 大数据、机器学习与统计学：挑战与机遇 ［J］. 计量经济学报，2021，1：17 – 35.

［47］田茂再. 大数据时代统计学重构研究中的几个热点问题 ［J］. 统计研究，2015，32（05）：3 – 12.

（已发表于《统计理论与实践》2023 年第 11 期）

高等院校思想政治教育第二课堂的有效建设探究

吴鹏西

高等院校作为我国重要的教育场所，是为我国经济建设和社会发展输送人才的关键。为提升大学院校教育水准，思政教育第二课堂建设力度要不断加大，确定科学的教育目标，让思政教育第二课堂的优势得到全面发挥。因此，需要提高对思想政治教育第二课堂的重视度，及时处理好建设过程中的问题和弥补不足，将建设工作全面落实到位，促进我国高校思想政治教育工作的顺利开展。基于此，本文主要阐述了高等院校思想政治教育第二课堂建设的相关内容，以期促进实现我国高等院校的高质量发展。

引　言

众所周知，高等教育是学生形成正确三观的重要阶段，也是我国人才建设的关键保障。在社会不断发展与进步的过程中，思想政治教育第二课堂的重要性日益显现。随着我国高等院校思想政治教育第二课堂的有序推进，在提高学生政治觉悟意识方面起到了非常重要的作用。[1]当前，在思政教育第二课堂发展期间，受有关要素的阻碍，其功能与优势未得到充分体现。因此，要加强对思想政治教育第二课堂的了解，掌握第二课堂建设的重点及难点，积极丰富教学活动，提高我国高等院校思想政治教育的针对性和有效性。

一、高等院校开展思想政治教育第二课堂的现实意义

高等教育阶段是大学生人生观、世界观、道德观形成的关键期。长期以来，我国高等院校都十分重视大学生的思想政治教育工作，第一课堂的开设已经相对成熟，但仅依靠第一课堂来推进大学生思想政治教育工作，在学生参与的积极性、理论联系实际以及教育效果的持续性等方面显然还存在不足。与思想政治教育第一课堂相比，第二课堂拥有更加开阔的教育资源与空间、丰富多样的活动内容与形式以及独特的育人功能，是帮助大学生实现"知识—信念—行为"转化的重要途径，对于提高思想政治教育的针对性和实效性，有效解决理论与实践相脱节这一顽症具有重要意义。

二、高等院校思想政治教育第二课堂功能分析

（一）政治导向功能

对于高校而言，思想政治教育第二课堂是特别关键的。随着思想政治教育第二课堂的开展与推进，在一定程度上彰显出了其自身的功能与价值，并为学生的发展提供了关键的指导。第二课堂的政治导向功能主要是通过教育培训、启发等形式，对学生的思想行为进行引导，并将习近平新时代中国特色社会主义思想融合其中，把握好党和国家政策方针要求，进一步提高学生的思想政治素养，强化学生思想觉悟意识，从而坚定学生的政治方向。

首先，高等院校思想政治教育第二课堂能够对意识形态进行引导。在高等院校中，通过将思想政治教育工作纳入第二课堂教育过程中，采用多元化的教育培训方式，将社会主义核心价值观进行深入，实现对学生思想方面的统一，从而展现出高等院校思想政治教育第二课堂对学生思想意识

上的引导，为构建和谐社会提供重要保障。[2]其次，通过高等院校思想政治教育第二课堂的开展，可以对学生的政治行为进行积极的引导和指导。通常来说，思想是行为的先导。在高等院校思想政治教育第二课堂中，可以对学生进行主旋律教育，并强化学生的爱国情怀，及时了解党和国家的政策方针，牢固理想信念，从而提高学生自身的政治判断力。例如，景德镇陶瓷大学通过"国旗护卫队"主题教育活动的顺利开展，在很大程度上提高了本校学生的政治素养，并为学生指明了正确的政治方向。①

（二）人格塑造功能

大学高校思想政治教育第二课堂起着健全学生人格的作用。其能够在学生人格形成过程中、心理发展方面起到显著的促进作用。新时期，高等院校在教育的过程中，应当将实现学生个人价值作为重要目标，引导学生正视自己、了解社会并健全学生人格。随着高等院校思想政治教育第二课堂的深入，帮助学生及时意识到自身肩负的使命和社会责任，提高学生自主创造的能力。[3]思想政治第二课堂作为塑造学生个体人格的关键途径，是提高高等院校教学质量和思想政治教育水平的重要内容。在学生成长与发展的过程中，人格塑造是尤为关键的。思想政治教育应充分尊重学生的个性，促进学生全方面发展。同时，在高等院校开展思想政治教育第二课堂的时候，需要结合实际情况，因材施教，提高第二课堂教育质量。

（三）精神激励功能

通常而言，大学所开设的思想政治教育第二课堂能够对学生发挥精神激励作用。通常情况下，在高等院校开展高等院校思想政治教育第二课堂的时候，可以通过对多种激励手段以及措施的有效运用，最大限度激发学生参与到思想政治教育中的积极性和主动性，并提高学生的创造性，从而

---

① 详见景德镇陶瓷大学官网。

推动学生积极地参与到社会建设过程中，发挥出个人价值。在高等院校思想政治教育第二课堂中，激励的方式和形式是非常多元化的，主要有情感激励和榜样激励两种，以此来展现出高等院校思想政治教育第二课堂的重要作用。[4] 新形势下，高等院校需要将思想政治教育第二课堂逐渐深入并落实，牢固理想信念，充分激发学生对思想政治教育的认可感与认同感。同时，高等院校思想政治教育第二课堂多样化的活动形式，能够在很大程度上吸引学生，并在实践活动中强化学生的思想觉悟意识。在高等院校思想政治教育第二课堂中，榜样激励主要是通过先进典型示范，为学生带来榜样的力量，提高学生的思想道德素养，对自身的行为进行约束和规范，提高学生综合能力。对于思想政治教育第二课堂而言，可以促进学生共同进步，发现自身当前存在的问题并对不足进行弥补，通过榜样激励，从多方面出发，提高个人能力。而高等院校思想政治教育第二课堂，还能够充分发挥出自身的影响力和号召力，对学生心理认同进行积极的引导，做好示范与带头。例如，赣州师范高等专科学校通过开展以"牢记使命担当，强国一代有我在"为主题的演讲活动，将思想政治教育第二课堂深入学生中，在很大程度上激发了学生奋发向上的精神，并为学生明确了自身的发展方向，认清自身肩负的使命与发展责任。①

三、当前高等院校思想政治教育第二课堂存在的主要问题

（一）对思想政治教育第二课堂的重视度不够

第二课堂是近年来新提出的教学方法，过去我国的高校以及思想政治教育授课教师的聚焦点都在第一课堂的教学和研究中，这导致不少高校和教师还未认识到思想政治教育第二课堂的重要性，对第二课堂的教学活动开展还未重视起来。当前时期，伴随教育改革的全面实施，大学思想政治

---

① 详见赣州师范高等专科学校官网。

教育第二课堂开展的必要性日渐突出。但是，一些高等院校由于受传统教学模式和教学理念的影响，导致高等院校思想政治教育第二课堂在开展的过程中受到阻碍，无法获取预期的教学成果。某些高校领导和思想政治教育工作者过多地将时间花费在第一课堂的建设上，缺少对思想政治教育第二课堂正确的设计和合理有效的管理，这使得思想政治教育第二课堂的开展变得十分困难。另外，由于缺乏正确的教学理念和合理的体系建设，也使得第二课堂的运转十分低效。而产生此种问题的关键因素是一些大学对思想政治教育第二课堂的认知不够深入，致使其的建设处于边缘地位。

（二）思想政治教育第二课堂制度待于健全

事实上，高等院校在开展思想政治教育第二课堂时，相关的教学制度和教学模式有待完善并优化。合理科学而高效的制度体系是高校思想政治教育第二课堂的顶层设计，然而大多数高等院校并没有对这方面进行深入研究，甚至未曾将第二课堂的制度体系建设纳入教师的日常工作之中。同时，在高等院校思想政治教育第二课堂中，制度的缺失与不完善必然会对整个教学过程带来影响，也会降低学生参与到第二课堂的积极性和主动性。除此之外，在组织思想政治教育第二课堂的过程中，由于制度不够完善，导致教学内容和教学模式存在一定的问题和不足，缺乏组织者系统缜密的活动内容设计及整体规划，没有制定出高效的思想政治教育第二课堂和思想政治理论有机结合的教学方案，不利于思想政治教育工作的有序进行，也会对学生思想觉悟造成一些影响。

（三）资源配备不够齐全

在高校所开展的思政教育第二课堂中，资源设施是特别关键的要素。相比于自然科学学科，思想政治教育课程的经费相对较少，而第二课堂的开展必然需要经费作支撑。但是，就目前的高等院校思想政治教育第二课堂来看，现阶段的资源配备还存在一些问题和不足，从而降低了第二课堂的教学质量。首先是思想政治教育第二课堂中教师资源配备不够，且教学活动质量参差不齐。很多高等院校中，由于思想政治教育第二课堂制度的缺失，导致第二课堂的教师数量不够，且现有的教师没有经过系统性的培训，对第二课堂的顺畅开展起到了阻碍作用，也难以让第二课堂的优势全面发挥出来。同时，一些第二课堂的教师多为兼职，对第二课堂的精力以及教学时间投入不够，降低了整体教学质量。其次是思想政治教育第二课堂中的活动经费以及配套设施不够全面。在思想政治教育第二课堂建设过程中，资金是十分关键的要素，同时也是第二课堂开展效果的一个重要影响因素。但是，第二课堂的经费远远低于第一课堂的教学经费，造成很多活动无法顺利进行。同时，思想政治教育第二课堂的配套设施不够全面，导致学生活动范围受到一定的限制。

（四）活动设计尚不完善

首先，思想政治教育第二课堂的活动思想深度不够，内容多以娱乐性为主，进而造成娱乐性的思想政治教育第二课堂活动占据了整个课堂教学的大部分时间。同时，由于思想政治教育第二课堂的活动设计存在一些不合理的地方，导致思想政治教育相关活动偏向形式化和片面化，无法将思想政治教育工作深入落实到位，仅仅是为了举办活动完成教学任务，实际内容缺乏深度和广度，影响思想政治教育第二课堂重要作用的发挥。其次，思想政治教育第二课堂本身的连续性、整体性待于增强。一方面是思想政治教育第二课堂活动在设计的时候，没有结合高等院校学生的实际情况，从长远的角度出发，导致很多活动之间连贯性不够，降低了思想政治教育第二课堂教学质量。另一方面，在开展思想政治教育第二课堂的时候，相关活动的举办缺乏一定的持续性，没有为学生营造长期、稳定的教学环境。最后，高校所开展的思想政治教育第二课堂存在的一个显著不足是缺乏互动，难以调动学生参与第二课堂的主观能动性。

四、高等院校思想政治教育第二课堂的有效建设措施

（一）加强对思想政治教育第二课堂的重视

应当科学看待大学中思想政治教育第二课堂所发挥的功能，增强高校管理人员对其的关注。[5]同时，在高等院校中，各级领导以及主管部门需要全面了解思想政治教育第二课堂的重要性和必要性，不断形成以上率下的工作局面，将思想政治教育第二课堂深入高等院校教育教学工作的各个环节中。首先，高等院校各级领导应当发挥自身的带头作用，深入思想政治教育第二课堂中，并提高第二课堂思想政治教学的功能性。一般来说，高等院校各级领导可基于自身领导能力和工作能力，为思想政治教育第二课堂的开展提供一些指导和帮助，从而提高思想政治教育第二课堂教学质量。其次，在高等院校中，需要结合实际情况，形成思想政治教育第二课堂统筹协调的工作局面，为学生树立良好的三观，营造积极向上的教学氛围，提高思想政治教育第二课堂的整体合力，鼓励学生积极参与到思想政治教育第二课堂中，提高教学质量。

（二）积极丰富第二课堂教学内容，明确教学目标

在高等院校开展思想政治教育第二课堂的时候，不仅要将毛泽东思想、邓小平理论等，尤其是习近平新时代中国特色社会主义思想作为其中的教学基础内容，需要将理想信念教育等融入其中，最大限度提高教学的全面性和科学性，保证第二课堂的教学质量。同时，教师应当结合时事，根据国情以及社会热点等，对思想政治教育第二课堂内容进行丰富和完善，真正做到教学内容的与时俱进，并适当对思想政治教育第二课堂内容进行调整，为学生提供丰富科学的教学内容，提高教学质量。在教学的过程中，教师应当从全局的角度出发，按照高等院校思想政治教育第二课堂

教学任务和要求，明确当前教学目标。通常情况下，高等院校教学教育工作的开展需要以科学有效的教学目标作为核心内容，从而对教学任务和教学质量进行判断和分析。[6] 在实际的教学过程中，教师应当及时把握好思想政治教育第二课堂中的重点环节和薄弱环节，并采取有效的教学措施及教学模式，积极完善实际教学过程中的问题和不足，从而达到思想政治教育第二课堂教学目标，促进学生的健康发展。

（三）推进高等院校思想政治教育第二课堂制度化建设

首先，需要将思想政治教育第二课堂纳入高等院校思想政治建设体系中，并将第二课堂作为第一课堂的补充与完善，结合教学要求和教学目标，对高等院校思想政治教育第二课堂教学内容进行丰富，结合时政情况，把握好思想政治教育的关键环节，提高高等院校思想政治教育第二课堂的重要作用和价值。在此过程中，应当不断提高学生参与思想政治教育第二课堂的积极性和主动性，确保学生理解能力和学习能力得到提升。

其次，在开展高等院校思想政治教育第二课堂的过程中，要把握好教学环节中的重点和难点，加强教学制度化的建设，建立并健全对应的教学机制，为高等院校思想政治教育第二课堂的顺利开展提供重要的指导和帮助。为了能够达到高等院校对思想政治教育第二课堂的教学要求，需要结合当前学院教学资源以及师资力量等情况，构建专业化的工作小组，推进各项工作的顺利进行。同时，要求教师及时了解并掌握好学生学习需求，并对思想政治教育第二课堂内容进行构思和完善，最大限度保证思想政治教育第二课堂的顺利开展。[7] 在此过程中，需要及时处理好教学环节中的不足之处，避免对思想政治教育第二课堂造成影响。

最后，为了能够达到思想政治教育第二课堂的教学目标，高等院校需要结合院校实际，对思想政治教育第二课堂教学师资力量进行补充，提高对当前教师资源的综合利用率。需要根据思想政治教育第二课堂内容对实际的教学工作进行量化，保证教师资源分配的合理性和科学性。为了能够提高高等院校思想政治教育第二课堂教学质量，需要就实际的教学需求和情况等进行分析，制定出专业有效的经费投入方案，保证经费使用的透明度，促进高等院校思想政治教育第二课堂的顺利开展。

（四）完善并优化高校思想政治教育第二课堂的活动设计

对于思想政治教育第二课堂来说，为了能够提高课堂教学质量，完成教学目标，强化学生的思想素养，教师需要就其活动内容进行有效设计。首先，在进行思想政治教育第二课堂活动设计的过程中，需要遵循一定的设计原则，确保教学内容与时代相符合，把握学生心理需求及变化，提高思想政治教育第二课堂中教学互动性和有效性。[8]其次，在思想政治教育第二课堂中，教师需要积极组织相关教学活动，为学生交流、沟通以及学习提供重要的环境和场所，提高学生学习的自主性，发挥出学生的创造性和创新性，及时掌握思想政治教育第二课堂中的关键内容。在此过程中，教师应当引导学生参与到课堂教学中，根据学生思想学习差异，对思想政治教育第二课堂活动内容进行完善并优化，提高教学质量。最后，在对思想政治教育第二课堂活动设计的过程中，需要将教学目标融入其中，并提高教学活动的吸引力，避免活动过于枯燥、单一，注重学生参与活动体验感，促进第二课堂顺利开展。

结　　语

综上所述，高等院校需要加强对思想政治教育第二课堂的重视，深入贯彻党和国家的政策方针，提高高校大学生的思想政治素养。另外，高校在建设思想政治教育第二课堂的过程中，应该抓好有关的剖析和探究工作，构建与第二课堂建设实际相一致的制度，扩展思想政治教育第二课堂的教育资源，确定明确的教学目标，通过多元化、现代化和科学化的教学活动，激发学生参与的积极性和主动性，提高学生的思想觉悟意识，为社会建设与发展提供重要的人才力量。

参考文献

[1] 李永胜．高校思想政治教育第二课堂体系构建探究 [J]．蚌埠学院学报，2016，5（04）：4.

[2] 张廷．高校思想政治教育第二课堂建设路径研究 [J]．当代旅游：下旬刊，2019（11）：1.

[3] 梁婷．高等院校思想政治教育第二课堂的有效建设研究 [J]．山西青年，2019（19）：2.

[4] 申慧丽．高校思想政治教育第二课堂建设研究 [J]．教书育人：高教论坛，2019（06）：3.

[5] 刘芳．"互联网＋"背景下高职院校思想政治教育第二课堂构建实践探索 [J]．电子工程学院学报，2020，9（04）：1.

[6] 王多兵．基于思想政治教育第二课堂建设的高校"民汉学生共同体"构建探索与实践 [J]．教书育人：高教论坛，2019（07）：2.

[7] 李奕欣，王鹏飞．新时代高校第二课堂工作模式与实施路径研析 [J]．忻州师范学院学报，2020（01）：8.

[8] 李子涛，陈玉香，莫蓝天，等．广西高校思想政治理论课开辟第二课堂研究 [J]．现代教育论坛，2020，3（06）：59－62.

（已发表在《才智》2022 年 6 月下旬刊）

高等教育法规视域下高校师生关系的 PSR 模型构建

杨 杰

高校法律法规是对高校教师行为的一种规范与约束，它首先能够引导高校教师处理学校与学生、学校与老师、老师与学生之间各种复杂的矛盾，使其有章可循，同时能够激发高校教师对教学活动的积极性与热情。本文借鉴 PSR 模型，从教学活动、教学任务、师生权益分析高等教育法律法规对师生关系的促进作用，探讨高等教育法律法规背景下高校师生关系的现实困境，并提出构建教师法律法规培训平台、健全高校法律法规体系、构建完善的高校法律法规监管机制、创建师生平等对话平台、重构两者间权力结构等响应策略。

引　言

新时代背景下，人民群众对高等教育的需求从数量转变为质量，高校教育高质量发展成为时代要求。强国必先强师，推动高等教育高质量发展重在教师队伍建设，应加强师德师风建设，培养高素质教师队伍，倡导全社会尊师重道，建设一批让人民满意的、思想素质过关的、职业道德水平高的教师队伍。近年来，高校师生关系异化逐渐成为热点问题，一方面表现在师生关系淡漠化、沟通功利化、交往庸俗化，一些教师违规收受贿赂；另一方面，部分教师无法正视知识权威被新时代瓦解，刻意打压学生或者利用自身不对等权力压榨学生等，师生关系逐渐扭曲，走向对立。

通过文献梳理发现，目前学术界对高校师生关系研究主要集中在师生关系类型、师生冲突、教师失德等方面。譬如，郑诗琦从生态学视角出发，探讨生态型师生关系的内涵与特性，通过问卷调查发现师生关系的非生态问题，并提出生态型师生关系的建构策略。[1]刘明在分析高校师生和谐关系的影响因素基础上，提出构建和谐师生关系的实现路径。[2]黄明亮、赵敏从社会冲突理论视角，剖析师生冲突升级的机理，并提出破解策略。[3]刘慧琴、任胜洪认为师生责任伦理失范导致师生冲突发生，在分析师生冲突产生的责任伦理基础上，从价值意识、实践智慧、监督结果调适师生冲突。[4]

高校师生关系矛盾对国家高质量发展教育事业已构成隐忧。因此，本文从高校法律法规视域出发，借鉴 PSR 模型，从教学活动、教学任务、师生权益分析高等教育法律法规对师生关系的促进作用，探讨高等教育法律法规背景下高校师生关系的现实困境，并提出相应的响应策略，试图为新时代高校师生关系重构，使教师成为学生的引领者、服务者、好朋友提供参考。

一、高校师生关系 PSR 模型构建

师生关系是高等教育中最基本的人际关系，和谐的师生关系以师生地位平等、相互尊重包容为基本特征。高等教育法规是约束从事高等教育主体及其相应教育行为的法律规章，是法治社会背景下贯彻执行高等教育制度最为有力的保障。[5]本文借鉴 PSR 理论分析高等教育法规背景下高校师生关系。PSR 模型，即压力（pressure）—状态（state）—响应（response）模型，20 世纪 70 年代由加拿大统计学家大卫·拉帕波特和托尼·福兰德（David Rapport and Tony Friend）最先提出，由经济合作与发展组织（OECD）和联合国环境规划署（UNEP）共同发展起来，之后广泛应用于土地保护、环境治理、企业发展等领域[6]，但在构建高校良好师生关系中

却鲜有人涉及。基于此，本文鉴于 PSR 理论模型研究高等教育背景下高校师生如何构建良好关系，试图营造和谐校园环境。建立了高等教育法规背景下高校师生关系的 PSR 模型，模型分为三个维度。一是压力维度，即成长驱动力，为教师处理师生关系提供方向；建立师生良好的课堂关系；获得公正评价以及合法财产权益。二是状态维度，师生关系渐行渐远，师生关系矛盾重重；师生关系利益熏陶。三是响应维度，构建教师法律法规培训平台；健全高校法律法规体系；构建完善的高校法律法规监管机制。

二、P 驱动力：高等教育法规对高校师生关系的促进作用

（一）明确教师在教学活动中的权利与义务，为教师处理师生关系提供方向

高等教育法规规定教师应针对学生的自身性格特点，因人而异，因材施教，对学生的思想品德、生活情况、学习成绩以及与老师和同学之间的关系相处等方面给予合理公正客观的评价。同时，教师在与学生相处时，要关心、爱护学生，特别是尊重学生的人格，以理服人，不能采用粗暴性的压服办法，侮辱体罚学生，要肩负保护学生合法权益和身心健康成长的责任。以高等教育法规为导向，对高校师生关系构建明确方向。

（二）高等教育法规可以促进教师有质有量的完成教学任务，建立师生良好的课堂关系

学高为师，身正为范，高等教育法规规定教师应具有较高的教学水平，按计划完成教学任务，教师自身教学水平的拔高，会在课堂上提高学生的学习兴趣，进而增加课堂上师生之间的交流，提高学生学习效率。法规的出现，整改了在教学方面课件滞后、教学方法单一、不注重教学质量等现象，警示一些只忙于科研和社会兼职的老师。以高等教育法规为导

向，提高教师自身权威、经验学识以及高尚品德，以此保证课堂教学活动质量，促进课堂师生关系融洽。

（三）高等教育法规保证学生按时参与教学活动，获得公正评价以及合法财产权益

杜绝在教学活动中，教师占用学生听课时间，为自己办理私事的行为。杜绝教师以自己个人喜好用不公平、不公正带有主观性的方式去给学生评分。特别是，震慑一批以莫须有的名义向学生收取费用，以收取罚款、贪污班费和奖助学金、暗示学生行贿等行为获取一己私利的教师。[7]教师是教育一线，教师的行为直接影响学生，高等教育法规是对这些不和谐的师生关系的纠偏，是教师行为导向的灯塔。

三、S 状态：高等教育法规背景下高校师生关系的现实困境

（一）一些教师法律意识淡薄，师生关系矛盾重重

教师是高校教育活动的实施者，教师的思想政治建设、法律法规认识强度直接关系到和谐师生关系的构建。当前，部分高校教师学习高等教育法律法规的积极性越来越低，这些教师的法律意识变得淡薄，导致其在日常教学活动中倒行逆施，行事毫无章法，使得师生关系渐行渐远。究其原因，还是这些教师没有意识到自身职业道德修养以及遵从高等教育法律法规的制度和规范进行教学科研活动，也没有认真思考学生内心世界的诉求，只是一味地按照自己的意愿行事，采用传统的沟通方式与学生交流，走进不了学生的内心世界，也不会进行情感反馈。

（二）高等教育法律法规体系不健全，师生权力不对等

自我国高等教育法律法规问世以来，经过不断地修正修整与完善，基

本已经确定框架体系。但是，由于高等教育法规缺乏统筹兼顾，体系不甚完善，在实际践行过程中出现诸多漏洞。譬如，一方面，学生被教师当作免费的劳动力，高校教师因其复杂的日常学生管理工作和繁重的教学与科研任务，兼顾无暇，出现一些教师要求学生批改试卷、撰写教学计划书等情况，更有甚者，占用学生正常授课时间，为其办理私人事件，这种将学生用作免费劳动力的行为，是将师生平等关系转换成不平等的劳役行为，激化了师生之间的矛盾。另一方面，随着教育改革，国家倡导以学生为主，教师沦为学生的附庸等极端现象时有出现。一些高校为积极响应国家政策，过度解读，满足学生打压教师，使得学生从心理上失去对教师的尊重，对课堂和知识失去进取之心，部分学生利用高校"顺从学生"的心理诋毁教师，破坏课堂纪律，加剧师生关系的异化。

（三）高等教育法律法规缺乏监管体系，师生关系物质化

健全的法律法规体系只是构建和谐师生关系的第一步，对于高等教育法规在践行过程中的执行力度和监管力度，则是直接影响和谐师生关系的建立。我国的教育事业正处于蒸蒸日上的发展阶段，但是在执行过程中，由于监管力度不够，致使部分高校敷衍了事、不重视、不执行、不负责。部分高校不依法办事，个人观念凌驾于法律法规之上，导致师生关系由单纯转向功利。譬如，一些学生家长为获取教师的格外关照以送礼、请吃饭等方式行贿，更有教师为获利收取不合理的罚款、暗示学生行贿等，这些都是在高等教育法律法规执行和监管力度不够下，亵渎教师神圣职业，被利益蒙蔽双眼的违反高等教育法律法规的表现。

四、R 响应：高等教育法规背景下高校和谐师生关系的构建策略

（一）构建教师法律法规培训平台，调动教师学习积极性

高校应建立教师法律法规培训平台，定期对教师进行培训，可以以讲

座、讨论会、座谈会等形式，也可利用网络平台，通过网课的形式学习高校法律法规。利用线上线下多种途径相结合的方式，加强高校教师对高校法律法规理论知识的学习，并要求教师在实践中总结、反思和提升自我。高校教师学习高等教育法律法规一方面可以约束自己的行为，另一方面可以激发教师内心对教育事业的崇高使命感和自豪感。高校教师通过法律法规学习平台深度理解高校法律法规，不仅是明确构建和谐师生关系的自身义务所在，更是行使权利的保障。[8]

（二）统筹规划，健全高校法律法规体系

高校法律法规是对高校教师行为的一种规范与约束，它首先能够引导高校教师处理学校与学生、学校与老师、老师与学生之间各种复杂的矛盾，使其有章可循，同时能够激发高校教师对教学活动的积极性与热情。其次，高校法律法规潜移默化影响高校教师，长此以往逐渐成为高校教师内在品质，成为其教学活动的内在动力，明确自己的教学目标、教学任务、教学行为规则。以顶层设计为基础，由国家层面统筹规划高校法律法规体系，各地方教育主管部门对法律法规进行完善补充，制定与本地相适应的条令法规。坚决杜绝师生之间存在利益交换的情况发生，以完善的高校法律法规体系要求高校师生，为建立和谐高校师生关系提供强有力的保障和方向。

（三）强化执法监督，构建完善的高校法律法规监管机制

通过对单位和个人的考核考评杜绝高等教育法规贯彻不力或执行力偏弱的现象。全面推进依法治教，形成责任制度，形成责、权、利分明的关系体系，确保执法考评的完整性并配有保障措施。[9]在高校法律法规联动机制中发挥监督指导作用，政府相关机构应积极参与其中，发挥执法监督和协调作用，依法明晰各高校部门的职责范围，规范统一执法，联合执法活动，依法全程监督指导，确保高校教师通过高校法律法规构建和谐师生关系的合理合法性。在高等教育法规指导下规范和处理好高校师生关系，建立相互尊重、和谐友爱的高校师生关系。在高等教育法规指导下，公平公正与规范合理地处理好师生关系。高等教育法规在构建新型师生关系方面有着不可取代的作用和地位。

（四）创建师生平等对话平台，重构两者间权力结构

要打破传统师生的不平等对话方式，转换教师高姿态、强硬的角色。以平等、开放的形式，打造和谐型、生态型、共生型师生关系，让课堂成为师生之间心灵碰撞和交流的地方，让课堂不单是知识传授更应是文明传承的地方，加强教师与学生的良性沟通，杜绝教师以个人知识权威打压学生。随着国家教育改革，高校教育逐步由"教师权威"转向另一个极端"学生至上"。权力结构变为学生大于教师，教师变为弱势群体。高校教育权力结构倾向任何一方，都不利于师生关系的健康发展，因此，应使学生与教师的权利均衡，建立健全机制。从道德和法律法规出发，为两者之间的权力提供制度保障，均衡师生关系，构建教师与学生的大生态系统，维持师生良性循环关系，走向健康和可持续关系。

结　　语

本文在相关文献基础上，借鉴 PSR 模型，从教学活动、教学任务、师生权益三个角度分析高等教育法律法规对高校师生关系的驱动力；探讨高等教育法律法规视域下高校师生关系的状态，发现一些教师法律意识淡薄、高等教育法律法规体系不健全、高等教育法律法规缺乏监管体系等问题；并提出构建教师法律法规培训平台，健全高校法律法规体系，构建完善的高校法律法规监管机制，创建师生平等对话平台，重构两者间权力结构等响应策略。在高校法律法规视域下，高校师生关系的响应策略的实施驱动高校师生关系健康发展，响应机制也就成为良好师生关系的驱动力，

在此背景下高校师生关系又会出现新的问题，提出新的对策也就不可避免。如此，高校师生关系可以在"驱动力—状态—响应"的逻辑下形成良性循环。

参考文献

［1］郑诗琦. 生态型师生关系的内涵、表征及建构［J］. 教学与管理，2019（16）：26 - 29.

［2］刘明. 新时期高职院校和谐师生关系的构建［J］. 山西财经大学学报，2021，43（S2）：110 - 112.

［3］黄明亮，赵敏. 社会冲突视角下师生冲突的升级机理与破解策略［J］. 教育评论，2022（01）：52 - 57.

［4］刘慧琴，任胜洪. 师生冲突现象的责任伦理解释与建构［J］. 当代教育科学，2021（07）：69 - 74.

［5］白婷，刘伟涛，李佩忠，陈海菊，高欣，赵丽梅. 论高等教育法规中和谐师生关系的构建［J］. 长江丛刊，2018（36）：210 + 212.

［6］杨杰. 基于PSR模型的贵州科技型小微企业成长机理研究［J］. 贵州师范大学学报（社会科学版），2019（06）：65 - 73.

［7］匡晶. 以学生为本、师德重建——论高校和谐师生关系的内生之源［J］. 国际公关，2020（11）：192 - 193.

［8］李小月. 高校教师高等教育法规的认知与践行浅析［J］. 现代职业教育，2019（36）：232 - 233.

［9］张晔. 高等教育法规贯彻落实与高校教师的培养［J］. 科教文汇（中旬刊），2019（07）：16 - 17.

应用型高校落实立德树人的
必要性及实践策略

童 俊 马 青

党的二十大报告指出"要办好人民满意的教育，全面贯彻党的教育方针，落实立德树人根本任务，培养德智体美劳全面发展的社会主义建设者和接班人"。德育为先是中华民族的传统文化中的内核，德育工作在应用型高校发展中具有重要意义。高校党委应加强应用型高校教师队伍的德育建设，把立德树人的根本任务贯穿学校工作的始终。

新时代德育建设进入新的历史起点，德育是实现中华民族伟大复兴的重要抓手。立德树人是高校的立身之本，要把立德树人全面融入高校的各项工作，成为教职员工的行动指南，增强文化自信以不变应万变。习近平总书记多次对培育和践行社会主义核心价值观进行重要指示批示，要深刻理解和把握社会主义核心价值观的丰富内涵和基本要求，形成校园文化、课题教学和社会实践一体的育人平台。习近平总书记强调："我国社会主义教育就是要培养德智体美劳全面发展的社会主义建设者和接班人。""要把立德树人融入思想道德教育、文化知识教育、社会实践教育各环节，贯穿基础教育、职业教育、高等教育各领域，学科体系、教学体系、教材体系、管理体系要围绕这个目标来设计，教师要围绕这个目标来教，学生要围绕这个目标来学。凡是不利于实现这个目标的做法都要坚决改过来。""德"始终排在第一，德育是高校培养人才的重中之重，对大学生思想的正确引领是德育的核心功能。

一、深刻认识应用型高校立德树人工作的重要性

德育是教育工作的核心和根本点，在大学生的思想道德形成与健康成长中起着重要作用，更有助于培养大学生的爱国主义精神和树立正确坚定的理想信念。应用型大学作为培养具有较强社会适应能力和竞争能力的高素质应用型人才的主要阵地，应全面把握德育教育的重要性，将德育教育贯穿始终。

1. 人才适用性需要以德为先

人无德不立，业无德不兴。在互联网加速发展的大背景下，大学生在信息知识获取上享有便捷的同时，面临着各种诱惑，部分学生德、能发展不协调的现象仍然存在。北宋时期司马光曾提出：才者，德之资也；德者，才之帅也。自古昔以来，国之乱臣，家之败子，才有余而德不足。由此可见，一个人是否有德，不仅影响个体的未来成长，还对整个民族素质的高低有影响。应用型高校培养的学生将来将成为社会的一分子，而社会需要的不仅是具备专业技能的人才，更需要有道德良知、有社会责任感的人才。因此，应用型高校需要在人才培养中注重学生的道德教育，培养他们的社会责任感、诚信意识和公民意识等方面的素养。

2. 学科普及性需要以德为先

才者德之贤也，德者才之帅也。有才不一定有德，而德是选择人才的关键，这就要求应用型高校在给学生提供社会生产和服务所需要的知识、经验、方法之外，让学生拥有良好品德。学科普及性要求高校培养的人才具备优秀的学术素养和技能水平，学术素养和技能水平并不是培养人才的全部，还需要德行的支撑。德行是培养人才的根本，具有良好的德行才能够使学生更好地运用学术素养和技能水平为社会服务，增进团队协作精神和社会责任感。学科的普及性还是应用型高校服务社会的重要途径，需要高校培养的人才能够适应社会变革和挑战，为社会创造更大的价值。而只

有良好的德行才能让学生具备强烈的自我驱动力和适应能力,更好地面对未来的挑战。

3. 师资队伍建设需要以德为先

教师是教育之本,师德是教师之本。教师作为学生全面发展的引路人,对学生能否拥有良好的品德起着至关重要的作用。这就要求应用型大学的教师队伍更要以德为先。习近平总书记强调,评价教师队伍素质的第一标准应该是师德师风。立德树人是教育的根本任务,为师者必须以德为先。应用型高校的师资队伍建设需要以德为先,良好的师德是教师队伍建设的基础和保障,可以提高教师的责任心、奉献精神、团队合作精神和社会责任感,从而更好地为学生和社会服务,实现高校育人的使命和责任。

二、应用型高校要把立德树人的根本任务贯穿学校工作的始终

百年大计,教育为本。教育大计,教师为本。《高等学校教师职业道德规范》中明确提出教师的"六德",即爱国守法、敬业爱生、教书育人、严谨治学、服务社会、为人师表。因此,应用型高校的教师队伍不仅能够传道授业解惑,还应具有社会责任感、法治观念、为人师表观念和创新精神。

(一) 将立德树人纳入总体设计中,坚持高位谋划

1. 完善顶层设计,建立健全工作机制

应用型高校要主动落实《高校思想政治工作质量提升工程实施纲要》,要明确立德树人的内涵,即在教育教学过程中不仅要关注学生的知识和技能,还要注重学生的道德品质、人文素养和社会责任感等方面的培养。加紧夯实工作任务,建立党委统一领导、党政齐抓共管、职能单位分工合作、学院组织履行实施、广大师生齐心协力的工作格局。

2. 统筹推进实施,全面深化综合改革

高校要突出"五个思政"改革创新,构建德智体美劳"五育并举"育

人体系。实施思想政治教育引领计划、教师育人能力提升计划等，以培养拔尖创新人才为根本，以德智体美劳"五育并举"立德树人为目标，推进高等教育"四个回归"，要把立德树人的理念融入课程设置和评估机制中，确保课程内容的合理性和科学性，同时注重学生的综合素质评价，培养又红又专堪当大任的新时代建设者。

（二）将立德树人纳入学科建设的始终，明确主体方向

1. 明确学科建设的目标

应用型高校要明确学科建设的目标，即通过该过程培养出具备实践能力、创新精神以及高度道德素养的高素质应用型人才。这是立德树人理念在学科建设中的主要体现，也是应用型高校学科建设的主体方向。在制定目标时，要充分考虑社会需求、行业发展趋势以及学科特色，以确保学科建设的有效性和可持续性。目标明确有助于指导后续的规划和实施工作，使学科建设更加有针对性和可操作。

2. 强化新形势下学校教材的建设和管理

高校应成立学校党委书记、校长任组长的教材建设工作领导小组，分管教学副校长任主任的工作委员会，组建教材建设中心。从教育教学目标、内容的科学性、体现时代特色等方面提出具体标准，坚持政治标准、知识标准和学术标准相结合，明确教材编写和选用的基本要求，严格执行教材编写、选用两级审核管理，保障审核程序的规范、透明和公正。

3. 实施学科实力提升计划

一方面加强重点学科建设，打造学科"高峰"。对于具备较为良好基础的学科，进一步加强规划发展，持续保持发展动力和优势，加强主导地位，提高国际竞争力。另一方面大力促进学科交叉融合，实施差异化发展与错位竞争策略。应用型高校要将学科建设与实践结合，注重实践教学，特别是产学研结合的实践教学。通过与企业合作、参加各种实

践项目等方式，让学生在实践中学习、实践中创新，增强学生的实践能力和创新精神。实施差异化发展战略，与其他传统综合性大学形成错位竞争，构建特色鲜明、优势明显、声誉良好、充满活力、富有竞争力的学科群。

（三）将立德树人纳入师德师风的考核中，实施严格监督

1. 把好入口关

高校在招聘新教师时，将思想政治素质放在首位，通过师德考核、心理素质测评、查阅档案、实地考察等方式，全面了解应聘人员情况，确保教师招聘质量，可规定学院党委书记是师德考核第一责任人。举办新进教师入职强化培训，开设师德师风教育专题。高校党委书记、校长为新晋教师上"第一堂课"，举行新教师入职宣誓仪式，坚定新进教师职业信念和职业操守，提升教书育人的责任感和使命感。

2. 把好晋升关

在职务晋升、评优推荐等工作中实行师德一票否决。在职称评审中增设民主测评环节，由基层党组织具体负责实施，重点考核教师思想政治素质、师德师风、公益服务等内容，测评达到一定比例的教职员工才具备申报资格。这种职务晋升机制的建立，有助于筛选出在教育教学、思想政治等多个方面具备优异表现的教师，从而促进整体教育水平的提升。

3. 把好考核关

应用型高校应该制定明确的师德师风考核标准，并将其中涉及的立德树人要求细化明确，如课堂教学规范、学生思想政治教育、社会实践指导、学生心理健康等方面的表现要求。将师德考核评价纳入教师年度考核、聘期考核的重要内容，以此作为综合评价教育工作者绩效的一个重要指标。对于师德考核不合格者，不仅将其年度考核结果予以否决，还应当在岗位聘用等方面实行一票否决的原则。

4. 弘扬先进典型

彰显师德建设鲜明价值导向，在校园网开设专栏，重点挖掘和提炼本校名家名师，对其为人、为学、为师的大爱师魂予以深度报道。学校组织开展评选表彰活动，选树系列德艺双馨的榜样教师。还可以在中国传统节庆日、相关爱国纪念日等节点，开展典型事迹的宣传活动，并对从教多年的优秀教师进行表彰，充分发挥其示范引领辐射作用。不断创新师德教育形式，探索利用新媒体讲好师德故事，通过微信公众号等形式系列推送师德标兵的典型事迹，营造德育为先的校园舆论氛围，引导青年教师崇尚师德风范，争当师德标兵。

（四）将立德树人纳入各部门的工作中，做到统筹落实

1. 完善机制，扎紧制度笼子

学校应建立完善的立德树人机制，包括学生综合素质评价、学科竞赛、社会实践、创新创业等各项活动，各部门应针对自身特点，制定相应的立德树人机制，使学生在各个方面都能得到培养。如《加强教师思想政治工作和师德师风建设实施办法》《全面落实教师立德树人职责实施细则》等文件，规范教师在教学科研、招生录取、考试考核、师生交往中的言行，规范动态遴选、培训和考核评价工作，构建起师德师风教育、排查、防控、激励、惩处机制，推动教师思政工作全员覆盖、全员参与、全面落实。

2. 统筹协调，加强部门联动

学校构建党委统一领导、纪委做监督、宣传抓思想、组织抓党建、教务抓教学、人事带队伍、科研抓项目、工会保权益的教师思政工作体系，形成立德树人工作的合力，定期召开会议，分享工作经验，共同解决问题，形成一种共同的工作氛围和理念。充分调动教学、科研、管理、后勤服务等所有环节参与教师思政，充分发挥各级党群组织、科协、学科组、工会和教师发展中心作用，及时为"教师思政"提供人才、技术、数据支持和服务保障，打通校内教师思政"最后一公里"。

三、加强应用型高校教师队伍的德育建设

（一）建设有社会责任感的教师队伍

按照"四有"优秀教育工作者的标准，推进教育工作者团队的构建。加强建设师德的制度框架，使师德建设逐步走上经常性、规范性、法制性的轨迹。学校应该鼓励教师参加各种社会实践活动，如参与公益事业、扶贫助学、志愿者活动等，这些活动可以帮助教师深刻认识到自己作为一名教育工作者的社会责任感。教育工作者要将社会主义核心价值观的种子培植在学生内心，不仅要增强学生服务国家、服务人民的社会责任感，也要积极实施素质教育，引导学生自力更生。在对大学生进行教育的同时，教师队伍更应以身作则具备强烈的社会责任感。

（二）打造有法治观念的教师队伍

党的十八大以来，全社会法治观念明显增强，法治教育体系建设初见成效。学校应该开展法治教育，加强教师的法律意识教育，提高教师对法律法规的认识和理解，培养教师的法律素养。通过开展各种形式的法治教育，如法律知识培训、案例分析、法制论坛等，加强教师的法律学习和法律素养的提高，引导教师明确法治的重要性，增强教师遵守法律法规的自觉性和自我约束能力。

（三）树立为人师表观念的教师队伍

为人师表是教师职业道德中最基本的一条，在德育教育越来越重要的今天，社会对教师提出了更高的要求。教师的工作对象是有思想、有意志、有个性的学生。教师的言行会对学生产生深刻的影响，这就要求教师的行为时时处处都需要起到表率作用。学校应该注重培养教育工作者的榜

样作用，关注培育教育工作者的模范作用，使教育工作者成为学生的模范和引导者，引导学生形成正确的人生观、价值观和道德观。

（四）培育有创新精神的教师队伍

应用型大学在培养学生的实践能力之外，更需培养学生创造能力，培养学生以现有的思维模式提出有别于常规或常人思路的见解，从而改进或创造新的事物。应用型高校要注重对教师的创新教育培养，引导教师注重学科研究、创新实践和课程改革，提高教师的创新意识和创新能力。要培养创新型人才，教师必须具有创新精神和创新能力，进而实现全民创新。应用型高校要支持教师的创新项目，提供必要的经费、场地和资源等支持，鼓励教师开展创新实践和创新研究，推动创新成果的转化和应用。

参考文献

［1］十八大以来重要文献选编（上）［M］. 北京：中央文献出版社，2014：27.

［2］习近平在全国教育大会上强调坚持中国特色社会主义教育发展道路培养德智体美劳全面发展的社会主义建设者和接班人［N］. 人民日报，2018－09－11.

［3］倪海东. 深入落实立德树人根本任务　回答好教育强国建设的核心课题［J］. 学校党建与思想教育，2023（23）：1－3.

［4］童俊，罗雪梅. 高校教师教学能力评价研究综述［J］. 湖北第二师范学院学报，2023，40（03）：75－79.

［5］邵燕. 高校法学专业开展课程思政教学改革的必要性与实现路径［J］. 湖北开放职业学院学报，2021，34（23）：69－71.

［6］胡德鑫，逄丹丹. 中国高等工程教育百年发展史回眸：历史演进、变革逻辑与未来趋向［J］. 高校教育管理，2023，17（06）：100－113.

（已发表于《湖北开放职业学院学报》2024 年第 10 期）

第二篇

课程思政教学设计

《物流包装》课程思政教学设计

龚　飞

课程名称：《物流包装》

任课教师：龚飞

课程内容：《物流包装》是一门涵盖广泛内容的课程，主要围绕物流和包装领域的理论、技术、实践等方面展开。该课程涉及物流与包装的基本概念、包装材料与技术、物流包装设计原理、物流包装管理、物流包装的环境影响，以及包装行业的现状与未来发展趋势等内容。学生将学习包装在物流中的重要作用，包装与产品运输、仓储、配送等环节的关系，以及物流包装对产品保护、减少损耗和提高效率的意义。课程中还包括了不同类型的包装材料和技术，如纸箱、塑料包装、金属包装、玻璃包装等的特点和应用。同时，学生将了解物流包装设计原则和方法，包括包装形式的选择、包装尺寸的设计、包装材料的选用等。此外，课程还涉及包装在环保和可持续发展方面的影响，如绿色包装、可回收包装和包装废弃物的处理等。学生还将了解包装行业的发展现状和趋势，包括包装技术的创新、智能化包装设备的应用、包装设计的个性化需求等。

课程思政目标：《物流包装》课程思政的主要目标是培养学生的思想品德、创新精神和社会责任感，引导他们在包装行业发展中关注生态文明建设和环境保护，推动包装产业向绿色、可持续方向发展。具体的课程思政目标如下：

（1）引导学生树立正确的价值观：通过《物流包装》课程，引导学生树立绿色发展、环保意识和可持续发展的正确价值观，使他们认识到包装行业的重要责任，关注包装产业的社会影响和环保意义。

（2）培养责任意识：教育学生在包装设计和应用中要关注资源的合理利用、环境保护和废弃包装材料的回收处理，培养学生对于包装行业绿色化发展的责任意识和使命感。

（3）培养创新精神：鼓励学生在包装机械设计和材料应用中积极探索和创新，推动包装技术和工艺的进步，为环保绿色包装提供更多可行解决方案。

（4）弘扬工匠精神：培养学生注重细节、追求卓越的工匠精神，让他们在包装设计和制造中注重质量和品质，在未来的工作中致力于为客户提供更环保、高品质的包装产品。

（5）关注社会责任：教育学生要关注社会和公众对于包装行业的期望，引导他们将环保理念融入包装机械设计和应用中，为社会和谐发展做出积极贡献。

（6）培养团队合作意识：鼓励学生在包装项目开发和应用中加强团队合作，培养学生协作精神和团队意识，提高解决问题的能力。

《物流包装》课程思政教学设计如表1所示。

表1　　　　　《物流包装》课程思政教学设计

课程内容	课程思政元素切入点	课程思政教学实现方式
包装概述	包装的含义与分类	（1）引导学生思考：在讲解包装的含义与意义时，教师可以先提出问题，例如"包装在物流中的作用是什么？"或"包装对产品质量和运输效率有何影响？"，引导学生积极思考，增强他们对包装重要性的认识。 （2）利用案例分析：教师可以选择一些真实的案例，如食品、药品或电子产品等领域的包装实践，让学生通过案例分析，深入了解包装在保护商品、提高产品价值和满足消费者需求方面的重要作用。 （3）环保意识引导：在讲解包装的含义时，教师应强调环保意识。通过引导学生了解环保包装的概念、绿色材料的使用以及可循环再利用包装的优势，加强学生对绿色包装的认识

续表

课程内容	课程思政元素切入点	课程思政教学实现方式
物流包装技术	防霉防腐包装技术与设计	（1）环保案例分享：教学开始前，教师可以通过展示一些成功应用防霉防腐包装技术的案例，如食品、药品等易霉变产品采用的环保包装方案，引起学生的兴趣和关注，激发他们探究绿色包装技术的热情。 （2）引导学生探究环保需求：在课堂中，教师通过提问和讨论，引导学生深入了解市场对于防霉防腐包装技术的需求和其重要性。鼓励学生积极思考，结合实际情况，讨论如何利用包装技术减少食品、药品等产品的腐败和浪费，为环保绿色物流贡献力量。 （3）绿色包装理念宣传：教师可以向学生介绍绿色包装的概念和意义，强调防霉防腐包装技术的应用不仅应满足产品保质期要求，还要注重环保、可持续发展的理念。学生在理解包装技术的同时，也要牢记环保责任，将环保意识融入日常学习和生活中
包装机械	包装机械概述	（1）引导学生思考：在课程开始时，教师可以通过提问、讨论或者展示相关新闻报道，引导学生思考包装行业对于生态文明建设和绿色化发展的重要作用。这样可以激发学生的学习兴趣，增强他们对包装机械概述的学习动力。 （2）设计案例分析：在教学过程中，教师可以选择一些与环保和绿色包装相关的实际案例，让学生分析这些案例中包装机械的设计和应用对环保的影响。通过案例分析，学生将更深入地了解包装行业的现状和未来发展方向，加强对绿色包装的认识。 （3）增设讨论环节：在课程中增设讨论环节，让学生自由表达对包装机械概述部分的理解和观点，同时鼓励学生进行思政结合点的探讨。教师可以提出一些引导性问题，引发学生对环保包装的深入思考和讨论
包装标记与标志	物流包装标记与标志概述	（1）设计富有思政教育内容的教材和教案：教师可以结合新闻报道和实际案例，设计富有思政教育内容的教材和教案，将包装行业对环保和绿色包装的重要责任融入其中，让学生深刻认识到绿色包装的意义和价值。

续表

课程内容	课程思政元素切入点	课程思政教学实现方式
包装标记与标志	物流包装标记与标志概述	（2）采用小组讨论和合作学习：在教学过程中，教师可以将学生分成小组，通过小组讨论和合作学习的方式，引导学生共同探讨物流包装标记与标志的重要性，讨论包装标志对绿色包装的影响和作用，激发学生对环保包装的思考。 （3）鼓励学生参与绿色包装设计竞赛：教师可以鼓励学生积极参与绿色包装设计竞赛，提倡创新设计和环保理念，通过竞赛的形式激发学生的创新精神，促进他们对包装行业的绿色发展有更深入的认识
包装标准与法规	包装标准化的作用和意义	（1）呈现实际案例：在教学中，教师可以引用新闻报道和实际案例，展示包装标准化在环保和绿色包装方面的作用和意义。通过案例分析，学生可以深入了解包装标准化对包装行业可持续发展的推动作用，从而认识到环保和绿色包装对于生态文明建设的重要意义。 （2）进行讨论与辩论：教师可以组织学生进行讨论和辩论，就包装标准化的实施对包装行业和环境的影响进行深入探讨。通过互动交流，学生可以深入思考不同观点和主张，拓宽视野，增强思辨能力。 （3）拓展专题研讨：教师可以组织学生进行专题研讨，让学生自主选择感兴趣的包装标准化主题，深入研究相关理论和实践。在研讨过程中，教师可以适时给予指导和点评，帮助学生深化对包装标准化的理解和思考
包装的合理化与现代化	包装现代化包装规范化	（1）引入国家政策和标准：在教学开始阶段，教师可以引入相关国家政策和标准，如《包装回收标志》和《包装与环境术语》等，向学生介绍我国在包装现代化、规范化方面的政策导向和法律法规，激发学生对包装行业发展的兴趣。 （2）探讨包装行业现状：通过讨论包装行业的发展现状和面临的挑战，教师可以引导学生了解包装行业在现代化、规范化方面的发展需求。学生可以从包装质量、生产效率、环保要求等多个角度来探讨包装行业的现状，并从中认识到规范化对于包装行业的重要性。

课程内容	课程思政元素切入点	课程思政教学实现方式
包装的合理化与现代化	包装现代化包装规范化	（3）强调包装行业责任意识：教师可以通过引用新闻报道和案例，向学生展示包装行业对于环境和社会的责任。在教学中，强调规范化与责任意识的关联，让学生认识到包装行业需要积极应对现代化的挑战，并在环保、安全等方面承担起社会责任
包装管理	包装管理概述	（1）引导学生关注社会责任：在授课过程中，教师可以结合实际案例和新闻报道，引导学生关注包装行业的社会责任，特别是环保和绿色包装方面的责任。通过讨论和分析，让学生认识到包装管理在物流和生产过程中对于资源利用和环境保护的重要性，激发学生对社会责任的认识并增强意识。 （2）培养创新精神：包装管理涉及物流和生产过程中的包装设计、材料选择、标识与标记等方面，教师可以引导学生思考如何在包装管理中创新，推动包装行业的发展。通过案例研究和项目设计，鼓励学生勇于尝试新的包装材料、新的包装设计方案，培养学生的创新精神和创造力。 （3）弘扬工匠精神：包装管理需要对包装设计和制造过程进行精细化的管理和操作。在教学中，教师可以弘扬工匠精神，让学生了解和尊重包装管理中对细节的重视，培养学生精益求精、注重质量的工匠态度，提高他们的专业技能和素质
绿色物流包装	绿色物流包装的理论及其内涵	（1）设计思政教学案例：在教学中，教师可以设计绿色物流包装的相关案例，结合实际环境和问题，引导学生进行思考和讨论。例如，可以设计一个关于某企业如何改进包装设计，降低资源消耗和环境污染的案例，让学生充分了解绿色包装的重要性和实践意义。 （2）进行小组讨论和合作项目：教师组织学生分成小组，开展与绿色物流包装相关的小组讨论和合作项目。学生可以就包装材料选择、设计与回收等方面展开讨论，共同探讨绿色包装的创新和实践。

续表

课程内容	课程思政元素切入点	课程思政教学实现方式
绿色物流包装	绿色物流包装的理论及其内涵	（3）提倡学生参与社会实践：鼓励学生积极参与绿色包装相关的社会实践活动，如参与环保志愿者活动、参观绿色包装展览等。通过实践，学生可以亲身体验环保活动的意义和价值，增强对绿色物流包装的认识和认同

教学效果与反思：

1. 课程思政教学效果的检验方式

一是知识测试与问卷调查：教师可以通过知识测试，测试学生对于课程内容的掌握情况，包括对包装机械概述、绿色包装发展等知识的理解程度。此外，可以设计问卷调查，了解学生对于课程思政目标的认知和态度变化，以及对环保和绿色包装的看法和态度。二是小组讨论和合作项目评估：通过对小组讨论和合作项目的评估，了解学生在团队合作、创新思维和问题解决能力等方面的表现。教师可以对小组讨论的深度、思考的逻辑性和方案的创新性进行评估，从而检验学生的实践能力和思政目标的实现情况。三是个人报告和口头表达：鼓励学生进行个人报告或口头表达，让他们表达自己对绿色包装的认识和理解，展示对于思政结合点的思考和看法。教师可以通过评估学生的表达能力、思维深度和思政意识，检验教学效果。

2. 教学反思与改进

一是教学目标评估：对《物流包装》课程中的思政教学目标进行评估和反思，检视过去教学的实施情况。二是学生反馈：收集学生的反馈意见和建议，了解他们对课程思政教学的认知和感受。学生的反馈是重要的参考，可以帮助教师更好地了解学生需求。三是持续改进和反馈机制：建立持续改进和反馈机制，定期收集学生的反馈意见，并根据反馈及时调整教学策略和内容。

《广告学》课程思政教学设计

杨 娅

课程名称：《广告学》

任课教师：杨娅

课程内容：《广告学》是一门针对市场营销专业的选修课，对市场营销专业的大学生而言，掌握组织和实施广告的有效载体的理论和方法，是提高该专业学生自身职业素质和就业竞争力的重要途径。本课程涉及广告与传播学、心理学、社会学等多学科的知识，与市场结合紧密，知识的应用性很强。通过案例分析、话题讨论等互动环节引导学生建立市场意识，促使学生形成"以消费者为中心"的专业核心观念。课程内容涵盖宏观上广告的发展、策略与经营管理等知识，旨在让学生掌握广告学科的学科性质、研究方法、基础原理和运作流程等知识，并进一步思考广告在整合营销中的应用。作为一门理论贯穿文案撰写、策划和创作实践的综合课程，该课程的教学方法主要是案例讨论、课堂专题讨论发言和作业练习等。

课程思政目标：将思想价值引领贯穿于《广告学》教学过程之中，借思想政治教育深化教学内涵，提升教学效果。确定在《广告学》课程的教学中实现如下课程思政目标：一是引导学生认识唯物辩证法既是研究自然、社会和人类思维变化发展一般规律的科学，更是认识世界和改造世界的根本方法。二是加深学生对中华文化博大精深的哲学理念，并形成了别具一格的民族风格和气派的认识，可以激发学生的民族自豪感和自信心。三是引导学生对社会主义核心价值观产生认同。四是引导学生认识、理解国家的战略、方针、政策，并进一步思考国家大政方针对个人发展有何影响和将个人职业规划融入国家发展战略的重要性，不断提升学生的时事政治素养和自觉性。五是引导学生在学习中了解国情、社情，潜移默化加深对习近平新时代中国特色社会主义思想的认同。六是增强学生学法、知法、懂法、守法的意识和素养等。

《广告学》课程思政教学设计如表1所示。

表1　　　　　　　　《广告学》课程思政教学设计

课程内容	课程思政元素切入点	课程思政教学实现方式
广告的内涵和特征	广告的基础理论与相关学科	广告作为一门交叉学科，其在发展过程中持续展现出开放和融合的特性。围绕传播学、营销学、社会学、心理学等学科与广告学的关联，运用马克思主义唯物辩证法联系的普遍性分析广告学的学科本质，引导学生认识唯物辩证法是研究自然、社会和人类思维变化发展一般规律的科学，更是认识世界和改造世界的根本方法
广告发展演变的历史	广告发展简史	用中国古代广告史增强学生的民族意识和民族认同感。从原始社会的图腾崇拜到古代社会的旗帜广告、烽火广告、铭文广告，再到封建社会独具特色的匾额、楹联等文字广告以及唐宋诗词中茶、酒、名胜风景的传播，广告在中国古代社会自古就饱含着中华文化博大精深的哲学理念，并形成了别具一格的民族风格和气派，可以激发学生的民族自豪感和自信心
广告的功能与价值	广告的文化价值广告的社会责任	（1）公益广告作为一种先进的大众文化，是国家意识形态和主流价值观传播的重要载体，通过公益广告案例的分析和讨论，引导学生对社会主义核心价值观产生认同，继而实现由理念到实践的动员和教育。 （2）从社会责任方面的正反案例分析讨论入手，让学生认识广告的社会功能，引导学生思考虚假广告、违法违规广告、擦边广告对社会造成的负面影响，认识广告传播者应有内在的文化自觉和自主限制，进而树立广告职业的敬畏感、责任感和使命感

续表

课程内容	课程思政元素切入点	课程思政教学实现方式
广告与品牌传播	广告与品牌形象	（1）将广告与品牌形象置于《中国制造 2025》和新时代国家品牌战略提出的"实现中国制造向中国创造、从中国速度向中国质量、从中国产品向中国品牌的转变"政策大背景中，在授课过程中带领学生认识、理解国家的战略、方针、政策，并进一步思考国家大政方针对个人发展有何影响和将个人职业规划融入国家发展战略的重要性，不断提升学生的时事政治素养和自觉性。 （2）培养学生全球意识和国际化视野，激发学生对《中国制造 2025》和"中国品牌"的深入理解，增强学生的民族自豪感和文化自信
广告调查	消费者（大学生群体）调查	（1）调查研究是马克思主义的科学方法论，是正确认识客观世界、改造主观世界的源头活水。抓好广告调查实践，让学生结合大学生生活、学习实际开展消费者洞察调查实践，让学生在实际调查中学习和检验理论知识。 （2）广告的科学性体现在以科学的方法收集和分析信息，找出哪些因素影响了产品的销售、哪些因素可以提高消费者的购买意愿。收集和分析信息的过程就是广告调查，从广告调查引申到调查研究是做好各项工作的基本功。引导学生正确认识调查研究的价值取向和科学方法，进而深刻认识全党大兴调查研究的重大意义
广告策略	STP 战略分析	（1）以央视"国家品牌计划——广告精准扶贫"项目中"大凉山苦荞茶""贵州丹寨旅游小镇""生态贵椒"精准扶贫公益广告为案例，引出 STP 战略分析相关知识理论讲解，精准扶贫广告就是"市场细分""目标市场""市场定位"在脱贫攻坚中的营销运用。 （2）以案例讨论为切入点，将广告学、市场营销学等多学科发展的趋势和中国社会主义市场经济的发展实际相结合，引导学生认识广告在社会主义市场经济中的作用和中国广告价值观与西方广告价值观的区别。让学生在理论学习中了解国情、社情，潜移默化加深对习近平新时代中国特色社会主义思想的认同

课程内容	课程思政元素切入点	课程思政教学实现方式
广告创意和文案	广告的跨文化传播	（1）党的二十大报告中指出"增强中华文明传播力影响力。坚守中华文化立场，提炼展示中华文明的精神标识和文化精髓，加快构建中国话语和中国叙事体系，讲好中国故事、传播好中国声音，展现可信、可爱、可敬的中国形象""深化文明交流互鉴，推动中华文化更好走向世界"。 （2）以国家宣传片《中国一分钟》为案例进行分析讨论，让学生了解广告已经成为国际传播中传播中华文化、柔性塑造国家形象、营造积极友善的国际舆论氛围的重要方法之一，在跨文化传播语境中深耕"讲好中国故事"理念，让学生夯实制度自信、文化自信基础，增进"四个认同"，进一步提升学生思想政治素养。同时，让学生在广告的跨文化传播学习中认识文化的多样性，充分理解和尊重不同文化存在和发展的合理性，理解和欣赏不同文化的共处之道，培养学生跨文化沟通意识和能力
广告效果	广告效果测定	以"花西子"和"五个女博士"广告的广告效果正反面案例分析讨论，培养学生对广告传递的价值要有判断力，要处理好广告的经济效益和社会效益的关系，要认识到广告不是单一的经济活动和商业行为，不能唯点击率、浏览量、收视率是从，不能违反法律法规，不能违背社会公序良俗，不能过度倡导消费主义、享乐主义。在关注广告经济效益的同时，要重视广告传播的内容、传递的价值观产生的社会效益
广告产业与从业者	广告法规与管理	分析讨论虚假宣传、不按规定使用语言文字、侵权等广告案例，向学生讲授广告在策划、制作、传播等过程中的法律法规，将"德育"落脚到"法治"上，由法治拓展开来，阐释具体广告法律法规体现的社会价值取向，增强学法、知法、懂法、守法的意识和素养

教学效果与反思：

1. 课程思政教学效果的检验方式

一是通过课堂教学过程检验，即通过课堂的提问和讨论的方式，了解学生在广告学专业知识的学习中，对相应的课程思政的内容的理解情况。二是通过"学习通"等网络学习手段发布相关选择题、判断题，检验学生对课程思政学习的效果。三是在设计考试试题时，设立个别兼有专业内容和课程思政内容的考题，来检验学生学习课程思政的效果。

2. 教学反思与改进

一是根据学生对课程思政学习的检验情况，适时调整课程思政的切入点和案例，加强课程思政的针对性和有效性。二是根据学生的学情和社会上青年学生的关注点，适时调整课程思政的内容，以此形成课程思政的闭环。

《物流系统规划与设计》课程思政教学设计

杨礼铖

课程名称：《物流系统规划与设计》

任课教师：杨礼铖

课程内容：《物流系统规划与设计》是物流管理专业主干课，是将本专业学生已学的专业知识综合化的课程。本课程的主要内容是在以基础性、实用性为原则的基础之上，从物流系统的整体出发，从系统化的视角建立系统的思维，把物流和信息流融为一体，将生产、流通和消费全过程看作一个整体，介绍基本原则与方法，运用系统理论和方法进行物流系统的预测、评价、规划、管理和控制，选择最优的方案做出决策，结合相应的实证分析与案例分析，让学生掌握现代物流管理的分析方法与决策手段，学会运用系统、科学的观念进行物流的管理与决策，帮助学生学习并运用系统工程的思想和方法解决物流中的实际问题。

课程思政目标：将思想价值融入《物流系统规划与设计》课程中，有助于培养学生综合素养，学生不仅具备技术和专业知识，还能够积极履行社会责任，推动物流领域的可持续发展。本门课程思政目标具体如下：

一是初步建立学生系统思维，具备大局意识与风险意识，使学生能够更好地处理复杂问题和应对现实挑战，以期在未来能够在复杂的供应链环境中做出明智的决策。

二是加深学生对共同富裕、脱贫攻坚等国家政策的认识，了解国家在消除贫困、减少不平等、追求社会的公平和正义方面所做出的努力，激发学生的家国情怀，培养他们对国家和社会的责任感并增强参与意识。

三是强化学生看问题要看本质的能力，处理问题不仅仅是处理问题的表面症状，而是要深入了解问题产生的根本原因，帮助学生构建这一关键的思维和分析技能。

四是培养学生求实创新的精神，同时激励学生学习科学知识和培养在未来解决重大问题的勇气和担当。

五是引导学生建立正确的人生观、价值观和工作观，使之成为学习和工作中个人行为和决策的指导原则，培养健康的人际关系，促进社会和谐。

六是加深学生对指导思想的认识，它是个人、组织和社会成功与发展的基础，为行动和决策提供了方向、价值观和原则，激发学生克服困难、追求目标、实现愿景的决心和毅力。

《物流系统规划与设计》课程思政教学设计如表 1 所示。

表 1　　《物流系统规划与设计》课程思政教学设计

课程内容	课程思政元素切入点	课程思政教学实现方式
物流系统工程概述	系统与系统思想	物流系统规划的基础就是在系统思维的引领下构建起来的框架。系统思维就是一种整体思维，强调做事情看问题要考虑全局，要有大局观念，俯瞰全局，整体把握，才能做到有的放矢
系统工程方法论与常用技术	系统工程方法论的基本原则	通过整体性优化原则引入邓小平同志建设有中国特色社会主义理论的重要内容之一——共同富裕。在特殊历史阶段局部优化不可避免，但社会主义的终极目标就是整体优化，实现共同富裕；并介绍我国脱贫攻坚政策，先进带动后进，逐渐向整体优化迈进。这些政策旨在推动国家和社会的进步与发展，体现了人民政府对人民福祉和生活质量的关切与重视
物流系统分析	系统分析的原则	介绍系统分析的原则及必要性时，通过生活案例讲解分析的本质就是发现问题、解决问题，而解决问题最重要的前提就是厘清问题的本质，处理问题不仅仅是处理问题的表面症状，而是要深入了解问题发生的根本原因，帮助学生初步构建此类思维方式

续表

课程内容	课程思政元素切入点	课程思政教学实现方式
物流系统预测	物流系统预测的作用	科学的预测是制订正确决策和计划的前提，强调预测的同时，突出计划作为个人或组织行为引领的重要性，同时引入"十四五"规划的内容，重点介绍其中智慧物流、数字供应链等相关内容，强化学生对于国家科学谋划的认知，培养学生的社会责任感与参与感
物流系统建模	物流系统建模的步骤	讲解物流系统建模过程和步骤时，介绍建模的过程遵循"实践、认识，再实践、再认识"的认识规律，用"屠呦呦团队经过190次实验后才发现治疗疟疾的青蒿素"做类比，帮助学生理解人类认识规律的过程，培养学生的求实精神和创新精神
物流系统仿真	物流系统仿真应用	学习仿真软件使用的过程中，教师手把手带领学生构建模型，并讲述因模型搭建问题导致经济损失等事例，教育学生在学习和工作中要充满敬畏感，对工作认真负责、细心谨慎，树立正确的工作观
物流系统规划	物流系统规划的层次及内容	介绍国家级的物流规划时，介绍顶层设计及指导思想的重要性，让学生了解我们国家与民族在复兴的道路上迈进时，毛泽东思想、邓小平理论、"三个代表"重要思想、科学发展观、习近平新时代中国特色社会主义思想起到的作用及其重要性，激发学生克服困难、追求目标、实现愿景的决心和毅力
物流系统评价	物流系统评价指标体系	介绍评价指标体系时，讲到每一个人心中都有一杆秤，这个秤就是一种个人对事物的评价指标体系，想要这杆秤对事物做出正确的评估就需要同学们加强理论学习，阅读经典，树立正确的人生观与价值观
物流系统决策	风险型物流决策	讲到决策中有可能面临的风险时，由"鸡蛋不能放在一个笼子"这句话展开，让同学们了解到不要把所有的资本都投入到一件事情上，这样的风险很大，容易满盘皆输。为了避免这种局面，应当多手准备，这样我们就可以最大限度减少损失、降低风险，培养学生的风险意识，强化对社会的认知，使学生能够更好地处理复杂问题和应对现实挑战

教学效果与反思：

1. 课程思政教学效果的检验方式

课程思政教学效果的检验可以采用多种方法和途径，以确保学生在思想政治教育方面取得积极的成果，具体有：

一是通过知识测试，评估学生对于《物流系统规划与设计》课程中所传授的思政知识的掌握程度，包括选择题、问答题等形式的考核。二是通过观察学生在课堂上的积极参与程度，包括提问、回答问题、讨论和展示观点，判断学生对于思政内容的兴趣和投入情况。三是通过定期进行整体课程评估，收集学生的反馈，以了解课程思政的效果和改进的空间。

2. 教学反思与改进

课程思政教学的改进是一个迭代过程，需要不断调整和适应学生和社会的变化，有助于确保课程思政教育紧跟时代潮流，为学生提供更加丰富和有意义的学习体验，强化其思想政治素养。

一是通过评估学生表现、收集学生反馈等方式，结合课程的教学目标和预期成果，适时调整课程内容、教学方法和资源，以提高课程思政的学生参与度以及优化教学效果。二是定期进行课程评估，监测改进的效果，并根据需要进行进一步的调整，持续不断地增强课程思政的质量。

《物流系统建模与仿真》课程思政教学设计

杨礼铖

课程名称：《物流系统建模与仿真》

任课教师：杨礼铖

课程内容：《物流系统建模与仿真》是物流管理专业的主干课程，旨在培养学生在供应链管理、物流管理等领域中运用建模和仿真技术分析和优化物流系统的能力及实践应用技能，属于理实一体课程。其中主要的系统建模与仿真技术是一种建立在系统组成对象之间精确的交互关系和详细运作数据基础之上、对实际系统行为的准确表述和仿真实验的方法，通过仿真实验能够评估、分析系统的运作效率，识别关键约束因素，辅助提出有效的系统改善方案，使学生能够应对现代供应链的复杂问题，运用建模和仿真技术解决实际物流问题，提高物流效率，降低成本，满足客户需求。

课程思政目标：《物流系统建模与仿真》这门课程虽然主要聚焦物流系统的建模和仿真技术，但在教学过程中同样可以融入思想价值教育，以提升学生的综合素质，使学生不仅在技术和实际应用方面具有专业知识和技能，还在实现个人价值和承担社会责任等方面具备更高水平的思想素养，为未来的职业生涯发展打下坚实基础。本门课程思政目标具体如下：

一是培养学生的耐心及毅力，培养学生具备坚持学习、解决难题和克服挫折的能力，有助于持之以恒地追求个人目标；同时培养学生热爱生命，营造良好的人际关系的意识，以激励学生参与社会服务和志愿工作，为社会作出积极的贡献。

二是激发学生学习热情和建设祖国的动力,了解我国在摆脱关键技术"卡脖子"困境的一系列科学措施以及取得的突出成绩,培养民族自豪感。

三是使学生树立正确的职业观,建立在未来的职业生涯中负责、客观、科学的工作态度,培养学生工匠精神意识,强化学生追求卓越、精益求精、注重细节的良好品质。

四是培养学生突破常规、大胆探索、勇于创造、锐意进取等以改革创新为核心的时代精神,培养他们成为具有创新意识和实践能力的创造者,为国家的发展和社会的进步作出积极贡献。

《物流系统建模与仿真》课程思政教学设计如表1所示。

表1　　　《物流系统建模与仿真》课程思政教学设计

课程内容	课程思政元素切入点	课程思政教学实现方式
建模与仿真基础	建模与仿真基础	介绍建模的过程,引用操之过急导致实验失败的案例,让学生们体会欲速则不达的道理,踏踏实实、一步一个脚印地推进项目的进展,在这个过程中培养自己的耐心和毅力
随机数生成实验	均匀分布随机数	用概率知识计算两个人相遇的概率,让学生体会人生中的不确定性以及珍惜老师与学生、学生与学生的相遇,生命短短数载很多未知因素会让人们不曾相遇,引发学生体会生命的无常和微弱,培养学生热爱生命,珍惜良好的人际关系的意识
排队论仿真建模	排队论概述	通过引入古代应用运筹学的案例,使学生了解我国古代人民利用运筹学解决问题的智慧,培养学生的民族自豪感,坚定学生的文化自信
库存系统仿真建模	经济订货批量模型	通过采购订货的职业规范,帮助学生理解库存管理和供应链决策可能涉及的伦理和道德,让学生树立正确的职业观,强调职业发展不仅关乎个人的成功,还关乎社会和企业的长期可持续性,以及在职业生涯中坚守职业操守、遵守法律法规的重要性

续表

课程内容	课程思政元素切入点	课程思政教学实现方式
Flexsim仿真建模基础	仿真平台分类	介绍仿真主要软件平台时，又涉及我国经济和国防技术发展的短板之———工业软件技术，这是目前美国对我国技术封锁的众多"卡脖子"关键技术之一，芯片技术位于"卡脖子"技术第一位，第二位就是工业软件技术，介绍我国尽早补齐此短板、摆脱关键技术被卡的困境的一系列措施，激发学生学习热情和建设祖国的动力
生产制造仿真模型	允许返工的产品生产系统模型	在建模学习过程中，结合失败案例，告诉同学们要在教训中总结经验，在建模工作中要承担起责任，认识到他们的决策和行动对项目和团队产生的影响，由此树立良好的观念，秉承负责、客观、科学的学习和工作态度
仓储系统仿真模型搭建	仓储业务流程分析	通过对业务流程系统分析，深入理解业务流程的每一个环节和细节，以防止错误和问题的出现，强调细节，树立工匠精神意识，并能将工匠精神中"敬业、精益、专注"的品质运用于未来的工作中
仓储系统仿真模型逻辑优化及数据分析	仓储作业优化模型	结合优化模型的发展历程、优化方法的演化过程等，并融入奋斗精神、使命感等元素，培养学生突破常规、大胆探索、勇于创造、锐意进取等以改革创新为核心的时代精神

教学效果与反思：

1. 课程思政教学效果的检验方式

课程思政教学效果的检验可以采用多种方法和途径，以确保学生的思想政治素养和教育目标得到有效的培养和实现，具体有：

一是通过知识测试，评估学生对于《物流系统建模与仿真》课程中所传授的思政知识的掌握程度，包括选择题、问答题等形式的考核。二是通过观察学生在课堂上的参与程度，包括提问、回答问题、讨论和展示观点，判断学生对于思政内容的兴趣和投入情况。三是通过定期进行整体课程评估，收集学生的反馈，以了解课程思政的效果和改进的空间。

2. 教学反思与改进

课程思政教学的改进是一个迭代过程，需要不断调整和适应学生和社会的变化，有助于确保课程思政教育紧跟时代潮流，为学生提供更加丰富和有意义的学习体验，强化其思想政治素养。

一是通过评估学生表现、收集学生反馈等方式，结合课程的教学目标和预期成果，适时调整课程内容、教学方法和资源，以提高课程思政的学生参与度以及教学效果。二是定期进行课程评估，监测改进的效果，并根据需要进行进一步的调整，持续不断地增强课程思政的质量。需要强调的是，课程思政教学效果的评估应该是一个持续的过程，需要多方参与，包括学生、教师、学校和社会，以确保全面和客观地了解教育效果，帮助教师和学校不断改进教育教学的方法和内容，以更好地实现强化培养学生思想政治素养的目标。

《客户关系管理》课程思政教学设计

余　洪

课程名称：《客户关系管理》

任课教师：余洪

课程内容：《客户关系管理》是一门将先进的管理理念、创新的管理机制与现代信息技术相结合的新兴综合性交叉学科，是茅台学院电子商务专业的必修课。

在数字经济时代，客户关系已经成为现代企业商务活动中重要的数字资源。企业间的竞争已经从以产品为中心转变为以客户为中心的竞争，客户关系管理已经成为大多数企业增强其核心竞争力的重要途径，而识别、分析、建立以及维系客户关系，必然要求企业客户技术分析人员、客户营销人员以及客户管理人员具备"诚信经营，服务制胜、公平公正"的职业品德以及正确的价值观。只有这样才能不断提高客户满意度实现客户忠诚，并与客户构建互惠互利的长期关系。

课程思政目标：结合课程与专业的特点，对《客户关系管理》课程进行了课程教学目标修订和课程教学内容与思政的融合两方面的改革探索。在课程教学中坚持以马克思主义为指导，帮助学生了解社会主义市场竞争环境下应遵循的经营伦理和道德规范，引导学生关注客户关系管理中的现实问题，培育具有社会责任感和职业操守的电商人才。

《客户关系管理》课程思政教学设计如表 1 所示。

表1　　　　　　**《客户关系管理》课程思政教学设计**

课程内容	课程思政元素切入点	课程思政教学实现方式
客户关系管理概述	客户关系管理的产生、客户关系管理的内涵	通过中国台湾著名企业家王永庆创业初期运用客户关系管理思维卖大米（注重质量、洞悉客户、细致服务）的故事，融入敬业、诚信、友善等思政元素
客户关系管理技术	人工智能、数据挖掘	本课程涉及知识点包括客户关系管理的系统，该系统的发展离不开科学技术的支持，特别是互联网技术的发展。所以在上课过程中可以和同学们回顾我国互联网技术的发展进程，感受中国速度
客户的选择与开发	识记客户的方法、开发的方法，能够按此流程灵活开发客户	（1）通过客户识别的知识点，帮助学生提高对客户真实需求的洞察力、思辨力。 （2）通过学习与客户的交流和沟通，能够融洽地与周围同学、朋友、家人交流沟通，互学互助
客户的信息	客户信息需要收集的内容，客户信息收集的方法	（1）能够对客户信息进行有效保护； （2）具备爱岗敬业、诚实守信、严谨务实的工作作风； （3）知法懂法守法，守住自己的职业道德
客户的分级	客户分级的意义、标准以及方法	本章内容涉及客户的分级，客户有大小，贡献有差异，每个客户带来的价值是不同的，企业不能一视同仁地面对所有的客户，而应区别对待。由此可以引导学生找准自己的定位，向着适合自己的方向发展，引导学生树立正确的择业观、就业观
客户的沟通	客户投诉的处理	通过处理客户投诉的知识点，引导学生正确看待客户投诉的现象，以积极乐观的态度处理投诉问题，并在过程中做到认真、谦卑，以客户为中心
客户的满意与忠诚	客户沟通的意义	本课程主要学习客户满意的概念与意义，通过"客户满意是企业战胜竞争者的最好手段""客户满意是企业取得长期成功的必要条件"来教育学生在学习与工作过程中努力做到最好，让自己满意，让老师和家长满意。努力提升自我的核心竞争力

续表

课程内容	课程思政元素切入点	课程思政教学实现方式
客户的流失与挽回	对待客户流失的态度	通过"家乐福客户流失与挽回"的案例（及时了解原因、积极应对问题，针对性地采取客户挽回措施），培养学生细致认真、精益求精的工匠精神和具体问题具体分析的辩证思维

教学效果与反思：

（1）教师要强化课程思政意识，努力把思想政治教育适当地、柔和地融入教学和贯穿到课程中，潜移默化地影响学生，提高人才培养质量，并明确为谁培养人才这一目标。

（2）将课程思政融入课堂教学建设全过程，落实到课程目标设计、教学大纲修订、教材编写、教案课件编写各方面，将"以学生为中心"的理念贯穿于课堂授课、教学研讨、作业论文各环节。培养学生团结协作的精神，树立正确的价值观。

（3）课前环节：需要教师以课程思政为引领，明确课程模块和思政模块的教学内容，有目的、有针对性地进行课前准备，保障教学时间的合理安排和教学环节的充分实施，达到预设的教学目的。

（4）课中环节：教师需要综合运用灵活多样的教学方法及新颖多变的教学手段，改进教学过程，传递思政精神，实现教学质量的最优化。

（5）课后环节：在课后环节，教师需以学生的学习反馈、教学督导的教学评价以及校内外同行的教学交流为基础总结评价和动态评价。

《财务管理》课程思政教学设计

张孝蔚　尹　馨

课程名称：《财务管理》

任课教师：张孝蔚

课程内容：《财务管理》是市场营销专业的一门专业必修课程。财务管理处于企业管理核心地位，企业的营运离不开资金，财务管理可通过运用企业筹集资金、运用资金、分配资金和监督资金的管理职能，使企业价值得到最大化提高。本课程内容主要包含五个主要部分，涵盖了企业财务管理的基础知识、企业融资管理、投资管理、营运资本管理、股利政策管理等内容。通过该课程的教学，使学生理解财务管理的基础理论和基本方法，并掌握现代企业应该如何在复杂的财务管理环境下进行筹资、投资、营运资本和利润分配管理的知识。在系统学习基本理论的基础上，不断提高学生在财务预测与决策、财务计划与控制、财务评价与考核等环节的实践能力。

课程思政目标：将思想价值引领贯穿于《财务管理》教学过程之中，借思想政治教育深化教学内涵，提升教学效果。引导学生树立正确的人生观、世界观、价值观，培养大学生的职业能力和认同感。确保在《财务管理》的教学中实现如下课程思政目标：一是帮助学生了解经济政策、国家战略、最新财经法规。二是引导学生认识、理解国家的战略、方针、政策，并进一步思考国家大政方针对个人发展有何影响和将个人职业规划融入国家发展战略的重要性，不断提升学生的时事政治素养和自觉性。三是培养学生热爱财务管理工作，关注社会现实，深入社会实践。四是培养学生创新创业的意识和精神，具有遵纪守法、爱岗敬业、团队协作、乐于奉献、科学理财等职业素养。

《财务管理》课程思政教学设计如表 1 所示。

表 1　　　　　《财务管理》课程思政教学设计

课程内容	课程思政元素切入点	课程思政教学实现方式
财务管理目标	近代中国公司的演进发展与财务管理目标	（1）通过介绍近代中国公司的演进发展，培养学生对我国企业经济发展的民族荣誉感和爱国主义情怀。 （2）结合财务管理目标谈人生目标，激励青年学生树立远大理想，制定人生各阶段的奋斗目标，为理想目标不断努力奋斗。 （3）对比中西方国家财务管理目标的差异，帮助学生进一步坚定制度自信、道路自信
资金时间价值	资金时间价值概念、年金的概念	（1）布置多项情景任务，提升学生职业素养以及理财意识，树立时间价值观念。 （2）以慈善捐款月捐作为教学案例培养学生爱心助人的品质，激发学生参与公益活动的热情。 （3）展示中国癌症统计数据，唤起大家更加强烈的健康意识和风险忧患意识，注意健康问题，同时引导学生关注社会老龄化问题，关爱老人
风险与收益	风险和收益的概念、特征	通过对收益和风险的讲解，让学生充分意识到高收益往往伴随高风险，树立正确的风险收益意识、正确的理财意识，谨防上当受骗
财务分析	财务造假、信息披露、公司法等	（1）结合虚假财务造假事件，引导学生建立正确的职业道德、职业操守、职业规范。 （2）从信息披露、公司法等角度，展示我国上市公司法治建设的过程，引导学生加强对中国资本市场发展的认知，增强民族自豪感

续表

课程内容	课程思政元素切入点	课程思政教学实现方式
筹资方式	资本市场建立、融资租赁、筹资风险等	（1）结合中国资本市场的建立，深度理解中国特色社会主义的实践及中国改革开放取得巨大成就的原因，让学生建立国家快速发展的自豪感、使命感和自信心。 （2）以大飞机融资租赁案例，展示我国的航空水平及整体实力，让学生建立国家快速发展的自豪感。 （3）揭示泡沫经济的风险，在进行投资时，不能盲目地追求高收益，一定要根据自己的风险承受能力进行合理的资产配置，从而帮助学生树立正确的投资理财观
筹资决策	资本成本、财务杠杆	（1）边际贡献结合高铁定价分析，展示我国高铁发展现状，进一步激发学生的民族自豪感和家国情怀。 （2）结合供给侧结构性改革的"去杠杆"，了解国家相关政策，并理解政策制定的原因，增强学生对国家政策的理解及认同。 （3）以财务杠杆的使用前提带领学生分析校园贷惨剧，树立正确的消费观及理财观。 （4）将《习近平在统筹推进新冠肺炎疫情防控和经济社会发展工作部署会议上的讲话》强调的"企业复工复产面临的债务偿还、资金周转和扩大融资等迫切问题""防止企业资金链断裂"等党和国家重点关注的企业财务管理专业领域相关筹资问题，有效地融入本部分内容中，告诉学生在企业筹资中应注意降低资金成本，提高企业效益，防范筹资风险，合理发挥财务杠杆正效应，激发学生为推动我国经济社会高质量发展贡献专业智慧的勤学报国之心，为广大学生注入价值新动力和思想新动能
项目投资决策	项目投资特点、投资项目现金流量及可行性	（1）以中国基础建设的辉煌成就导入项目投资决策课程，培养学生的民族自豪感。 （2）以港珠澳大桥为例进行现金流量及可行性分析，帮助学生了解国家的大湾区战略，增强学生的使命感

续表

课程内容	课程思政元素切入点	课程思政教学实现方式
营运资金管理	应收账款、营运成本等	（1）应收账款结合坏账，引入诚信是企业及个人立足之本，随着市场经济的深入发展和法律法规体系的完善，失信成本和由此带来的损失将愈来愈高；以社会信用环境的变化，强调诚信是社会运行的基本条件，弘扬社会主义核心价值观。 （2）立足相应的知名公司案例，与节约成本、创造社会价值的思想教育进行结合，使学生认识到成本节约也是爱国主义的一种体现
利润分配	股利分配政策	（1）企业利润分配不仅影响企业筹资和投资决策，而且涉及国家、企业、投资者、职工等多方利益关系，有关企业长远利益与近期利益、整体利益与局部利益的协调。利润分配必须兼顾各方面的利益，投资与收益对等，公开公平公正。如果企业利润分配不公，会影响企业和谐健康发展。 （2）结合企业利润分配案例，引导学生做人要正直，面对经济事项的处理要公平合理

教学效果与反思：

1. 课程思政教学效果的检验方式

一是通过课堂教学过程检验，即通过课堂的提问和讨论，了解学生学习财务管理专业知识的同时，对相应的课程思政的内容的理解情况。二是通过"学习通"等网络学习手段发布相关选择题、判断题，来检验学生对课程思政学习的效果。三是设计考试试题时，设立个别兼有专业内容和课程思政内容的考题，来检验学生课程思政的学习效果。

2. 教学反思与改进

一是根据对学生课程思政学习结果的检验情况，适时调整课程思政的切入点和案例，有的放矢地设计、实施、总结挖掘出来的思政元素，加强课程思政的针对性和有效性。二是根据学生的学情和社会上青年学生的关注点，适时调整课程思政的内容，以此形成课程思政的一个闭环。

《管理学》课程思政教学设计

王振涛

课程名称：《管理学》

任课教师：王振涛

课程内容：管理学是研究人类管理活动一般规律的科学，它着重研究管理的客观规律和具有共性的基本理论。管理学学习和研究的目的是在揭示管理活动一般规律的基础上，分析这种规律在特定时期的表现形式，探讨如何根据这种规律指导不同情境下的管理实践。《管理学》围绕管理的决策、组织、领导、控制、创新等职能展开各章内容，是工商管理类专业及其他管理类专业必修的专业基础课程，也是学习其他管理课程的理论基础。

课程思政目标：《管理学》课程思政的四个目标为：在课程教学中坚持以马克思主义为指导，引导学生树立远大理想，弘扬爱国主义情怀，树立正确的人生观、世界观、价值观。明确坚持走中国特色社会主义道路是取得我国经济管理事业成功的关键。坚持走中国特色社会主义道路是取得我国现代化事业成功的关键，深刻理解习近平新时代中国特色社会主义思想。坚定道路自信、理论自信、制度自信、文化自信。

《管理学》课程思政教学设计如表 1 所示。

表 1　　　　　　　　《管理学》课程思政教学设计

课程内容	课程思政元素切入点	课程思政教学实现方式
总论	管理理论的历史演变	采用资料收集、小组讨论的方式，引入诸葛亮的"隆中对"、霍桑实验等典型案例，在课程教学中坚持以马克思主义为指导，引导学生树立远大理想，弘扬爱国主义情怀，树立正确的人生观、世界观、价值观。引导学生认识坚持走中国特色社会主义道路是取得我国现代化事业成功的关键，以此教育学生坚持中国共产党的领导，坚定不移地走中国特色社会主义道路，坚持改革开放
决策	决策环境分析与理性决策	引入"田忌赛马"及"春都火腿肠的兴衰"等案例。让学生知悉，决策会受到决策环境的影响，不同的环境对决策有巨大的影响，在条件具备的情况下，正确的决策可以带来良好的效果，决策条件发生变化会影响决策的效果，以此引导学生领悟"具体问题具体分析"的人生哲理。只有掌握充足的信息才可以做出正确的决策，否则就是"没有调研就没有发言权"，在今后的学习、生活及工作中要遵循事物发展的客观规律，做决策前要充分调研，掌握信息，方可做出正确的决策，让学生了解中国共产党不同时期的决策对我国发展的帮助，坚定学生的爱国情怀
组织	组织设计及人员配备	可以引入"三个和尚吃水"及"福特汽车公司的兴衰史"及"赛车维修"的案例。近年来，我国的经济实力得到了质的飞跃，在国际上也越来越有话语权，在习近平新时代中国特色社会主义思想的指引下，中国的政治体制的组织设计优势非常明显
领导	激励及沟通	引入"刘邦的用人之道"及"刘备的用人之道"等案例，激发学生对领导艺术的向往和学习，以及自我情商的提升与管理，坚定学生的文化自信和道路自信
控制	事前、事中及事后控制	引入"扁鹊三兄弟从医的故事"及"孙悟空的紧箍咒"等案例，让学生知悉事前预防比事后反馈更有用，但计划也会有变化，即使进行了事前预防也会发生意外，不能保证一定符合计划要求，因此在今后的学生、生活及工作中要同时注重事前、事中及事后的控制，要综合使用。激发学生对政府突发事件处理的理解，引导学生树立远大理想，弘扬爱国主义情怀，树立正确的人生观、世界观、价值观

续表

课程内容	课程思政元素切入点	课程思政教学实现方式
创新	创新过程及其管理	可引入"华为事件""芯片'卡脖子'"等案例，让学生了解创新对我国的重要性，让学生知悉没有创新就会被"卡脖子"，只有掌握先进的技术才能发展，才能让祖国更加强大。让学生认识到坚持走中国特色社会主义道路是取得我国现代化事业成功的关键，激发学生的爱国主义情怀

教学效果与反思：课程思政，是课程承载思政、思政融入课程的教学理念：教师在专业课课堂教学的过程中，在教授学生知识技能的同时，对学生进行思想政治教育，在知识点中植入思政元素，引导学生树立正确的人生观、价值观。就《管理学》课程而言，本身教材已经是马工程教材，就是将思政元素融入课堂教学和课程改革的各个环节、各个方面，贯穿教学全过程，达到立德树人、自信自强的效果。因此，教师应该改进教学手段，有的放矢地去设计、实施、总结挖掘出来的思政元素，使其达到好的教学效果。在课堂上可以采用讨论式教学，抛出一些新闻时事和经典案例让学生讨论，注重互动交流，促使学生深入思考案例背后的思政原理。另外，在互联网新媒体技术下，可尝试慕课、翻转课堂等多种教学形式，使学生能够利用碎片化时间实现自主学习，教师根据学生的需求，有针对性地开发网络教学资源，同时可以利用第二课堂来拓展课程思政平台，使思政教学更接地气、更有活力。通过将马工程教材与其他教材的对比，引入管理类的思政案例，让学生对中国的管理思想与管理哲学有更加深刻的理解，增强学生的文化自信及道路自信，进而激发学生的爱国情怀。

《人力资源管理》课程思政教学设计

王振涛

课程名称：《人力资源管理》

任课教师：王振涛

课程内容：《人力资源管理》主要讲授人力资源管理的基本原理和实践知识，着重研究人力资源管理的客观规律和具有共性的基本理论。人力资源管理学习和研究的目的是在揭示管理活动一般规律的基础上，分析这种规律在特定时期的表现形式，探讨如何根据这种规律指导不同情境下的人力资源管理实践。人力资源管理围绕管理的人力资源规划、工作分析、招聘、培训、绩效、薪酬及员工关系等展开各章内容。《人力资源管理》是工商管理类专业及其他管理类专业必修的专业基础课程，是学习其他管理课程的理论基础。

课程思政目标：《人力资源管理》课程思政的四个目标：在课程教学中坚持以马克思主义为指导，引导学生树立远大理想，弘扬爱国主义情怀，树立正确的人生观、世界观、价值观，凸显社会主义核心价值观。树立现代人力资源管理思想观念，具备爱岗敬业、诚实守信的良好职业道德。明确坚持走中国特色社会主义道路是我国经济管理事业取得成功的关键。深刻理解习近平新时代中国特色社会主义思想在人力资源管理中的具体表现。

《人力资源管理》课程思政教学设计如表1所示。

表 1   **《人力资源管理》课程思政教学设计**

课程内容	课程思政元素切入点	课程思政教学实现方式
总论	人力资源管理的理论	通过对典型案例的分析，让学生进一步了解"以人为本"的管理思想与管理哲学在人力资源管理中的应用，坚持以马克思主义为指导，引导学生树立远大理想，弘扬爱国主义情怀，树立正确的人生观、世界观、价值观，凸显社会主义核心价值观
招聘	招聘内容	引入"招聘简章"等案例。让学生知悉，招聘条件的设置要公平公正，不能设置有歧视和非必要限制性条件，以保障公民的平等就业权利，以此引导学生领悟社会主义核心价值观
培训	培训的目的	可以引入"把握培训创新的关键"等案例，培训的方式有很多种，任何东西都可为我所用，只要它对学员是有价值的，是紧扣课程核心、紧扣公司基准的。同时，好的课程首先应该吸引人，其次是要让学员在学习过程中感受到乐趣，最后实用性要强，这些是培训的关键点。让接受培训的人能够学以致用，同时要灌输中国特色的管理思想和哲学，让人力资源的管理培训能够符合我国的国情和中国企业的特点，潜移默化中增强学生明辨是非的能力，树立现代人力资源管理思想观念，具备爱岗敬业、诚实守信的良好职业道德
薪酬与绩效	薪酬与绩效的核心难点	引入"某 IT 企业的薪酬制度改革""南方公司薪酬制度""联想公司的绩效考核"及"柳工集团公司考核管理办法"等案例，让学生了解强化公司员工的责任意识与成果意识，绩效考核评价的方式，指导、帮助、约束和激励广大员工，以及收入靠贡献的分配原则。让学生明白"按劳取酬、接受考核"的人力资源管理理念，提前知悉职场的规则、薪酬与绩效的关系，树立学生正确的择业观，改变学生一味追求薪酬忽视绩效的错误理念，树立正确的人生观、世界观、价值观，凸显社会主义核心价值观，明确坚持走中国特色社会主义道路是我国经济管理事业取得成功的关键

续表

课程内容	课程思政元素切入点	课程思政教学实现方式
员工关系	员工关系的处理	引入"退休人员返聘后因工死亡待遇的争议"及"一起人才流动的'官司'"等案例，让学生知悉人力资源管理中员工关系处理的棘手问题，要在遵守法律的基础上关注中国的国情及一般事项的处理规则，让学生对员工关系的认识更加深刻，树立学生爱国、敬业的价值观，深刻理解习近平新时代中国特色社会主义思想在人力资源管理中的具体表现

教学效果与反思：课程思政，是课程承载思政、思政融入课程的教学理念；教师在专业课课堂教学的过程中，在教授学生知识技能的同时，对学生进行思想政治教育，在知识点中植入思政元素，引导学生树立正确的人生观、价值观。就《人力资源管理》课程而言，通过教师的讲解及案例分析，将思政元素融入课堂教学和课程改革的各个环节、各个方面，贯穿教学全过程，达到立德树人、自信自强的效果。因此，教师应该改进教学手段，有的放矢地去设计、实施、总结挖掘出来的思政元素，使其达到好的教学效果。在课堂上可以采用讨论式教学，抛出一些新闻时事、热门话题和经典案例让学生讨论，注重互动交流，促使学生深入思考案例背后的思政原理。另外，在互联网新媒体技术下，可尝试慕课、翻转课堂等多种教学形式，使学生能够利用碎片化时间实现自主学习，教师根据学生的需求，有针对性地开发网络教学资源，同时可以利用第二课堂来拓展课程思政平台，使思政教学更接地气、更有活力。通过引入让学生感兴趣的人力资源管理类思政案例，让学生对中国的人力资源管理方式有更深刻的理解，增强学生的文化自信及道路自信，进而激发学生的爱国情怀。

《网络营销》课程思政教学设计

袁景丽

课程名称：《网络营销》

任课教师：袁景丽

课程内容：《网络营销》课程是经济管理类专业的一门职业技能课，是应电子商务实践的需要而出现的一门新兴课程，该课程以经济学基础、电子商务、市场营销学为基础，同时也涉及电子技术学科，特别是网络系统。设立本课程的目的在于通过对网络营销理论和实践的学习、研究和分析，掌握网络营销的现状和发展趋势、基本知识和基本原理，提高学生从事电子商务实践的理论素养和网络营销工作的能力。

课程思政目标：通过将思政教育融入《网络营销》课程中，借思想政治教育深化教学内涵，使课程更加生动有趣，引导学生主动思考和探索问题，增强学生的学习兴趣和动力。确定在《网络营销》的教学中实现如下课程思政目标：一是让学生掌握网络营销的基本概念、理论和方法，并能够熟练运用这些知识解决实际问题。同时，引导学生关注社会责任、道德规范等方面的问题，培养学生的社会责任感和职业道德。二是培养学生的市场分析和营销策划能力，提高学生的团队合作和沟通能力，以及创新思维和实践能力。通过引导学生关注社会责任、道德规范等方面的问题，培养学生的创新精神和实践能力。三是提高学生的职业素养和社会责任感，培养学生的创新精神和实践能力，增强学生的团队协作和沟通能力。通过课程思政的融入，帮助学生树立正确的价值观和道德观，提升个人素质和社会竞争力。四是将思政教育融入《网络营销》课程中，引导学

117

生树立正确的价值观和道德观，培养学生的社会责任感和职业道德观。通过课程思政的融入，帮助学生更好地理解和应用网络营销知识，同时提升学生的思想觉悟和道德水平。总之，《网络营销》课程的思政目标是通过课程的学习与实践，帮助学生树立正确的价值观和道德观，提高个人素质和社会责任感，为企业培养具备职业道德、团队协作能力和创新思维的专业人才。

《网络营销》课程思政教学设计如表 1 所示。

表 1　　　　　　《网络营销》课程思政教学设计

课程内容	课程思政元素切入点	课程思政教学实现方式
网络营销的理论基础	（1）为什么学习网络营销？ （2）中国网络营销的发展史和在中国商贸发展中的作用	采用讲授法，分析网络营销时代下网络营销将给国家、企业带来的发展机遇。 采用案例法，介绍网络营销将突破国家与国家之间的销售困境，破解全国各省份的营销难题，尤其在脱贫攻坚中起到了关键作用。 采用资料收集、小组讨论的方式讨论系统思维、互联网思维，引入案例，培养学生收集处理信息、获取新知识的能力；锻炼学生的语言文字表达能力、团结协作精神和人际沟通能力。 通过案例让学生了解中国电商取得的成绩，引导学生认识坚持走中国特色社会主义道路是取得我国经济贸易事业成功的关键。改革开放 40 多年，中国正逐渐走向世界舞台的中心，实现了中国对外贸易的奇迹。以此教育学生坚持中国共产党的领导，坚定不移地走中国特色社会主义道路，坚持改革开放
制定网络市场策略	（1）比较网络营销和传统营销环境差异。 （2）正确认识世界和中国发展大势，准确把握中国发展的重要战略机遇期	采用讲授法和案例分析法，通过中美贸易摩擦之"中兴禁令"认识宏观环境对企业的影响，正确看待贸易摩擦。 通过案例让学生了解后疫情时代各地文旅部长利用网络营销宣传当地旅游资源，不断拓展网络营销渠道，形成网络营销合力，加强文化旅游宣传，最终造福一方

续表

课程内容	课程思政元素切入点	课程思政教学实现方式
网络营销组合策略	（1）强化"人民至上"意识。 （2）消费者保护法	（1）通过案例：故宫宫廷文化多次与高端运动服饰品牌比音勒芬推出联名服饰产品，增强国人的文化自信。网络营销离不开群众的支持，为此需要营造生动活泼、和谐有序的网络环境，做到收放有度。通过加强宣传教育，提升群众觉悟，引导其积极配合互联网调研，提供建设性意见建议，避免发表不负责任的言论。 （2）网络营销环境中，消费者有权知晓信息和自我保护，然而我国网络营销环境中存在一些伦理失范现象，如虚假广告宣传、侵犯知识产权、侵犯隐私权及传播不当言论等，影响了互联网经济的健康发展，更危害了市场秩序和消费者的切身利益。本课程将讨论法律法规知识、伦理道德价值和其现实发展意义。 （3）我国正处于互联网技术和网络市场爆发式增长期，而伦理道德发展相对滞后，新的社会体系和法律法规不够成熟，导致社会价值取向出现问题，例如出现了"拜金主义""利益至上"等社会失范现象，其中网络市场的产品欺诈问题就是典型的伦理道德失范现象。因此本课程引导学生掌握网络营销法律法规知识，提高网络营销职业道德素质
打造网络营销平台	（1）深刻把握战略和策略的辩证统一关系，了解战略对党和国家、企业的重要性。 （2）企业如何打造竞争优势	通过案例：奥巴马的胜利创造了许多个第一：美国第一个黑人总统，第一个拒绝使用政府提供的公共竞选资金（8400 万美元）的总统，甚至奥巴马还成了美国第一个"互联网总统"——因为他的竞选极大地利用了互联网 Web 2.0 的优势，吸引了大量的"长尾"和草根力量，并最终获得了成功。引导同学讨论网络营销对国家、企业发展的重要性。 介绍小红书怎么进行品牌营销。小红书崛起至今，从定位升级上看，已经不是一个纯社交分享的跨境电商平台，这意味着品牌方的小红书推广营销策略也要与时俱进。许多营销公司都有小红书推广营销资源，并进行了大量的原理和方法论研究分析，帮助品牌方更高效地适应小红书平台的规则，快速调整小红书推广营销策略

续表

课程内容	课程思政元素切入点	课程思政教学实现方式
网站推广与搜索引擎营销	（1）未成年人沉迷网络直播案例分析。 （2）平台经济助力人民美好幸福生活	增加对电商法的解读，引导学生自觉树立正确的网络营销价值观，从市场营销的核心价值观——"以顾客为中心"出发，融合社会主义核心价值观中的"诚信""公正""法治""平等"。 通过案件分析进一步明白规范网络直播营销活动，探讨如何有效维护消费者的合法权益，介绍讨论网络直播营销的典型违法案例，希望同学们增强法律意识，将来依法从事网络直播营销活动。理解网页设计师的设计思路、职业技能，增强职业操守
软文与内容营销	（1）"十四五"时期如何促进消费？ （2）培育社会主义核心价值观	采用讲授法，和同学一起阅读"十四五"时期全面促进消费的五大重要举措，理解营销、消费、国家经济发展之间的关系。 体会获得一份好的内容营销的艰辛和劳动果实的来之不易，培养学生珍惜劳动成果，热爱劳动的品质。 介绍中国内容营销的趋势：随着整体营销服务市场的增长，中国内容营销服务市场近年来经历强劲的发展时期。作为最受欢迎的广告方式之一，内容营销服务市场规模由 2019 年的 1200 亿元增长至 2023 年的 3500 亿元，复合年增长率约为30.7%。预计 2024 年中国内容营销服务市场规模将达到 4200 亿元
网络广告策划与制作	（1）数字经济背景下，讲好中国故事。 （2）网络电商广告用语规范新要求	通过案例法讲解茅台悠蜜酒的营销策略、取得的销量成绩和后续的营销方向，分析当前为什么越来越多的品牌要进行网络营销，随着网络直播营销行为在市场经营活动中所占比重不断增大，能否对其进行有效监管，既是对市场监管部门监管能力水平的考验，更关系到广大人民群众生命财产安全和市场经济秩序的稳定。国家应持续加强对网络营销活动的日常监管，主动加强与价格监督、知识产权保护、商标管理、网络监管、食品监管及执法稽查等部门的沟通与协作，探讨和研究有效监管方式方法，充分发挥各自职能作用和优势，形成对网络直播营销活动综合治理、齐抓共管的长效机制，切实维护广大消费者的合法权益。通过案例分析，增强学生的法律意识、维权意识及以后就业的职业操守

教学效果与反思：

1. 课程思政教学效果的检验方式

一是观察学生的反应：通过观察学生在课堂上的表现和反应，可以判断学生对思政元素的接受程度和兴趣。如果学生对思政元素表现出积极的态度和兴趣，那么可以认为教学效果良好。二是分析学生的作业和考试：通过分析学生的作业和考试，可以了解学生对思政元素的理解和应用情况。如果学生在作业或考试中能够较好地应用思政元素，那么可以认为教学效果较好。三是调查学生满意度：可以通过向学生发放问卷或进行个别访谈的方式，了解学生对课程中融入思政元素的满意度和反馈。如果学生对这种教学方式表现出积极的态度和反馈，那么可以认为教学效果良好。

2. 教学反思与改进

一是要分析教学方式和思政案例的有效性，看是否能够达到预期的教学目标和效果。如果发现教学方式存在不足或效果不佳，要及时进行调整和改进。要通过不断尝试和探讨，寻找更加合适的教学方式，以更好地将思政元素融入《网络营销》课程中。可以尝试采用案例分析、小组讨论、角色扮演等方式进行教学，以更好地激发学生的学习兴趣和提高应用能力。二是要分析思政案例的时效性，因为网络营销是一个快速发展的领域，每天都有新的案例和趋势出现，所以为了保持课程的时效性和吸引力，教学案例应该不断更新，以符合学生的兴趣点。可以建立一个不断更新的案例库，将最新的、符合学生兴趣点的案例加入其中。这样可以在课程中随时调用最新的案例，以保证课程的时效性和吸引力。定期与学生交流，了解他们对课程的反馈和建议。根据学生的反馈，调整和更新教学案例，以满足学生的需求和兴趣。

《国际物流概论》课程思政教学设计

孙宗帝

课程名称：《国际物流概论》

任课教师：孙宗帝

课程内容：《国际物流概论》是物流管理等工商管理类本科专业必修课之一。国际物流是现代物流的重要组成部分，是货物跨越国与国、地区与地区之间的一种物流运作方式。国际物流是国内物流的延伸，是国际贸易的必然组成部分，各国（地区）之间的贸易最终都需要通过国际物流来加以实现。

为了实现物流合理化，企业必须按照国际商务交易活动的要求来开展国际物流活动，不但要降低物流费用，而且要努力提高服务水平、增强销售竞争能力和扩大销售效益，从而提高国际物流系统的整体效益。在经济全球化的浪潮下，当前国际物流的发展正面临前所未有的机遇和挑战。

该课程的教学方法主要是案例讨论、课堂专题讨论发言和作业练习等。

课程思政目标：引导学生全面系统地掌握各章内容，提高学生正确分析、解决问题的能力，为学生学习其他课程及实际工作奠定良好的基础。将思想价值引领贯穿于《国际物流概论》教学过程之中，借思想政治教育深化教学内涵，提升教学效果。确保在《国际物流概论》的课程教学中实现如下课程思政目标：

第一，增强学生的知识应用能力。培养学生能够应用国际物流方面的理论和方法分析并解决理论与实践问题，助力学生增强国际物流方面的理论功底以及提高将理论应用于实践的能力，从而能够运用国际物流的理论和方法，系统分析、解决国际物流出现的问题。

第二，培养学生良好的职业观。让学生了解国际物流的政策、法律和法规。在国际物流实践中理解并遵守职业道德和规范，履行责任，爱岗敬业。鼓励学生主动自觉地不断学习，不断提升能力，形成良好的职业道德观，在未来更好地做好国际物流工作，服务社会。

第三，增强学生学法、知法、懂法、守法的意识和素养等，并进一步提高学生的安全意识。在国际物流领域中，会遇到各种各样的事情，培养学生遵守法律，不违反法律，同时学会利用法律武器来保护自己的合法权益。

《国际物流概论》课程思政教学设计如表 1 所示。

表 1　　　　《国际物流概论》课程思政教学设计

课程内容	课程思政元素切入点	课程思政教学实现方式
国际物流概述	（1）强调国际物流的重要性。 （2）多维度思考国际物流的发展现状	加入对历史唯物主义的思考，加深对历史唯物主义的理解。理解国际物流内涵，从国际物流过程中的具体管理活动出发，引导学生思考我国国际物流发展的趋势，培养学生按照国际物流的需求构建知识体系，提升国际物流运营能力，成为一个对社会有用之人
国际物流与国际贸易	（1）强调国际物流在国际贸易中的重要性。 （2）理解国际物流对国际贸易所起的作用	引申对国际物流和国际贸易的认识，理解当前国际物流的状况。 通过课程学习，使学生了解，随着我国改革开放的逐步加深，国内企业迎来了前所未有的发展机遇，国际贸易逐渐繁盛，进而对国际物流的需求更加强烈。 引导学生学会分析国际物流的发展及其存在的不足，引导学生分析国际物流对国际贸易所起的作用，提高学生的认知能力

课程内容	课程思政元素切入点	课程思政教学实现方式
国际海上货物运输	（1）理解国际海上货物运输团队的建设步骤。 （2）了解如何改进国际海上货物运输组织	引申对国际海上货物运输的思考，增强对中国国际海上货物运输的理解。引导学生了解国际海上货物运输团队的作用与意义。每个人都有独立的思想，个人的力量是有限的，团队的力量可以整合个人的力量，一旦将多种思维归结在一起发挥作用时，其巨大的能量无可估量，因此，需要重视团队建设，在团队中不断提升自身的能力
国际航空货物运输	（1）理解国际航空货物运输团队的建设步骤。 （2）了解如何改进国际航空货物运输组织	引申对国际航空货物运输的思考，思考国际航空货物运输的状况。我国的航空事业经过长时间的发展，航空货物运输取得了非常大的进步。团队的力量是巨大的，国际物流营运人员需要重视团队的建设。引导学生了解国际物流运输团队建设的作用与意义。增强学生团结合作的意识，从而更好地融入团队
国际陆路货物运输	（1）理解国际陆路货物运输的内容。 （2）掌握国际陆路货物运输人员培训的方法	理解国际陆路货物运输，掌握国际陆路货物运输特点。通过对国际陆路货物运输培训的具体内容和方法的讲解，引导学生加强对国际陆路货物运输职能的了解，规划好自己的职业生涯
国际多式联运	（1）理解国际物流从业人员的激励方式和理论。 （2）学习和掌握国际多式联运物流激励的措施和手段	思考国际多式联运，了解当前国际多式联运的状况。 通过讲解如何激励国际物流从业人员的方法，引导学生了解国际物流从业人员在企业物流活动过程中的积极性、创造性不仅影响着自身的物流效能以及与客户的合作关系，同时也影响着企业的效益与企业的形象，所以通过激励机制的构建来提高国际物流从业人员的工作积极性以及创造性是国际物流工作中的重要内容，从而启发学生积极、创造性地工作
国际货物运输保险	（1）了解国际货物运输保险的方法。 （2）熟悉国际货物运输保险的功能	了解国际货物运输保险的状况，加强对国际货物运输保险的理解。 引导学生了解国际货物运输保险的功能、特点及其可能存在的不足，启发学生不断学习新的国际货物运输模式，从中汲取精华，融入中国的国际货物运输保险模式中，从而促进中国的国际物流发展

续表

课程内容	课程思政元素切入点	课程思政教学实现方式
国际海上货运代理业务	（1）掌握国际海上货运代理业务管理方法。 （2）掌握销售国际海上货运代理时间管理方法	引导学生了解目前中国国际海上货运代理业务，了解货运代理在国际海上货运的作用以及货运代理的发展前景，引导学生合理认识货运代理所起的桥梁作用，启发学生认识到事物之间存在着各种复杂的关系，并不都是直来直去的，因此，需要耐心细心地认识每一件事情
国际船舶代理业务	（1）了解不同类型的国际船舶代理方式。 （2）学习不同类型的国际船舶代理业务	理解目前国际船舶代理业务，增强对国际船舶代理业务发展的理解。在目前市场竞争越来越激烈、利润越来越微薄的情况下，企业有必要重新审视自身的国际物流运输业务，借鉴国内外的成功经验，优化运输网络，提高竞争能力。引导学生更加积极主动、快速应对激烈的市场竞争，采用更多更好的方式改进工作流程，提高效率
国际航空货运代理业务	（1）掌握国际航空货运代理的内容。 （2）了解客户投诉的处理	引导学生了解中国国际航空货运代理发展的趋势，货运代理给国际航空物流所带来的巨大的变化和物流运营模式的深刻变革。引导学生了解将国际航空货运与数字发展趋势相结合，形成国际物流发展的新趋势。从而启发学生不断学习新知识、新技术，不断前进，同时引导学生学会更好地处理客户投诉，提高服务质量
货运事故处理	（1）了解货运事故的种类。 （2）了解货运事故的处理方法	通过讲解货运事故的处理，引导学生了解货运事故处理的方法，随着对货物时效性要求的提高，在高速运转的路程中，有时会出现货运事故的情况，要尽力把损失控制在最小范围内。从而引导学生在生活和学习中要三思而后行，即使真的出现一些弯路，也需要理性解决，将损失控制在最小范围内
货物进出境报关业务	（1）了解货物进出境的内容与方法。 （2）了解货物进出境报关业务的发展趋势	引导学生认知货物进出境所需要的材料及相关的操作方法，理解货物进出境报关业务未来的发展趋势。引导学生增强自身的本领，能够积极应对复杂多变的业务，处理各种各样的复杂关系。启发学生认认真真地对待每一个环节

续表

课程内容	课程思政元素切入点	课程思政教学实现方式
出入境检验检疫业务	（1）了解出入境检验检疫的相关内容。 （2）了解出入境相关的检验业务	引导学生了解出入境检验检疫的相关内容，注意好国际物流运输中的每一个环节，踏踏实实做好每一步，启发学生注意签合同的时候，一定要留意每一个环节，同时要有长远的目标规划，并且踏踏实实去努力

教学效果与反思：

1. 课程思政教学效果的检验方式

一是通过课堂教学过程检验。在教学过程中，要注重对《国际物流概论》课程的内容、方法、注意事项等耐心细致的讲解，让学生容易理解国际物流的具体内容。通过课堂提问和讨论的方式，发现学生在学习国际物流概论专业知识的同时，对相应的课程思政内容的理解情况。

二是设立个别兼有专业内容和课程思政内容的题目，通过"学习通"等网络学习手段发布相关选择题、判断题，检验学生对课程思政学习的效果。

2. 教学反思与改进

一是在教学过程中，注重对《国际物流概论》的内容、方法、注意事项等耐心细致的讲解，让学生容易理解国际物流的具体内容。同时，也要注重引导学生形成清晰的认识，通过思政，树立良好的人生观、价值观。

二是对于教师自身，也要不断掌握更多更好的教学方法和技能，不断提升自己的教学技能和水平，利用多媒体方式，从自身做起，从日常行为中慢慢引导学生形成正确的价值观，更好地服务社会，作出自己的贡献。

《物流运筹学》 课程思政教学设计

杨 娇

课程名称：《物流运筹学》

任课教师：杨娇

课程内容：《物流运筹学》是针对物流管理专业开设的一门专业必修课程。以定量分析为主来研究管理问题，对物流管理相关问题利用运筹学的方法进行定量研究，为决策者提供决策依据。与运筹学的不同之处主要在于尽可能避开数学公式的严密推导，着重于培养学生分析、解决实际物流管理问题的能力。结合物流管理的实际，对涉及定量因素的有关管理问题，通过运用运筹学的方法及软件工具进行辅助管理决策。课程内容包括：线性规划、单纯形法及对偶规划、运输管理、整数规划、图与网络分析、存储论等。本课程采用理论讲解、案例分析和上机实验相结合的教学方法。通过理论学习，学生将了解物流运营和决策的基本方法；通过案例分析，学生将学会运用所学知识解决实际物流问题；通过上机实验，学生将提高实际操作能力。

课程思政目标：在课程教学中引导学生树立远大理想，弘扬爱国主义情怀和民族自豪感；培养学生的专业自信。培养学生具备积极向上的乐观精神、具备提升自我综合素质，自觉树立终身学习的意识；培养学生精益求精、爱岗敬业的精神；培养学生要从不同的角度看待问题，树立一定的大局意识、核心意识、创新意识和探索精神；培养学生树立节约资源的环保意识和正确的消费观；培养学生具备良好的逻辑思维分析判断能力。

《物流运筹学》课程思政教学设计如表 1 所示。

表1　　　　　《物流运筹学》课程思政教学设计

课程内容	课程思政元素切入点	课程思政教学实现方式
绪论	运筹学的产生和发展；物流管理与运筹学的关系	（1）通过我国早期运筹思想（围魏救赵、丁谓建宫、田忌赛马等），引导学生认识到中国古代人民利用运筹学思想解决实际问题的大智慧，感知中华文化的博大精深，培养学生的民族自豪感，坚定学生的文化自信，以此激发学生的爱国情怀，凸显社会主义核心价值观。 （2）通过物流管理与运筹学关系的分析，使学生体会学好物流运筹学的重要性。在运筹学各分支与物流管理之间的关系讲解时，穿插部分实时技术问题和企业案例，培养学生的专业自信，激发学生对物流运筹学这门课程的学习兴趣
线性规划的图解法	线性规划问题的提出：生产计划问题；图解法的灵敏度分析	（1）通过生产计划问题的模型建立分析，引入线性规划模型的建立，实际中提高企业效率，培养学生应加强社会实践的能力，提高参与社会生活的能力和自觉性，培养学生理论与实际相结合的能力。 （2）通过对线性规划图解法灵敏度分析的讲解，不断优化教学模型，实现企业的不同目标，与学生自身发展相对比，引导学生要注重自我发展能力的改善和提升，在不同时期树立不同的奋斗目标，制订一定的计划，实现目标
线性规划应用案例分析	生产计划问题；下料问题；人力资源分配的问题	（1）通过对生产计划问题案例的讲解，引入企业进行生产计划制订是为了达到提升经济效率、质量的目的，以此培养学生精益求精的精神和提升工作效率的能力。 （2）学习线性规划应用案例中的下料问题，引入资源的节约概念，培养学生节约资源的环保理念。 （3）通过对人力资源问题的分析，介绍我国部分人才政策，培养学生对专业自信和爱岗敬业的精神

续表

课程内容	课程思政元素切入点	课程思政教学实现方式
单纯形法	单纯形法的基本思路和原理；单纯形法的表格形式	（1）通过单纯形法原理的分析，线性规划求解需要找到一个满足最优性的基可行解，因此需要对初始基可行解的最优性进行检验。由此融入在日常学习生活中，我们为了实现一个长期目标往往需要制定一系列的短期目标，在完成每个短期目标时不能沾沾自喜，需要对比辩证长远目标进行检验。培养学生思辨分析问题、解决问题的能力。 （2）通过求最大值线性规划问题单纯性表格的讲解，借助迭代运算，得到一个新的基可行解，需要对其最优性进行检验，如此循环，直至找到最优解，培养学生树立自身理想信念，不断提升自己综合素质的坚定信念。在面临复杂问题时，要有大局意识，不能陷于一时的成功而停步不前，要敢于探索，攻坚克难
对偶问题	线性规划的对偶问题；影子价格	（1）分析对偶问题，原问题与对偶问题具有一定的对立性，原问题与对偶问题是对同一事物或同一问题从不同角度或立场提出的解决问题的两种不同的表述。由此引导学生在遇到问题时，能够从不同角度进行思考。引导学生能够运用对立统一的思维来看待问题，正确认识事物的双面性，在关注矛盾双方对立时不能忽视两者之间的统一，在关注矛盾双方统一时也不能忽视两者之间的对立。 （2）通过引导学生发现两者的系数矩阵、资源系数、价值系数、最优解以及检验系数之间的对应关系，培养学生能够发现事物本质规律、正确认识事物之间相互关系的能力
运输问题	产销平衡的运输问题；产销不平衡的运输问题	（1）产销平衡问题的分析。《荀子》中提道："两物齐平如衡"，也就是两个及以上的力作用在同一个东西上，它们之间会相互抵消，物体保持相对的静止状态。和谐一直是中华民族坚持的优良传统，促进我国经济社会长期稳定发展。 （2）通过将不平衡的运输问题转化为平衡的运输问题及借助表上作业法，引导学生要探索事物的本质规律，激发学生的创新意识

续表

课程内容	课程思政元素切入点	课程思政教学实现方式
整数规划	整数规划问题模型；整数规划的应用：指派问题	（1）通过整数规划问题案例的分析，介绍整数规划问题需要层层递进建立数学模型，分析问题要全面，培养学生全局观的思维意识。 （2）通过分析指派问题的案例，培养学生爱岗敬业的精神。对于个体而言，要在分析内外部环境的前提下，努力把个人特长融入整体目标，在成就个人的同时促进整体发展。借此可以增强学生的大局意识、核心意识，引导和激励学生把实现中华民族伟大复兴的中国梦融入学习工作中
图与网络分析	图与网络的基本概念；最短路问题	（1）通过介绍欧拉如何解决七桥问题，培养学生探索问题、分析问题和解决问题的思维能力，加强学生自主学习和终身学习的学习意识。 （2）通过介绍最短路问题，分析"感动中国"邮递员王顺友的故事，提升学生的爱国主义情怀和专业自信
存储论	经济订购批量模型；允许缺货的经济订货批量模型和允许缺货的经济生产批量模型等模型之间的关系	（1）通过介绍经济订购批量模型中企业要达到最经济的成本，引导学生树立正确的消费观。 （2）从存储论几个烦琐的存储模型中，引导学生要具备良好的逻辑思维能力和判断能力，具备一定的探索精神和吃苦耐劳的精神

教学效果与反思：

1. 课程思政教学效果

《物流运筹学》教学内容主要包括线性规划、运输问题、整数规划、网络计划以及存储论等内容。在绪论部分，课程思政的设计与实施较为容易，通过引入历史典故、代表人物及杰出事迹，可以帮助学生树立民族自豪感与家国情怀，建立文化自信。在线性规划、运输问题、整数规划、网络计划与存储论等部分，结合物流管理的相关案例可以让学生在更好地理解理论知识点的同时，培养并锻炼学生利用系统思维与辩证思维研究问题的意识，具备科学决策能力以及科学创新能力。

在实施过程中，中国古代运筹学典故、运筹学代表人物事迹、中国故事等思政案例的实施较为顺利，思政融入比较生动、自然，学生参与度较高；但单纯形法的基本思路、对偶规划与存储论等理论知识点的思政融入实施有些许生硬，未能达到此时无声胜有声的效果，学生参与度相对较低，思政的融入有待加强。

2. 教学反思与改进

为了提高思政教学的效果，需要在以下几个方面进行改善。第一，思政案例的设计需遵循"以问题为导向"的原则，依据专业人才培养目标，在对相关资料以及案例进行广泛收集整理的基础上进行精心设计。例如，可将北京冬奥会筹办等重大事件以及迫切需要解决的热点问题融入课堂，增加课程思政教育的生动性、趣味性和理论性。第二，在思政教学实施过程中，在培养学生利用运筹学方法分析并解决实际问题技能的同时，对学生的世界观、人生观和价值观进行正确的引领，引导学生利用系统科学、发展辩证的思维来研究事物，培育学生利用寻优探索、科学创新方法进行决策的能力。第三，在思政教学改善上，要广泛听取相关专家、教师团队等各方声音，使得思政教学案例的设计、思政教学改革实施以及思政教学评价更加科学合理，使得思政教学的效果得以不断提高。第四，要充分做好学情分析，关注现今社会青年学生的关注点，根据学生的学情、当下的热点，适时调整思政融入元素。

《物流管理信息系统》 课程思政教学设计

彭 垚

课程名称：《物流管理信息系统》

任课教师：彭垚

课程内容：《物流信息系统》是物流管理专业学生的专业课，本课程的教学目的主要是帮助学生认识物流信息、物流信息管理、物流信息系统在物流管理活动中的地位、作用，主要内容包括物流信息管理、物流信息技术、物流信息系统和物流信息系统的分析。课程以理论知识为基础，注重理论与实际相结合，符合应用型本科院校人才培养的特点。通过该课程的学习，能让学生掌握物流信息管理的方法和物流管理信息系统的结构，认识到信息管理在物流行业的重要性。

课程思政目标：将课程思政引领贯穿于《物流管理信息系统》教学过程之中，借思想政治教育深化专业教学内涵，确定在《物流管理信息系统》教学过程中实现如下课程思政目标：一是通过技术的变革来激发学生的历史使命感。二是引导学生为中国的发展和繁荣富强而努力和奋斗，并培养学生的民族精神，增强学生民族自豪感，树立国家富强的价值目标。三是培养学生严谨求实的科学态度和精益求精的工匠精神，强化客户服务意识，提高创新能力。四是鼓励学生通过培养创新精神来增强自身的竞争力。五是培养学生细心、耐心的职业意识和团队合作的职业素养。

《物流管理信息系统》课程思政教学设计如表 1 所示。

表 1　　　　　**《物流管理信息系统》课程思政教学设计**

课程内容	课程思政元素切入点	课程思政教学实现方式
物流信息管理概述	物流信息技术的发展历程、计算机病毒的发展历史	（1）通过案例说明物流信息技术的发展历程，说明技术的进步推动社会的发展，激发学生的历史责任感和使命感。 （2）介绍计算机病毒的发展历史以及对现实案例进行分析，强调信息安全对个人、企业、国家的重要性，培养学生的信息伦理和职业道德。 （3）以物流信息管理为融入点，企业面对迅速变化的环境，只有适应环境选择信息化道路才能创新发展，由此激发学生在未来的发展过程中，要具有审时度势的意识
物流信息技术	二维条码、射频识别技术和北斗卫星导航技术	（1）通过条码的学习，让学生了解二维码的滥用导致用户隐私的泄露，引导学生树立法治意识、安全意识，遵守职业道德。 （2）通过射频识别技术的学习，引入华为、京东方等科技公司的发展，让学生了解我国芯片技术研发虽取得了巨大进步，但仍然落后于发达国家，科技的发展道阻且长，激发学生的历史责任感、使命感，引导学生勇于追梦、自强不息。 （3）通过学习北斗卫星导航技术（BDS）的优势及成功应用，介绍中国自主研发的北斗卫星航行系统，让学生深入了解 BDS 研发过程中科学家和相关工作者的艰辛与汗水，并对比 BDS 与其他三大系统的区别，强调 BDS 的优点，激发学生的民族自豪感，引导学生为中国的发展和繁荣富强而努力和奋斗，并培养学生的科学精神、民族精神和工匠精神。增强学生民族自豪感，树立国家富强的价值目标
物流信息系统的分析与设计	系统分析和系统设计	（1）通过学习系统分析、系统设计的方法，培养学生严谨求实的科学态度、坚忍不拔的精神品格、精益求精的工匠精神，强化客户服务意识，提高创新能力。 （2）通过对不同管理信息系统的认识，理解不同的系统为不同的流程服务，培养学生的全局意识，增强服务客户的理念。 （3）通过介绍供应链的协作，鼓励同学们要善于团队协作才能事半功倍。通过实践环节，培养学生细心、耐心的职业意识和职业素养

课程内容	课程思政元素切入点	课程思政教学实现方式
物流信息系管理新技术	新兴技术在物流信息领域的应用	通过了解天猫菜鸟智慧物流体系的搭建案例，分析大数据、物联网技术、人工智能等新兴技术在物流信息领域的应用和发展趋势，鼓励学生通过培养创新精神来增强自身的竞争力
课程实践环节	物流信息系统流程分析实践	（1）通过分组协作，培养学生团队协作的能力。（2）通过实践环节，培养学生细心、耐心的职业意识和职业素养，在分析物流业务流程过程中，不局限于一个环节，而是要有整体意识

教学效果与反思：

1. 课程思政教学效果的检验方式

一是访谈。通过课堂的讨论和课间的交流，发现学生在学习物流管理信息系统专业知识的同时对相应的课程思政的内容的认可度。二是通过问卷调查。课程结束后，对学生开展问卷调查，了解学生对物流管理信息系统的课程思政获得感，了解学生课前和课后的态度以及对课程思政的接受度。

2. 教学反思与改进

课程思政将"立德树人"作为教育的根本任务，以构建全员、全程、全课程育人格局的形式将各类课程与思想政治理论课同向同行，形成协同效应，是一种综合的教育理念。将思政教育融入专业课程中，能使学生在最初接触行业时便正确认识行业，提高职业认同感，树立正确的价值观、职业观。在《物流管理信息系统》课程思政的教学改革过程中，通过对于以上课程思政教学目标的实现，将思想政治工作贯穿于课程教学全过程，从而培养出合格的、可靠的社会主义建设者与接班人。

在实际教学过程易重专业理论轻思政，因此在专业课程中融入思政元素，充分发挥立德树人的作用，引导学生树立正确的人生观、价值观、职业观，与思政课程同向同行，适宜采用渗透式、嵌入式、引入式等潜移默化的教育方式和方法，增加课堂教学互动，引导学生通过问题链对教学内容进行深入研究，比如在讲到二维条形码的应用时可以通过窃取个人用户信息的案例，设置开放性问题，引发学生思考条形码在应用中的利弊，进而引申到诚信、友善个人层面的价值准则上。同时运用现代信息技术展示教学内容，通过"学习通"或"雨课堂"等平台及时上传教学内容资源，并与课堂讨论有机结合，形成教育合力。

在改进方面，一是根据学生对课程思政反馈的情况，适时调整课程思政的切入点和案例，加强课程思政的针对性和有效性，将案例和教学内容有机结合，争取做到课程思政润物无声，如盐在水。二是做好学生的学情分析，使案例贴近学生的关注点，适时调整课程思政的内容，以此形成课程思政的闭环。

《现代物流学》课程思政教学设计

谢 曼

课程名称：《现代物流学》

任课教师：谢曼

课程内容：《现代物流学》是物流管理、物流工程本科专业基础课，也可作为工商管理类、电子商务本科专业基础课，是物流专业学生认识物流管理的一门基础课。该课程以物流活动为研究对象，阐述了现代物流理念及其特征、物流系统的活动要素及其合理化途径、物流信息技术、企业物流、供应链管理、第三方物流、国际物流、物流成本管理、绿色物流、供应链金融物流等新兴物流理念等内容。通过该课程的学习，能让学生掌握物流的基础知识，认识到物流产业在国民经济中的地位和作用，引导学生做好个人职业规划。

课程思政目标：将思想价值引领贯穿于《现代物流学》教学过程之中，借思想政治教育深化教学内涵，提升教学效果。确定在《现代物流学》的教学中实现如下课程思政目标：一是弘扬中国文化，提升民族自信心和自豪感；二是引导学生了解国家和行业的发展方针与政策，思考如何将职业发展融入国家的发展中，培养产业报国精神；三是培养诚实守信、团结协作、勤俭节约、有责任心的优良品质，引导学生对社会主义核心价值观产生认同；四是培养吃苦耐劳、艰苦探索、勇于创新的民族精神和工匠精神；五是增强学生学法、知法、懂法、守法的意识和素养等。

《现代物流学》课程思政教学设计如表1所示。

表1　　　　　　**《现代物流学》课程思政教学设计**

课程内容	课程思政元素切入点	课程思政教学实现方式
物流导论	对比中国与日美物流成本占国内生产总值（GDP）的比重	引入数据案例，展示中国、美国、日本三国物流成本占GDP的比重，通过中国对物流发展的重视及相关政策的出台，中国物流成本占GDP的比重逐年下降，一方面让学生认识到物流管理的重要性，另一方面展示中国物流的快速发展，昭示大国崛起的精神，增强学生民族自信心和自豪感
	分析中国物流发展阶段	中国物流的发展阶段：结合新中国成立后的各个发展阶段来梳理中国物流发展的阶段，带领学生回忆新中国成立后的发展史，引导学生铭记历史，树立远大理想和产业报国之心
运输与包装	中铁公司公铁联运的视频案例	用"中铁公司关于公铁联运的视频"来开启本次课程：通过视频展现中国物流产业发展中技术的飞速进步、物流从业人的爱岗敬业精神、物流技术研发人员的科学研究精神和工匠精神，引导学生为物流产业的发展树立远大理想，从现在做起，争取为社会主义的发展贡献更大的力量，同时增强学生的使命感和责任心
仓储与库存管理	战略储备仓储	战略储备仓储由国家政府进行控制，通过立法、行政命令的方式进行。在讲解此部分内容时可以粮食和军用物资为例，谈粮食储备和国防储备的重要性，也谈节约粮食，呼吁学生响应"谁知盘中餐，粒粒皆辛苦"的节约号召
	仓储选址的法律和制度因素	仓储设施选址时要考虑法规和制度因素，以及当地的税收政策等，在讲解此部分内容时向学生强调经济法、物流相关法律法规的重要性，同时引导学生学习专业相关法律知识和行业法规，了解产业和地方政策，提升学生法律素养和法律意识
配送与流通加工	流通加工的作用	合理的流通加工可以实现废物再生以及物资充分利用、综合利用，提高物资利用率，不仅能降低成本，还能提高效益，在讲解此部分内容时，融入节约资源、减少浪费、保护环境等观念意识，提高学生对可持续发展观的认识，促使学生将流通加工合理化的方法与节约资源、保护环境的目标结合起来，并在未来的工作和生活中践行

课程内容	课程思政元素切入点	课程思政教学实现方式
物流信息技术与智慧物流	中国自主研发的北斗卫星航行系统	在讲解物流支持中的卫星通信技术时，通过视频案例介绍中国自主研发的北斗卫星航行系统，让学生深入了解 BDS 研发过程中科学家和相关工作者的艰辛与汗水，并对比 BDS 与其他三大系统的区别，强调 BDS 的优点，激发学生的民族自豪感，引导学生为中国的发展和繁荣富强而努力和奋斗，并培养学生的科学精神、民族精神和工匠精神
企业物流	废弃物物流	在讲解废弃物物流时，播放"垃圾分类"趣味视频，让学生直观地了解垃圾分类、回收、再利用的过程，认识到在垃圾分类的过程中需要用到物理、化学等多学科的知识，并应用到相关技术和设备，同时强调垃圾分类对于保护环境的重要性，引导学生从自我做起，在生活中注重垃圾分类，应用视频中学到的知识对生活垃圾进行回收再利用
供应链管理	供应链道德风险	供应链是一个复杂多变的功能网链，由于供应链中信息传递的不确定和不及时，可能导致成员为获取个体利益而伤害供应链其他成员的利益，从而产生道德风险。在讲解该部分内容时，要引导学生做一个讲诚信、讲道德、责任心强的物流人，教导学生遵守契约精神，培养学生的全局观和大局观，提升其道德修养
第三方物流	第四方物流的内涵	第四方物流是一个调配和管理组织自身及具有互补性服务提供商的资源、能力与技术，来提供全面的供应链解决方案的供应链集成商，换句话说，第四方物流是一个由第三方物流公司、技术公司和咨询公司共同合作来提供接近完美的供应链综合服务的集成商，在讲解此部分内容时，强调"合作意识、取长补短"的重要性，同时引导学生学会合作、善于合作，能够充分利用合作成员的优势完成集体的目标，培养学生的团队合作精神

续表

课程内容	课程思政元素切入点	课程思政教学实现方式
国际物流	国际多式联运纠纷案例	在讲解国际多式联运时，引入"江南丝绸公司和四海集团海运纠纷案例"，让学生代入该案例中的不同角色，根据课程所学的关于多式联运经营人责任权利相关内容，以及《海商法》《多式联运公约》等相关规定，分析该案例中不同的角色是否应该为货物损失负责，并说明原因。 通过案例分析能够增强学生的判断力和分析能力，并加强对国际和国内相关法律法规的认识，提升学生的专业素养和法律素养
电子商务物流	中国电商快递的发展现状与趋势	布置调研任务"了解中国电商快递业的发展现状和趋势"，让学生下节课回答。通过对中国电商快递业的调研，能让学生更加了解电商快递业的发展现状、遇到的"瓶颈"和存在的问题，同时思考未来的中国电商快递应该如何发展。此外，了解电商快递业的发展和未来趋势也有助于学生思考电商与物流的关系，引导学生从国家、地区、企业等不同层面思考解决对策，并促使其在未来的职业生涯中为该行业的发展作出贡献
物流成本管理	中国物流成本核算的现状	通过分析，让学生了解中国物流成本核算存在会计核算方法不明确、成本核算与管理没有超出财务会计的范围、核算实施标准不统一等问题，并分析存在这些问题的原因，强调国家对物流成本核算出台了相关政策和标准，但由于各种客观原因，导致物流成本的核算还存在这些问题，同时鼓励学生好好学习，树立远大理想，将来为物流成本核算的标准化和全面化做出努力
物流新理念	绿色物流	绿色物流是在物流过程中抑制物流对环境造成危害的同时，实现对物流环境的净化，使物流资源得到最充分的利用。在讲解绿色物流的过程中，引入相关案例说明绿色物流的重要性，向学生传达环境保护、节约资源、回收与循环利用等观念，呼吁学生树立正确的生态环境观和养成良好的节约回收习惯

教学效果与反思：

1. 课程思政教学效果的检验方式

一是通过课堂表现检验，即通过课堂的问答和讨论的情况，来发现学生在学习现代物流学专业知识的同时，对相应的课程思政内容的理解情况。二是通过课后作业检验，在作业题目中设置主观性的素养题目，检验学生的思政素养。三是通过期末考核检验，设立个别综合题，既考核专业知识，又考核思政素养（比如创新意识），来检验学生的思政素养。

2. 教学反思与改进

首先，教师应该更深刻地挖掘课程内容中的思政元素，寻找合适的案例素材，以案例教学的形式来提升思政教学效果，同时提升学生学习兴趣。其次，在授课时适时引入时事政策，通过新闻、新出台的行业相关政策法规来引起学生兴趣，并润物细无声地融入思政元素。最后，应该以学生为中心，采取项目式教学、任务式教学、翻转课堂等多种教学方法，并充分利用慕课（MOOC）、"学习通"等网络教学资源和手段，逐步提升《现代物流学》课程的思政教学效果，促进专业课程与思政课程同向同行。

《电子支付》课程思政教学设计

孙宗帝

课程名称：《电子支付》

任课教师：孙宗帝

课程内容：《电子支付》是电子商务等工商管理类本科专业必修课之一。本课程主要介绍了目前电子支付所涉及的主要知识：电子支付的发展历史、虚拟货币、支付宝及财付通等第三方支付、电子支付采用的各种加密技术、电子支付的营销方式、电子支付相关的法律法规、网络安全等级保护制度、电子支付相关风险及其防范知识等。学生运用实际和理论相互印证的实验课，加深对电子支付运用的兴趣、认识、理解和掌握，以助力学生在未来的工作岗位中保持对电子支付的敏感性，采用各种支付工具协助电子商务活动，提高电子商务的应用价值。

课程思政目标：将思想价值引领贯穿于《电子支付》教学过程之中，借思想政治教育深化教学内涵，提升教学效果。确定在《电子支付》的教学中实现如下课程思政目标：一是引导学生认识唯物辩证法是研究自然、社会和人类思维变化发展一般规律的科学，利用唯物辩证法来分析事物的发展规律。二是加深对中华文化博大精深哲学理念的认知，激发学生的民族自豪感和自信心，同时培养学生的创新能力。三是引导学生对社会主义核心价值观产生认同，培养学生正确的价值观。四是引导学生认识、理解国家的战略、方针、政策，并充分利用这些政策来不断提高自身的能力，不断提升学生的时事政治素养和自觉性。五是引导学生在学习中了解国情、社情，从而对未来的职业发展有着更为清晰准确的规划。六是增强学生学法、知法、懂法、守法的意识和素养等，并进一步提高学生的电子支付安全意识。

《电子支付》课程思政教学设计如表1所示。

表1 《电子支付》课程思政教学设计

课程内容	课程思政元素切入点	课程思政教学实现方式
支付与电子支付	（1）学习电子支付的意义和范围。 （2）学习贷记转账和借记转账等流程	电子支付学科在发展过程中持续展现出开放和融合的特性。理解电子支付的内涵，在电子商务活动中，注意资金的安全高效使用，牢牢守住"钱袋子"。 培养学生运用马克思主义唯物辩证法联系的普遍性分析电子支付的学科本质，引导学生认识唯物辩证法是研究自然、社会和人类思维变化发展一般规律的科学，更是认识世界和改造世界的根本方法
现代化支付系统概述	（1）按结算方式、交易金额、结算时效、系统管理等不同方式划分的不同支付系统类型。 （2）支付、清分、结算过程	引导学生了解支付系统的组成，了解支付系统的结算方式、交易金额、结算时效、系统管理等不同方式划分的不同支付系统类型。提高学生系统分析社会复杂问题的能力。 讲述电子支付的发展过程，了解支付工具如何一步步演化的，增强学生的民族自豪感和自信心
现代化支付系统的国际比较	（1）掌握中国的大额实时支付系统、小额批量支付系统、中央银行会计集中核算、全国支票影像交换系统等。 （2）掌握中国第二代支付系统的流动性管理和风险管理	引导学生了解现代化支付系统构建的作用与意义。每个人都有独立的思想，往往很难得到统一，引导学生学会用科学的方法对不同国家的支付工具进行比较分析。 从社会责任方面的正反案例分析讨论入手，让学生认识电子支付的社会功能，引导学生思考电子支付行业存在的不足可能对社会造成的负面影响，进而树立电子支付行业的敬畏感、责任感和使命感。引导学生对社会主义核心价值观产生认同，继而实现由理念到实践的动员和教育

续表

课程内容	课程思政元素切入点	课程思政教学实现方式
银行卡运作与管理	（1）理解银行卡的营销管理。 （2）理解银行卡的风险种类和风险防范	引申对"发展是解决我国一切问题的基础和关键"的思考，安全和发展就像一体之两翼，缺一不可。 在授课过程中带领学生认识、理解国家的战略、方针、政策，并进一步思考国家大政方针对个人发展有何影响和将个人职业规划融入国家发展战略的重要性，不断提升学生的时事政治素养和自觉性。 培养学生全球意识和国际化视野，激发学生对"中国制造2025""中国品牌"的深入理解，增强学生的民族自豪感和文化自信
电子货币	（1）了解虚拟货币相关知识（虚拟货币概念、运作机制、今后发展预测等）。 （2）掌握影响电子货币发展的因素	加深对电子货币的理解，日常生活中注意网络诈骗。 调查研究是马克思主义的科学方法论，是正确认识客观世界、改造主观世界的源头活水。让学生结合大学生生活、学习实际开展电子支付调查实践，让学生在实际调查中学习和检验理论知识
电子商务中的电子支付	（1）电子商务的运作模式。 （2）电子银行对传统银行有哪些挑战。 （3）支付宝、财付通、PayPal等第三方典型支付。 （4）第三方支付的主流业务模式	了解在电子商务过程中的电子支付，了解电子支付中存在的风险问题，了解第三方支付的主流业务模式，既要感受电子支付过程带来的便利，也要预见电子支付过程可能带来的风险与挑战。以案例讨论为切入点，潜移默化加深对习近平新时代中国特色社会主义思想的认同
电子支付系统的安全策略	（1）我国网络安全等级保护。 （2）数字签名。 （3）入侵检测、漏洞扫描。 （4）网络病毒防治演练	引入对《网络安全法》《数据安全法》《个人信息保护法》的思考和学习。帮助学生学会利用法律保护自身的合法权益。培养学生夯实制度自信、文化自信基础，增进"四个认同"，进一步提升学生思想政治素养。充分理解和尊重不同文化存在和发展的合理性，理解和欣赏不同文化的共处之道，培养学生跨文化沟通意识和能力

续表

课程内容	课程思政元素切入点	课程思政教学实现方式
电子支付系统风险防范与中央银行监管	（1）风险防范的理论性系统知识。 （2）中国《电子商务法》中与电子支付相关的法律条款。 （3）银行在监管中的预防性管理措施。 （4）银行在监管中的保护性管理措施	了解电子支付领域的相关监管措施、相关预防性管理措施等。提高学生防患于未然的意识，提前做好规划，提前做好各种应对预案。 坚持系统观念，坚持问题导向，坚持守正创新，坚持自信自立，坚持系统观念，坚持胸怀天下

教学效果与反思：

1. 课程思政教学效果的检验方式

一是通过课堂教学过程检验。在教学过程中，要注重对电子支付课程的内容、方法、注意事项等耐心细致的讲解，让学生容易理解电子支付的具体内容。即通过课堂提问和讨论的方式，发现学生在学习电子支付专业知识的同时，对相应的课程思政内容的理解情况。

二是通过"学习通"等网络学习手段发布相关选择题、判断题，来检验学生对课程思政学习的效果。设计考试试题时，设立个别兼有专业内容和课程思政内容的考题，来检验学生学习课程思政的效果。

2. 教学反思与改进

一是根据学生对课程思政反馈的情况，适时调整课程思政的切入点和案例，适时调整课程思政的内容，加强课程思政的针对性和有效性。也要注重引导学生形成清晰的认识，树立良好的人生观、世界观、价值观。

二是对于教师自身，也要不断更新教学方法和技能，不断提升自己的教学技能和水平，利用多媒体方式，从自身做起，从日常行为中慢慢引导学生形成正确的价值观，更好地服务社会，作出自己的贡献。

《销售管理》课程思政教学设计

孙宗帝

课程名称：《销售管理》

任课教师：孙宗帝

课程内容：《销售管理》是一门针对市场营销专业的必修课。销售人员的管理既是一门艺术，许多技能是不能从课本上学到的，故需要实践；同时销售管理又是一门科学，因为探讨销售管理和怎样获得销售成功的知识在不断增长。知识的获得需要通过系统研究，并通过课本和课堂讲授传递。

本课程以"企业销售竞争能力"的培养为中心论题，以销售目标管理为主线，从分析销售在企业营销活动中的地位与作用入手，系统地介绍了企业销售活动的计划、销售组织的建立、销售区域设计、销售人员的培养与激励、销售网络建设、销售模式与技巧、客户管理、促销设计、销售人员的培养与激励、销售网络建设、销售模式与技巧、客户管理、促销管理、销售竞争、销售绩效的评估与销售控制等基本内容，探讨了市场经济条件下企业销售管理的基本思路、方法和操作步骤，指出了企业销售管理实践中存在的问题及解决的措施。

该课程的教学方法主要是案例讨论、课堂专题讨论发言和作业练习等。

课程思政目标：引导学生全面系统地掌握各章内容，培养和提高正确分析和解决问题的能力，为学习其他课程及实际工作奠定良好的基础。将思想价值引领贯穿于《销售管理》教学过程之中，借思想政治教育深化教学内涵，提升教学效果。确保在《销售管理》的教学中实现如下课程思政目标：

第一，增强学生的知识应用能力。

培养学生能够运用销售管理理论和方法分析并解决理论与实践问题，具备综合运用销售管理的理论解决实际问题的能力，引导学生增强销售方面的理论功底以及更好地把理论应用于实践的能力，从而能够运用销售管理的理论和方法，系统分析、解决销售管理中出现的问题。

第二，培养学生良好的职业观。

让学生了解销售管理的政策、法律和法规。在销售管理实践中理解并遵守职业道德和规范，履行责任，爱岗敬业。鼓励学生主动自觉地不断学习，不断提升能力，培养学生形成良好的职业道德观，在未来更好地做好销售工作，服务社会。

第三，增强学生学法、知法、懂法、守法的意识和素养等，并进一步提高学生的安全意识。在销售领域中，会遇到各种各样的事情，培养学生遵守法律，不违反法律，同时学会利用法律武器来保护自己的合法权益。

《销售管理》课程思政教学设计如表1所示。

表1　　　　　《销售管理》课程思政教学设计

课程内容	课程思政元素切入点	课程思政教学实现方式
销售管理概述	（1）强调管理销售计划的重要性。 （2）多维度思考问题	理解销售管理内涵，从销售管理过程中的具体管理活动出发，引导学生思考我国销售管理发展的趋势，培养学生按照销售经理的要求构建知识体系，提升销售管理能力，成为一个对社会有用之人
销售计划管理	（1）强调销售预测的重要性。 （2）理解销售配额与预算的作用	通过课程学习，使学生了解，随着我国改革开放的逐步加深，国内企业迎来了前所未有的发展机遇。其中也出现了较为突出的问题，即企业销售费用的控制与管理。 引导学生学会分析销售费用，制定合理的费用预算目标，达到提高费用预算控制力的目的

续表

课程内容	课程思政元素切入点	课程思政教学实现方式
销售组织与团队	（1）了解销售团队的建设步骤。 （2）了解如何改进销售组织	引导学生了解销售组织与团队构建的作用与意义。每个人都有独立的思想，往往很难做到统一，一旦将多种思维归结在一起发挥作用，其巨大的能量无可估量。一致的思维融入一个团队中，团队不会出现导向型错误会有更大潜力
销售人员的招聘与培训	（1）了解销售团队建设的步骤。 （2）了解如何改进销售组织	团队的力量是巨大的，销售人员需要重视团队建设。引导学生了解销售组织与团队构建的作用与意义。提高学生团结合作的意识，从而更好地融入团队
	（1）了解销售人员培训的内容。 （2）掌握销售人员培训的方法	通过讲解销售人员培训的具体内容和方法，引导学生加强对销售人员职能的了解，规划好自己的职业生涯
销售人员的报酬与激励	（1）了解销售人员的激励方式和理论。 （2）学习和掌握销售人员激励的措施和手段	通过讲解激励销售人员的方法，引导学生认识到商场如战场，销售队伍犹如企业占领市场的先头部队，其战斗力高低直接影响着结果的好坏。销售人员在企业销售活动中的积极性、创造性不仅影响着自身的销售业绩以及与客户的合作关系，同时也影响着企业的效益与企业的形象，所以通过激励机制的构建来提高销售人员的工作积极性以及创造性是销售管理工作中的重要内容。启发学生未来积极、富有创造性地去工作
销售程序与模式	（1）了解销售程序的六个步骤。 （2）熟悉销售接近过程与方法	引导学生了解并思考国外的先进营销模式，并启发学生不断学习新的营销模式，从中汲取精华，融入中国的营销模式中，更加包容和开放
销售区域与时间管理	（1）掌握销售区域的管理方法。 （2）掌握销售区域的时间管理方法	引导学生了解目前中国市场区域管理可以通过数据信息的强大功能实现其更广阔的发展远景，引导学生合理地进行区域划分和区域管理，促进学生养成良好的分类管理习惯

续表

课程内容	课程思政元素切入点	课程思政教学实现方式
销售网络管理	（1）学习不同类型的销售网络模式。 （2）学习销售关系管理	在目前市场竞争越来越激烈、利润越来越微薄的情况下，企业有必要重新审视自身的销售网络管理，借鉴国内外的成功经验，优化销售网络，提高竞争能力。引导学生更加积极主动、快速应对激烈的市场竞争，更好地茁壮成长
客户管理	（1）掌握客户管理的内容。 （2）了解客户投诉的处理	引导学生了解中国互联网迅速的发展，使人们的生活发生了巨大的变化。中国形成了以在线零售、移动互联、社交网络、数字支付、云服务等为代表的新一代基础设施，带动互联网服务相关的社会商业和生活消费领域发生了深刻变革。 引导学生了解将客户管理与数字发展趋势相结合，形成客户管理的新趋势，从而启发学生不断学习新知识、新技术，不断前进
销售竞争管理	（1）了解销售竞争的策略。 （2）了解销售核心竞争力的方法	通过讲解竞争管理相关的知识，引导学生了解竞争的内涵，作为一名商业经营者，同行之间的竞争不可避免，要避免恶性销售竞争，确保竞争的良性循环
销售绩效的评价	（1）了解销售绩效考核的内容与方法。 （2）了解销售人员绩效考评的指标体系	引导学生认知，在商品经济条件下，收入是企业生存和发展的基础，也是评价企业经营绩效及受托责任履行情况的重要指标。所以，收入容易成为弄虚作假、粉饰财务报表的重要领域之一。在销售组织的审计和控制工作中，要掌握其原则并认真实施，从而启发学生认真对待财务，遵守法律法规
销售团队的领导	（1）了解领导权力的来源差异。 （2）了解销售群体。 （3）了解销售经理的行为和活动	一位富有远见的领导者应该发挥所长，规范自身行为，才有利于发挥组织成员的积极性和主动性。启发学生要有长远的目标规划，并且踏踏实实去努力

教学效果与反思：

1. 课程思政教学效果的检验方式

一是通过课堂教学过程检验。在教学过程中，要注重耐心细致地讲解销售管理课程的内容、方法、注意事项等理论知识和方法，让学生易于理解销售管理的具体内容。通过课堂的提问和讨论的方式，发现学生在学习销售管理专业知识的同时，对相应的课程思政内容的理解情况。

二是设立个别兼有专业内容和课程思政内容的题目，通过"学习通"等网络学习手段发布相关选择题、判断题，检验学生对课程思政学习的效果。

2. 教学反思与改进

一是在教学过程中，注重耐心细致地讲解销售管理的内容、方法、注意事项等理论知识和方法，让学生容易理解销售管理的具体内容。同时，也要注重引导学生形成清晰的认知，通过思政，树立良好的人生观、价值观。

二是对于教师自身，要不断更新教学方法和技能，不断提升自己的教学技能和水平，利用多媒体方式，从自身做起，从日常行为中慢慢引导学生形成正确的价值观，更好地服务社会，作出自己的贡献。

《冷链物流》课程思政教学设计

陈春琳

课程名称：《冷链物流》

任课教师：陈春琳

课程内容：《冷链物流》是物流管理、物流工程本科专业选修课程。该课程阐述了冷链物流及其管理的基本理论与技术方法，冷链运输、仓储、装卸搬运、流通加工、分拣包装、配送、低温销售及信息服务等相关内容。通过该课程的学习，能引导学生思考自己未来就业的专业领域，有助于培养出合格的冷链物流人才，有助于我国冷链物流业可持续发展，有助于消费者食品安全水平和生活品质的提高。

课程思政目标：秉承立德树人的教学理念，在教学过程中将专业知识和课程思政有机统一，潜移默化地融入课程思政要素，确定在《冷链物流》的教学中实现如下课程思政目标：一是引导学生认识到冷链物流对于国家经济建设的重要性，认识到冷链物流发展对食品安全的重要意义，激发他们的学习兴趣和热情；二是宣传我国的开放政策和发展策略，灌输国家发展理念，培养学生开放的意识和拓宽国际视野；三是引导学生树立人与自然和谐共生观念，自觉践行节约能源资源、保护生态环境各项要求，提升学生对实现碳达峰碳中和战略目标重要性的认识；四是培养学生科学、严谨、勇于创新的工作态度，树立认真负责，精益求精、艰苦奋斗的敬业精神；五是让学生深刻了解党和国家在改革开放过程中的奋斗历程，明白改革开放的伟大意义和历史启示，认识到创新精神的重要作用，理解中国共产党坚持走中国特色社会主义道路的决心。

《冷链物流》课程思政教学设计如表 1 所示。

表 1　　　　　　《冷链物流》课程思政教学设计

课程内容	课程思政元素切入点	课程思政教学实现方式
冷链物流概述	冷链物流的内涵	介绍冷链物流的定义、分类、作用，以及其在国家经济发展中的地位和意义。引导学生认识到冷链物流对于国家经济建设的重要性，激发他们的学习兴趣和热情
冷链储运管理	冷藏车辆装载、温度跟踪与记录	冷链物流中存在的断链问题造成的危害性巨大，教育学生今后从事相关工作时要有工作责任心和职业道德
冷链物流设施管理	冷库概述	冷库在全国布局的不均衡是由于还有很多地区消费能力有限，比如西部地区，因此，国家西部大开发战略有利于提高西部地区人民的消费能力
冷链物流装备管理	冷链运输装备的分类	在讲解水路运输时，可以借用郑和下西洋的故事讲解中国船运事业的发展，彰显我国灿烂的文化，激发学生民族自豪感。并引入共建"一带一路"，宣传我国的开放政策，灌输国家发展理念，培养学生开放的意识和国际视野
冷链物流配送管理	冷链配送的影响因素	引入案例：电动冷藏车配送案例。澳柯玛电动环保冷藏车购买、运营及保养成本都比一般冷藏车低，除此之外在节能减排环保的大趋势下，电动冷藏车是完美解决冷链物流问题和保护环境的最佳方案，将绿色低碳发展融入教学，引导学生树立人与自然和谐共生观念，自觉践行节约能源资源、保护生态环境各项要求，提升学生对实现碳达峰碳中和战略目标重要性的认识
冷链配送中心的规划与建设	配送中心规划的原则	爱岗敬业是企业员工最基本的职业素养，常被企业列为各项职业道德规范之首。在冷链物流配送中心进出货管理任务中，将爱岗敬业职业素养与配送中心作业结合起来，使爱岗敬业的职业素养具体化，用案例"配送中心仓管员很忙，仓库却很乱"引导学生讨论"什么是敬业爱岗的职业素养？敬业爱岗的标准有哪些?"，培养学生科学、严谨的工作态度，树立认真负责、精益求精的敬业精神

续表

课程内容	课程思政元素切入点	课程思政教学实现方式
冷链物流代理与网点布局	第三方物流	通过对企业宏观环境的分析，让学生体会到国家战略和时代精神，通过分析我国冷链物流业的发展现状及未来预期，让学生感受我国在全球经济发展中的重要地位，增强民族自豪感
专业冷链物流管理	农产品冷链物流管理食品冷链物流管理	党中央高度重视农产品仓储保鲜冷链物流设施建设，2019 年 7 月 30 日中央政治局会议明确提出实施城乡冷链物流设施建设工程。2020 年中央一号文件要求，国家支持家庭农场、农民合作社建设产地分拣包装、冷藏保鲜、仓储运输、初加工等设施。通过国家对农产品冷链物流发展的支持，让学生认识到冷链物流发展对食品安全的重要意义
冷链物流项目运作管理	批发市场冷链物流管理	有些批发市场是以传统经商习惯和经商人才优势为依托形成的，在唐明清时期就有经商传统，形成了区域性的商人群体，如晋商。晋商在中国历史上写下了灿烂辉煌的一笔，"凡麻雀所到之处，皆有晋人商贾"，通过对晋商发展史的讲解，引导学生培养敬业、创新、艰苦奋斗的精神品质，增进学生对中华民族文化的认同感
冷链物流园区规划、建设与管理	经济发展对冷链物流园区规划、建设和发展的影响	改革开放以来，我国经济快速发展，居民生活水平不断提高，对食品新鲜度和质量安全提出了更高的要求，这是冷链物流快速发展的需求拉动。让学生重温改革开放的历史，使同学们深刻了解党和国家在改革开放时期的奋斗历程，明白改革开放的伟大意义和历史启示，认识到创新精神的重要作用，理解中国共产党坚持走中国特色社会主义道路的决心

教学效果与反思：

1. 课程思政教学效果检验方式

一是通过课堂互动，了解学生对专业课知识及课程思政内容的理解情况。二是设置相关主题讨论环节，检验学生学习课程思政的效果。

2. 教学反思与改进

一是根据学生课程专业的具体情况调整课程思政内容，使课程的思政设计更贴近学生所学专业；二是课程思政内容应及时更新，融入最新的思政元素。

《供应链管理》课程思政教学设计

杨　杰

课程名称：《供应链管理》

任课教师： 杨杰

课程内容：《供应链管理》是一门以管理学、物流管理学和企业运营管理等为理论基础，以数理统计学方法、运筹学方法、计算机信息处理等为手段，研究当前全球经济一体化环境下企业的物流、信息流和资金流的集成与管理的学科，其核心意义在于如何使企业与合作伙伴在供应链运作上实现协同性，实现供应链合作伙伴的资源共享，并协调支持供应链所有企业的协同运作，从而取得整体最优的绩效水平，达到提高供应链整体竞争力的目的。课程从供应链管理基本知识、供应链系统设计、供应链运作管理和供应链绩效评价四个模块出发，培养学生综合运用所学理论知识处理实际供应链管理问题的能力，使学生初步具备供应链管理师的能力和素养。

课程思政目标： 通过本课程学习，引导学生产生民族自豪感与归属感，提高学生文化自信和国家认同感；强化学生勤俭节约、为社会服务以及预防风险的意识；培养学生具备数字化职业素养，增强学生统筹规划、沟通表达、团队合作的实践能力；培养学生绿色和谐、可持续发展、助力美丽中国建设的价值理念。

《供应链管理》课程思政教学设计如表 1 所示。

表 1 《供应链管理》课程思政教学设计

课程内容	课程思政元素切入点	课程思政教学实现方式
供应链管理概述	需求变异放大效应；供应链管理特征；供应链竞争优势	（1）利用仿真实验的教学方式，实验中，消费者需求会有小幅变动，而通过整个系统的加乘作用会产生牛鞭效应。学生通过实操和总结，可以深层次体会全局观念、系统化思维、构建战略合作关系的重要性，同时强化沟通能力，掌握辩证思维方法，弘扬中华民族传统美德。通过项目实操，培养学生实践能力，加强爱岗敬业、诚实守信、服务客户、加强沟通的职业道德素养，自觉践行物流行业的职业精神和职业规范。 （2）通过总结拓展，将供应链成员企业的合作共赢、风险共担与利益共享、以客户为中心等核心理念与中华传统美德有机融合，培养学生重视整体利益、建立合作伙伴关系等中华传统美德。 （3）通过讲授供应链的竞争优势、供应链管理面临的挑战，向学生强调近年来我国的物流进步，以京东为例讲授我国物流行业的发展。让学生产生自豪感与归属感，培养学生的家国情怀
供应链战略选择与设计	供应链战略匹配	以菜鸟智慧物流峰会相关主题报告导入，引导学生了解智慧社会的时代背景，深刻理解国家数字化战略及数字化供应链战略的重要性，培养学生具备数字化职业素养，建立为社会服务的奉献意识，增强学生民族责任感和家国情怀。从供应链战略与国家战略相结合出发，结合"四个自信"的内容让学生认识到国家的富强，重点介绍文化自信，督促学生认真学习我国的传统文化，并将其发扬光大
供应链物流网络设计	供应链设施布局优化	在讲解设施开工成本优化时，融入节俭意识，树立成本最低的经营理念，使学生形成节俭的习惯思维，保持"敬业、精益、专注"的品质。在讲解设施布局时，与学生分享展现我国基建实力强大的案例
供应物流网络设计	供应商评价	通过格林美掘金城市矿山案例的分析学习，引导学生在掌握绿色供应链特征、评价指标体系等知识点的基础上，在日常的学习生活中自觉积极践行绿色循环实践，推行清洁生产理念，助力美丽中国建设。结合案例，讲解绿色供应链的含义及评价指标，引导学生正确处理资源、环境、发展之间的关系，培养学生绿色和谐、可持续发展、助力美丽中国建设的价值理念

续表

课程内容	课程思政元素切入点	课程思政教学实现方式
供应链综合计划	供应链需求预测	介绍需求预测分析等知识点，结合新冠肺炎疫情期间，武汉面对突如其来骤增的物流需求，有条不紊地应对，引导学生产生民族自豪感与归属感，培养学生的家国情怀。加强学生对"凡事预则立，不预则废"的理解。"凡事预则立，不预则废"反映了管理的"计划"职能。做任何事情，事前有准备才有可能成功。说话先有准备，就不会辞穷理屈站不住脚；行事前计划先有定夺，才不会有重大失误。哲学上反映的便是因果关系
供应链库存管理	库存管理方法	主要讲述库存管理与控制的基本原理和方法，结合新冠肺炎疫情中出现的库存管理问题，引导学生进行头脑风暴，通过剖析引导学生正确认识库存管理需要考虑的因素以及如何有效地进行库存管理，并阐明在共产主义信仰和道德信仰的激励下，中国人民取得了这场特殊战役的胜利。结合供给侧结构性改革中的去产能、去库存、降成本等新热点，阐述国家中长期经济发展战略目标，使学生深刻理解库存管理与控制对于国家战略实施的重要性。通过理论教学，达到教书育人、思想引导、传播主流价值观的教育目标，强化学生的政治方向，树立以专业知识服务国家战略的理想信念
供应链采购管理	采购数量决策	讲解采购数量决策时，引入万物皆平衡，得意时勿忘形、失意时勿弃志等思想。月满则亏，水满则溢；花满则衰，爱满则痴。库存过多会占用大量资金，库存过少会造成服务水平下降，生活中也是如此
供应链配送管理	运输概念；绿色运输	(1) 企业储存产品、配送到消费者手中必须严格把好质量关，做到产品全程监控，严控质量等与诚信相融入；云仓与"科技创新""科技强国"等相融入；树立严格遵守交通运输法律法规的自律性；了解运输对社会环境造成的负面影响，树立绿色运输意识，践行绿色运输。 (2) 讲好中国故事，通过我国古代物流发展的案例，提高学生对民族的认同感，提高民族自信、文化自信

续表

课程内容	课程思政元素切入点	课程思政教学实现方式
供应链绩效评价	供应链优化	全球供应链面临新的挑战，如何破局，提高供应链结构韧性，是后疫情时代企业共同面临的问题。同时，面对世界的不确定性，我们在直面其所带来的风险的同时，更要意识到主体间协调合作的重要性，应具备良好的团队合作精神。由此引导学生理解上下游节点企业协调关系的重要性，强化学生预防风险意识、团队合作意识，培养学生的团队合作精神

教学效果与反思：

1. 课程思政教学效果的检验方式

本课程通过课堂表现和平时作业检验课程思政教学效果。课堂表现的检验方式包括：一是参与讨论和互动。鼓励学生积极参与课堂讨论和互动，发表自己的观点和见解，并展开有意义的思想交流，通过观察学生回答问题的流畅与精练程度、回答的积极性来进行评估。二是小组讨论和合作项目。通过小组讨论和合作项目，评估学生在团队中的合作能力和思政素养，包括团队合作意识、分工合作、互相尊重和协作等方面。平时作业则主要是通过课后完成"学习通"上任务的积极性、提交率和正确率进行检验。

2. 教学反思与改进

通过教学效果的反馈，有针对性地调整课程思政的教学方法、教学内容和设计，找准课程思政元素切入点，强化思政案例的有效性。在教学内容方面，反思所选取的教学内容是否符合学生的实际需求和思政教育的核心目标。根据学生的反馈和评价，及时调整和更新教学内容，确保内容的针对性和吸引力。在教学方法方面，反思所采用的教学方法是否能够激发学生的积极性。尝试不同的教学方法和策略，包括案例讨论、角色扮演等，以提高学生的思辨能力和应用能力。在学生参与度方面，反思学生在课堂上的参与度和互动程度。采用鼓励性、引导性的教学方式，提高学生的主动参与和表达意愿，激发学生的思考和讨论。在课程设计方面，反思整个课程的设计和安排，确保思政教育内容的渗透性和连贯性，合理安排教学活动的顺序和步骤，避免重复或过于密集的内容。

《企业管理》课程思政教学设计

李燕红

课程名称：《企业管理》

任课教师：李燕红

课程内容：企业管理就是对企业的生产经营进行组织、计划、指挥、监督和调节等一系列活动的总称。现代企业管理是一门应用性、综合性的学科，也就是说，它不是基础理论学科，而是指导管理实践的应用学科；它也不只限于某一领域、某一学科，而是涉及企业战略、生产、人力、物资等多个领域，综合运用经济科学、自然科学以及社会学、心理学、哲学等社会科学的成果而形成的多学科交叉的综合性学科。现代企业管理的内容覆盖了企业发展过程中的全部工作内容，包括战略管理、生产管理、财务管理、市场营销、人力资源管理、物流管理、企业文化建设等。本课程启发和引导学生在学习中理论联系实际，升华知识为能力，给学生以企业管理理论与实践的全貌，有助于学生综合素质的提高。该课程的教学方法主要是案例讨论、课堂专题讨论发言和作业练习等。

课程思政目标：将思想价值引领贯穿于《企业管理》教学过程之中，借思想政治教育深化教学内涵，提升教学效果。确定在《企业管理》的教学中实现如下课程思政目标：一是运用好习近平新时代中国特色社会主义思想，培养能坚持正确政治方向的企业管理人员，培育"心术正"的管理人才。二是加深对中华文化博大精深的哲学理念，并形成了别具一格的民族风格和气派的认识，可以激发学生的民族自豪感和自信心。三是加强案例教学，大力弘扬企业家精神，把我国优秀的企业、爱国企业家典范，以及爱国企业家精神引入课堂案例教学，把爱国情怀融入课程案例教学中，鼓励大学生向爱国企业家学习，用企业家榜样的力量感染鼓舞他们，促使他们自觉践行社会主义核心价值观，做爱国护国、爱岗敬业、吃苦耐劳、勇于担当的新时代大学生。四是努力培养大学生"工匠精神"。企业是科技创新的主体，而科技创新迫切需要"工匠精神"，通过开展企业管理课程思政教学，充分发挥好课程教育优势，在企业管理课程课堂教学过程中融入工匠精神教育，努力培养大学生爱岗敬业、甘于奉献、淡泊名利、精益求精的工匠精神，为国家发展培养更多工匠人才。

《企业管理》课程思政教学设计如表 1 所示。

表 1　　　　　　　《企业管理》课程思政教学设计

课程内容	课程思政元素切入点	课程思政教学实现方式
现代企业管理概述	管理学发展史、企业的特征	课堂中使用"摩登时代"电影视频为引导，了解"泰勒制"在大机器生产过程中对提高劳动生产率的作用，并引导学生对"泰勒制"进行辩证思考。引导和培养学生的全局意识和责任意识，树立崇尚真理、有问题意识、辩证分析问题的价值观
企业管理职能	企业管理的概念与职能	通过传授企业管理中的计划、组织、领导、控制等理论知识，结合国家建设和民族复兴的时代背景，使学生深入理解中国传统文化以及中国共产党治国理政蕴含的科学管理思想，激发学生的使命感和责任心，增强学生的家国情怀和责任感
企业战略管理	企业战略管理的含义、内容及过程	(1) 企业的发展根植于国家，企业战略组织、控制实施、评估全过程均受到国际、国内环境的影响，在一个动态的、复杂的环境中进行。 (2) 作为现代企业管理者，必须了解各国国情，具有大局意识、前瞻意识才能做出科学的战略决策。 (3) 利益相关者分析，切入企业利益相关者的责任，增强学生团队意识

续表

课程内容	课程思政元素切入点	课程思政教学实现方式
企业管理制度与企业文化	企业文化内涵、特征	（1）展现思想政治教育对企业文化建设的重要性。通过让学生了解典型企业文化建设，如阿里巴巴、华为、海尔、万科的企业文化建设，分析思想政治教育如何在企业文化建设中起作用。 （2）探讨如何在企业的文化建设中，开展企业的思想政治教育。第一，借鉴和吸收传统的中国道德文化，如忠诚、礼让谦和、以和为贵等，在企业文化建设时，不能背离中华优秀传统文化。第二，领导重视企业的思想政治教育，并带头实践。企业领导就是企业文化的实践者和榜样，领导人要利用自己的"言传"和"身教"，表里如一，提高自己的思想政治水平，将企业的思想政治教育和企业文化建设有机结合起来。第三，借助企业文化建设，也可以拓宽思想政治教育的工作领域、丰富思想政治教育的工作手段和内容。优秀的企业文化一旦形成，企业会产生强大的软性竞争力，企业的凝聚力也会增强，这时思想政治教育可以借鉴企业文化的物化手段，将思想政治教育融入企业形式多样的文化活动之中，在员工享受文化活动乐趣的同时，使其思想观念、道德水平、行为方式等得到提高，发挥出思想政治教育"润物细无声"的渗透教育作用
企业生产运作管理	生产运作系统；生产运作管理的目标和基本内容；生产计划与企业资源计划	（1）明确"制造强国""质量强国"战略的重要意义，了解"转型升级""制造业与服务业融合"等重大国家政策。以新冠肺炎疫情暴发初期口罩供求短缺为切入点，分析需求预测管理的意义，强调长远谋划和应急管理的重要性。 （2）"凡事预则立，不预则废"，树立规划意识，关注个人发展目标设定、职业生涯规划、日常工作计划制订与实施、时间管理能力的培养
企业质量管理	质量概念；质量管理概念及基本内容；全面质量管理概念、特点、工作原则、工作方式	认识"质量强国"战略实施的重要性、紧迫性，以"大国工匠"系列视频为导入，解读"工匠精神"的楷模榜样精神，增强爱岗敬业、奉献精神、主动作为的意识，培养责任感

课程内容	课程思政元素切入点	课程思政教学实现方式
企业人力资源管理（HR）	人力资源含义与特征；企业人力资源管理的内容	由腾讯、阿里巴巴等知名企业战略与人力资源策略的引领、适配看不忘初心、牢记使命。案例对比：针对《阿里巴巴HR》《腾讯HR》两个案例，基于公司战略视角分析两家公司HR的发展历程、使命和工作职能，进一步反映出企业战略驱动人力资源管理战略和措施。引导学生思考：企业人力资源管理实践体现出战略驱动、系统思维等特点，与"不忘初心、牢记使命"异曲同工，中国共产党人的初心和使命，就是为中国人民谋幸福，为中华民族谋复兴
企业物流管理	物流的概念、作用与价值；物流管理的内容	针对课程内容用案例讲授理论知识点，从而激发学生的学习兴趣，把学生吸引到课堂中。由案例中蕴含的家国情怀、民族自信心、责任和担当、自信、自强等思政元素，引导学生思考和反思。讲授物流的概念、作用与价值时，结合国家商品经济发展的政策和历史、现状，结合中美贸易摩擦的时事，解释中国之所以毫无畏惧，在于完整的工业体系和全球供应链基础提供的底气，增强学生对国家发展进步的信心，坚定"四个自信"；同时引入相关案例
现代企业创新与国际化	企业创新的性质和含义、企业创新的基本内容	通过讲授、提问、视频观看、案例与讨论等教学方法，使学生能够掌握市场定位的基本概念、基本方法、基本步骤和基本策略。通过瓜子二手车的案例讨论让学生了解瓜子二手车的市场定位，看到创新思维如何使企业绝处逢生，强调创新定位的重要性

教学效果与反思：

1. 课程思政教学效果的检验方式

一是通过课堂教学过程检验，即通过课堂的提问和讨论发现学生在学习企业管理专业知识的同时，对相应的课程思政的内容的理解情况。二是通过"学习通"等网络学习手段发布相关选择题、判断题，来检验学生对课程思政学习的效果。三是通过设计考试试题时，设立个别兼有专业内容和课程思政内容的考题，来检验学生学习课程思政的效果。

2. 教学反思与改进

一是根据学生对课程思政的反馈情况，适时调整课程思政的切入点和案例，加强课程思政的针对性和有效性。二是根据学生的学情和社会上青年学生的关注点，适时调整课程思政的内容，以此形成课程思政的闭环。

《管理统计学》课程思政教学设计

刘敬伟　杨　娇

课程名称:《管理统计学》

任课教师: 刘敬伟、杨娇

课程内容:《管理统计学》是为非统计学专业本科生开设的一门必修课,教学内容主要包括数据与统计软件、数据的描述性分析、统计推断的基本理论与方法、类别数据分析、方差分析、回归分析、时间序列预测等。

课程思政目标: 统计学既是方法课,也是应用课,思政建设的侧重点应放在应用层面。将统计方法的应用与中国实际问题相联系,紧密结合中国社会建设的成就讲授统计方法的应用是思政建设的核心主题。具体应从以下几个方面入手。

(1) 树立正确的统计价值观,将统计应用与中国特色社会主义建设的理论和实践相结合。

统计学是一门应用性很强的学科。在内容讲授过程中,应注意对学生正确统计理念的塑造,这就需要将思政建设的内容与课程内容和知识传授的理念相结合,其中的关键是授课教师应加强自身的政治素养,通过知识传授将正确的价值观传递给学生,引导学生科学合理地应用统计学知识解决实际问题。

(2) 树立正确的统计理念,将统计方法与实事求是的理念相结合。

统计学课程的内容涵盖数据收集、处理、分析进而得出结论。要树立正确的统计理念,就应始终本着实事求是的态度,要实事求是地收集数据，避免弄虚作假。在数据分析中应科学合理地使用统计方法，避免主观臆断。在对数据分析结果的解释和结论陈述中，应保持客观公正、表里如一，避免为一己私利而违背科学和实事求是的理念。

（3）牢记统计服务于社会的使命，将统计应用与为人民服务的宗旨相结合。

统计学作为一门通识课，学生学习的主要目的是应用统计方法解决实际问题。在课程内容的讲授过程中，应牢记统计服务于社会、服务于生活、服务于管理、服务于科学研究的使命。鼓励学生将统计方法应用于分析和研究有中国特色的社会主义建设成就、应用于反映人民生活水平变化、应用于反映社会主义制度的优越性上。

《管理统计学》课程思政教学设计如表 1 所示。

表 1　　　　《管理统计学》课程思政教学设计

课程内容	课程思政元素切入点	课程思政教学实现方式
数据与统计学	统计学的含义及应用领域；变量、数据及类型；数据的来源；SPSS 及其他条件软件简介	强调统计学作为一种数据分析方法在反映我国社会主义建设成就中的作用。结合实际问题讲授统计中的基本概念
数据的描述性分析：图表展示	类别数据频数分布表的生成；类别数据的图示方法；SPSS 实现；数值数据的分组与频数分布表的生成；数值数据的图示方法；SPSS 实现	结合各类统计用图表展示我国宏观经济数据，展示科学研究成果和人民生活的变化，展示中国特色社会主义建设的成就
数据的描述性分析：概括性度量	描述数据水平、差异和分布形状的统计量；SPSS 实现	结合宏观经济和社会数据，根据各统计量的特点和应用条件讲授描述分析中应注意的问题。比如，反映居民收入水平应该用平均数还是用中位数，等等

课程内容	课程思政元素切入点	课程思政教学实现方式
随机变量的概率分布	常用的概率分布；数据的正态性评估；样本统计量的分布；SPSS 函数的实现	利用概率分布知识，结合实际问题讲授概率在社会科学和自然科学领域的应用。结合随机事件概念讲授中国社会发展并走向强大的必然性。结合中心极限定理，讲授坚持党的领导和走中国特色社会主义道路的必然性
参数估计	参数估计的原理与方法；评价估计量的标准；总体均值的估计；总体比例的估计；总体方差的估计；SPSS 实现	区间估计是给结论留有余地，这是统计结论的不确定性。利用区间估计的思想研究社会经济问题时，应考虑到其复杂性，不应盲目下结论。在偶然性中寻找必然性
假设检验	假设检验的原理与方法；总体分布的检验；SPSS 和 Excel 实现；假设检验的原理与方法；SPSS 实现	强调假设检验方法与实际问题的结合。针对具体问题提出合理的假设，并对决策结果做出合理解释，避免主观或乱用 p 值，应将 p 值的使用与树立正确的价值观相结合
类别变量分析	拟合优度检验和独立性检验；相关性度量；SPSS 实现	类别变量分析在社会学和市场研究中有广泛应用。用实例说明列联表分析在中国经济建设和社会发展中的应用，诸如国家经济和社会政策对促进全面建成小康社会的作用（关联性分析）等
方差分析	方差分析的思想与原理；单因子方差分析；多重比较；SPSS 实现；双因子方差分析及其应用；实验设计的基本知识；SPSS 实现	方差分析在医药、医学、农业试验等多个领域都有广泛应用。引导学生利用方差分析方法思考其在公共政策、经济与社会管理领域的应用
一元线性回归、多元线性回归	变量间关系的分析；一元线性回归建模；SPSS 实现；多元线性回归建模；模型诊断；SPSS 实现	回归分析是根据变量间关系建模的统计方法。利用宏观经济和社会数据说明回归分析的具体应用，阐述回归分析在国家经济和社会政策制定中的作用

续表

课程内容	课程思政元素切入点	课程思政教学实现方式
时间序列预测	时间序列的成分和预测方法；平滑法预测；趋势和多成分序列的预测方法；SPSS 实现	时间序列是社会经济数据的常见形式。讲授本章内容时应重点结合我国的宏观经济和社会数据、企业经营管理数据讲授时间序列预测方法的具体应用。尤其要要求学生选择反映中国特色社会主义建设成就的数据进行分析

教学效果与反思："课程思政"是"课程承载思政""思政融入课程"的教学理念，教师在专业课课堂教学的过程中，在教授学生知识技能的同时，对学生进行思想政治教育，在知识点中"植入"思政元素，引导学生树立正确的世界观、人生观、价值观。就《管理统计学》课程而言，就是将思政元素融入课堂教学和课程改革的各个环节、各个方面，贯穿教学全过程，达到立德树人"润物细无声"的效果。

专业课程的思政教学不能简单说教，课程专业知识要与理论前沿和实践发展同步，持续更新新形势、新观点、新材料，丰富充实教学内容，不断引入新观点、新思维与新方法，引导学生从不同角度进行思考，在形成学生的统计思维、提高其统计素养的同时，提高学生的思想道德素养、科学思维认知和实践能力。

《中国白酒知名品牌营销案例分析》
课程思政教学设计

罗 君

课程名称：《中国白酒知名品牌营销案例分析》

任课教师：罗君

课程内容：《中国白酒知名品牌营销案例分析》是一门建立在市场营销学、白酒营销学、管理学、消费者行为学等课程基础上的综合性实践应用课程，具有应用性、综合性和发展性的特点。在具备市场营销相关理论知识储备后，将营销理论应用于白酒行业，能准确分析该行业的行业状况、竞争格局、企业定位、运作模式、营销特点，能对行业未来发展有准确的预测与判断。本课程以白酒营销学为理论核心，在白酒行业的实践应用上，结合网络时代营销理论与实践的新变化，注重学习白酒营销的新观念、新技术、新方法以及销售技巧，为企业培养高素质应用型营销人员。

课程思政目标：要在课程教学中坚持以马克思主义为指导，引导学生热爱祖国，拥护中国共产党领导，愿为社会主义现代化建设服务，为人民服务。培养学生具有良好的职业道德、强烈的爱国敬业精神、社会责任感和丰富的人文科学素养，增强为人民服务的本领，践行全心全意为人民服务的宗旨。了解白酒企业营销相关政策、法律和法规，具有良好的质量、环境、职业健康、安全和服务意识，能够在白酒企业营销实践中理解并遵守营销职业道德和规范，履行责任，爱岗敬业。

《中国白酒知名品牌营销案例分析》课程思政教学设计如表1所示。

表 1　《中国白酒知名品牌营销案例分析》课程思政教学设计

课程内容	课程思政元素切入点	课程思政教学实现方法
洋河的营销环境分析	洋河企业发展历程	环境影响着企业生存及发展，一个有利的、健康的宏微观环境能让企业发展迅速。大环境的构成复杂，正是在中国共产党的坚强领导下，才有了适合企业发展的良好环境。不忘初心、牢记使命，营造更好的营商环境
江小白的 STP 策略分析	江小白市场细分策略	社会责任感的营销要求企业对目标市场的选择必须既考虑公司的利益，又考虑目标顾客的利益，不能不公正地以易受影响的儿童、学生等为目标，推出有损他们利益的产品或营销策略
贵州茅台的竞争战略分析	茅台品牌营销策略	我国自主品牌的发展、改革开放的成果、大国的崛起，须弘扬塑造符合社会主义核心价值观的品牌
五大白酒企业产品策略分析	白酒产业发展	产品的设计始终强调的"以人为本"的思维模式与思政中"为人民服务"的价值导向高度统一。产品必须拥有相应的文化内涵，与增强文化自信相融合
汾酒及剑南春的定价策略分析	剑南春定价策略	企业不能随心所欲地定价，必须遵守相关法律法规，并保证定价的公平与合理，保护消费者利益并维持市场的公平竞争，诚信经营，注重职业精神和营销道德
白酒企业营销渠道创新策略	渠道冲突、渠道沟通	保护消费者利益和允许公平合理的竞争，是正确渠道设计决策的前提条件，引入职业道德、公平竞争等
秦池及孔府宴酒促销策略分析	秦池虚假宣传案例	产品促销须遵守国家法律法规，传播正能量，传递正确价值观，自觉恪守职业道德、积极履行社会责任
国窖 1573、水井坊的文化营销策略分析	白酒文化	中华文化源远流长，有着其独特的价值体系，白酒文化是中华文化中的一支分支，传统文化有利于学生树立正确的人生观、价值观

续表

课程内容	课程思政元素切入点	课程思政教学实现方法
白酒营销新发展	白酒行业发展趋势	不管是企业的发展还是行业的发展，都离不开国家的支持以及中国共产党的正确领导。感受改革开放成果，了解和掌握白酒行业发展动态，强化责任担当

教学效果与反思：

1. 课程思政教学效果的检验方式

一是课堂讨论和互动：评估学生在课堂上的积极参与程度，包括提问、回答问题、与同学互动，这可以检验学生是否对思政内容感兴趣，是否愿意表达自己的看法。二是通过"学习通"等网络学习手段发布相关选择题、判断题，来检验学生对课程思政学习的效果。三是设计考试试题时，设立个别兼有专业内容和课程思政内容的考题，来检验学生学习课程思政的效果。

2. 教学反思与改进

该门课程是纯案例分析课程，无相关教材，所涉及的对企业或品牌的分析较为深入，应用性强。在培养学生的专业知识和专业技能上，必须尽可能考虑学生的全面素质培养。"课程思政"教学改革是一种培养学生专业素养的有效方法，通过思政元素的融入，培养当代大学生树立好的思想品德，形成正确的人生观、价值观。

《仓储与配送管理》课程思政教学设计

谢 曼

课程名称:《仓储与配送管理》

任课教师: 谢曼

课程内容:《仓储与配送管理》是物流管理、物流工程本科专业主干课,是培养学生物流运作和管理能力的重要课程。该课程以仓储、配送两个重要的物流活动为研究对象,阐述了仓储与配送管理概述、仓储与配送系统规划、仓储与配送设备、仓储作业管理、配送作业管理、库存管理及仓配一体化等内容。通过该课程的学习,能让学生掌握物流基本运作的知识,认识到物流企业最基本的物流活动、组织架构和岗位设置,为学生实践、实习和职业规划做好思想铺垫。

课程思政目标: 激发学生家国情怀,提升其职业使命感和责任感;培养学生自主学习能力和团队合作精神;立足中国故事,开阔学生国际视野,增强民族自豪感和责任担当,培养学生思辨能力、科学素养和创新精神,弘扬艰苦奋斗精神和法治精神;立足物流案例和作业场景弘扬工匠精神并加强劳动安全教育;训练学生科学思维、优化思维和系统化思维,培养忧患意识和节约意识,提升学生职业素养和实践应用能力,弘扬社会主义核心价值观。

《仓储与配送管理》课程思政教学设计如表1所示。

表1　　　　　**《仓储与配送管理》课程思政教学设计**

课程内容	课程思政元素切入点	课程思政教学实现方式
仓储与配送管理概述	中国仓储与配送的发展现状	根据中国物流技术协会发布的仓储报告数据来分析中国仓储业的发展现状，让学生了解到中国目前仓储业还存在标准化程度低、高端人才匮乏、发展不均衡、管理水平参差不齐、转型升级需求迫切等问题，激发学生家国情怀，鼓励学生好好学习专业知识，提升专业素养、职业使命感和责任感，引导其成为一名合格的仓储业管理人才，未来为祖国仓储事业的发展贡献力量。 通过布置分组调研任务，让学生调研中国快递配送行业的现状，学生通过分工协作完成任务并在课上分享成果，有利于培养其自主学习能力，培养团队合作精神
仓储与配送系统规划	仓库规划、仓库选址	引入"日本物流园区规划建设对中国的启示"案例，让学生了解日本物流园区建设对日本经济发展和综合国力提升的重要作用，从而引导学生思考并了解日本物流园区建设对中国的启示，认识到我国在物流园区建设过程中参照日本经验，加强政策引导和调控，从国家安全的高度认真规划、制定我国现代物流体系的基本框架，并实现了物流产业和物流园区建设的快速发展和飞跃。通过案例分析，不仅能让学生了解行业相关发展现状和政策制度，还能培养学生"批判性思维"，让学生认识到中国在物流产业发展中政府、各行各业从业者的努力与奋斗精神，激发学生民族自豪感和责任担当。 选址需要考虑各种要求和影响因素，需要对成本、自然环境、政策法规等进行综合考虑，并借助科学的评价方法进行分析，在讲解选址规划时可融入"科学素养、法治精神"等思政内容

课程内容	课程思政元素切入点	课程思政教学实现方式
仓储与配送设备	自动化立体仓储、分拣系统、劳动防护设备	讲解自动化立体仓库时，播放央视"大国重器"栏目视频：京东自主研发无人的智慧物流技术；我国"货到人"拣选技术，走出国门，走进马来西亚。通过视频展示目前中国高水平自动化立体仓库中用到的物流技术和智能设备，弘扬文化自信，激发学生爱国情怀，鼓励学生在学习和未来的工作中发挥创新精神。 在讲解仓库劳动防护设备时，先介绍劳动防护设备的类型，重点强调各种防护设备的作用和对保障库场安全的作用，并引入相关的国家标准和劳动防护安全要求知识，加强对学生的法治教育、劳动教育和安全教育
仓储作业管理	各项仓储作业的流程和注意事项	入库、存储、盘点、流通加工、出库等仓储作业的各个环节都需要仓储人员具有严谨、仔细、一丝不苟的工匠精神，遵循作业规范和相关安全制度，具有良好的职业道德和物流人的责任感。 通过"大国工匠"案例：宁波舟山港桥吊司机、全国劳动模范竺士杰，从一名普通的桥吊司机到独创高效率桥吊操作法的技术能手物流行业的工匠精神视频；"生命摆渡人"的最美快递小哥汪勇案例等，向学生传达物流从业者爱岗敬业、精益求精的工匠精神、吃苦耐劳的优秀品质和良好的职业素养与责任感
配送作业管理	配送计划的编制、配送路线规划	在讲解配送计划编制时，给学生讲解运输问题其实就是求解最优解，在讲解这个方法时融入系统化思维、优化思维思政元素。 对于配送路线规划的"节约法"，先讲解节约法的原理，强调"节约意识"，再引入相关案例，带领学生一步步通过该方法求出成本最节约的路线，最后升华总结：资源是稀缺的，配送资源需要节约使用、合理安排，通过科学的方法能够实现以最低的成本完成配送目标

续表

课程内容	课程思政元素切入点	课程思政教学实现方式
库存管理	库存管理的作用、库存需求预测与库存控制	引入仁怀当地酒企的库存管理案例，让学生了解酒企库存管理的问题和弊端，从而思考如何应用科学的预测方法和控制策略以改善库存管理现状，激发学生学习兴趣，培养学生实践应用能力。 需求预测方法和库存控制策略的应用都需要学生具备严谨认真的科学态度、求真务实的良好素养，以及积极的探索和创新精神，才能保证库存数据的准确性和全面性，分析过程的客观与严谨，真正做好库存需求管理和库存控制管理
仓配一体化	仓配一体化服务组织形式	中国仓储与配送协会自2014年以来，重点围绕全国性大型仓储资源与网络化服务的交易、城市共同配送与担保品管理、中药材仓储管理，先后建立4个全国性的SaaS管理平台。通过案例分析，让学生认识到仓储公共平台的建设对于促进仓储产业转型升级、提高城市配送程度、保障存货融资安全、使人民吃上"放心药"都具有重大的意义。因而引导学生思考专业发展与国家经济发展、民生发展、社会保障的关系，引导学生树立正确的三观，并立志未来为国家发展、产业发展作出贡献。 引入"菜鸟保税仓"案例，展示菜鸟保税仓是如何成为全球商家的中国首选仓并秒级通关领先全球的。通过案例开阔学生国际视野，增强民族自豪感

教学效果与反思：

1. 课程思政教学效果的检验方式

一是通过课堂表现检验，即通过课堂的问答和讨论的情况，来发现学生在学习现代物流学专业知识的同时，对相应的课程思政内容的理解情况。二是通过课后作业检验，在作业题目中设置主观性的素养题目，检验学生的思政素养。三是通过期末考核检验，设立个别综合题，既考核学生对专业知识的掌握情况，又考核其思政素养（比如家国情怀）。

2. 教学反思与改进

首先，教师应该更深刻地挖掘课程内容思政元素，寻找合适的案例素材，以案例教学、情景教学、互动教学的形式来提升思政教学效果，同时提升学生学习兴趣。其次，在授课时适时引入时事政策，通过新闻、新出台的行业相关政策法规来激发学生兴趣，实现思政元素的内涵式融入。最后，应该以学生为中心，采取项目式教学、任务式教学、翻转课堂等多种教学方法，并充分利用 MOOC、"学习通"等网络教学资源和手段，逐步提升《仓储与配送管理》课程的思政教学效果，促进专业课程与思政课程同向同行。

《新媒体营销》课程思政教学设计

王雯

课程名称：《新媒体营销》

任课教师： 王雯

课程内容：《新媒体营销》是研究和解决新媒体营销理论与实务问题的一门课程，是市场营销专业的一门专业选修课。通过本课程学习，让学生了解并掌握新媒体营销的基本知识、最新发展状况以及相关原理，从概述到门户网站营销、社群营销、B 站营销、微博营销、微信营销、短视频营销及直播营销等新媒体营销的概念、特征、主要载体展开讲解，并结合案例分析，使学生能够接触到业界前沿的最新成果。课程教学坚持理论与实践相结合的原则，突出新媒体营销应用实践，让学生基本了解和掌握新媒体营销领域的新知识、新技术、新方法。

课程思政目标： 通过本课程教学，应使学生获得以下情怀意识的提升：一是引导学生厚植家国情怀，学习优秀的中华民族传统文化、品牌文化和企业文化，宣传积极向上的流行时代风尚和生活方式。二是引导学生提升法律素养，做到知法、懂法、学法、用法、守法。三是引导学生践行社会主义核心价值观，使其具备良好的社会责任感。四是从新媒体营销案例层面，引导学生树立正确的商业价值观和奋斗观，脚踏实地、不懈努力，才能获取幸福生活。五是从营销方法层面培养和发展学生的科学探索精神。六是通过理论和案例讲解使学生树立正确的技术道德观，提升学生媒介素养。

《新媒体营销》课程思政教学设计如表 1 所示。

表1 《新媒体营销》课程思政教学设计

课程内容	课程思政元素切入点	课程思政教学实现方式
新媒体营销概述	（1）新媒体概念、特点和发展； （2）人类传播活动的发展阶段； （3）技术道德论	（1）通过讲解新媒体的概念、特点、发展及应用，让学生更深入地了解新媒体相关理论和案例，强化学生的法律意识，培养学生爱国、敬业、诚信的社会主义核心价值观。 （2）人类传播活动经历了以下几个发展阶段：口语传播—文字传播—印刷传播—电子传播，这个历史进程并不是各种媒介依次取代的过程，而是一个依次叠加的进程。很多事物都是从量变到质变，从而推陈出新，发展到一个崭新的阶段，个人的学习也是如此，从基础学起，不断成长和积累，最终形成自身的思维方式和知识体系。 （3）通过介绍技术"善"论、技术"恶"论和技术"中性"论，引导学生树立正确的技术道德观，提升文化修养和媒介素养，科学合理利用各种媒体技术，为个人成长和社会发展作出正向贡献
新媒体资源平台营销	（1）网站营销理论讲解和案例分析； （2）社群营销； （3）B站营销	（1）通过网站营销理论讲解和案例分析，引导学生树立正确的商业价值观，在互联网时代，谁掌握了信息入口，谁就要相应地担起责任，公共性和公益性是第一属性。平台越大，责任越大。 （2）社群营销是基于相同或相似的兴趣爱好，通过产品或服务满足群体需求而产生的商业形态，社群要以用户为中心，恪守职业操守，输出稳定质量的产品，传递积极向上的正能量。引导学生从他人的角度出发思考问题，提升其同理心和共情力，传播正能量。 （3）以往提起B站，大众往往会想到二次元及鬼畜，而现在的B站，用户基数高速增长、优质内容持续破圈，年轻群体在这一平台勇敢输出自己的观点和价值，表达出有关时代的思考与心声。通过课程的讲解，引导学生打破个体的点状思维，从更辽阔和系统的视角，理解自身所处的时代，营造出年青一代的共同话语和记忆，与时代共振、与家国并肩

续表

课程内容	课程思政元素切入点	课程思政教学实现方式
微博营销	微博营销的特点、优缺点	（1）在微博上发表言论除了字数限制，其他几乎没有限制条件，"把关"缺失，信息真假难辨，甚至有虚假营销的可能。通过课程讲解，引导学生理性辨别，不贪小便宜，不轻信他人，谨防恶意炒作，共同打造诚信干净的微博营销平台。 （2）微博的传播力度大、覆盖面广，在舆论监督方面具有强大的功能和无可比拟的优势，但如果发挥不当，也会成为谣言制造器和泄愤场所。传媒暴力的控制除了从立法或媒体入手，普通大众也承担着极其重要的责任。新媒体的自主性和匿名性，公众可肆意表达自己的观点，"本我"个性得到充分的体现，但网民会因此觉得不必为其不恰当的言行承担责任，在一定程度上造成了网民行为的无节制，使网络暴力行为泛滥。因此，公众自身要能分辨现实暴力与传媒暴力的界限，保持理智与清醒，提高自身的媒介素养，增强社会责任感，扮演好监督者角色，以文明、理性的批评构建媒介和谐社会，做好舆论监督工作。通过课程讲解，培养学生思辨能力，冷静客观看待事物，谨防网络暴力和媒介审判。 （3）微博通常以"娱乐""明星""情感"等为热搜关键词，严肃价值被淡化。通过课程讲解，培育学生的批判能力，谨防泛娱乐化倾向
微信营销	微信私域营销	（1）引导学生借助公众号平台，弘扬社会主义核心价值观，学习优秀的中华民族传统文化、品牌文化和企业文化，宣传积极向上的流行时代风尚和生活方式。 （2）微信私域营销的核心是找到让用户难以拒绝的价值点，从而进行转化，个人成长也是如此，引导学生努力学习、不断深耕，打造核心竞争力，成长为对社会具有独特价值的优秀人才
短视频营销	短视频营销特点、案例	（1）短视频营销通常是团队合作形式，在本课程的教学过程中，引导学生主动沟通、共同参与、互帮互学、积极奉献，提高团队责任感。 （2）在以注意力及注意力变现为短视频诉求的背景下，各类迎合受众低级欲望的"身体美学"不断涌现以实现利润的最大化。宣扬的拜金主义、物质主义、消费主义及"颜值高于一切"的观念

课程内容	课程思政元素切入点	课程思政教学实现方式
短视频营销	短视频营销特点、案例	解构了传统伦理道德及社会主义核心价值观在互联网空间及日常生活中的阐释力和凝聚力，并反作用于社会现实生活，对公众的社会认知、行为施加潜移默化的影响。通过课堂教学，引导学生培养独立思考能力和批判能力，正确抵制低俗内容，营造风清气正的网络环境。 （3）通过短视频案例讲解，引导学生借助短视频，弘扬社会主义核心价值观，宣扬品牌文化、企业文化和中华民族传统文化，传播企业和社会的正能量，明是非、懂善恶，让学生学会先利国利民再利己
直播营销	直播营销的特点、优缺点和案例讲解分析；直播营销助力农村电商发展和乡村振兴	（1）通过案例讲解，分析常见的直播营销乱象，引导学生提升媒介素养，严格遵守直播营销职业道德底线和法律红线，自觉抵制和举报不合法合规、产生负面传播影响的直播营销内容。 （2）通过案例分析，引导学生思考如若落入"唯流量"的窠臼，只看眼前，一味追求商业利益，就注定走不长远，要注重商业性和公共性的平衡，将公共性和公益性作为第一属性。网络空间是亿万民众共同的精神家园，只有多一些创新创意少一些千篇一律，多一些用心打磨少一些跟风猎奇，网络直播和短视频的内容生态才能更加丰富而美好。 （3）网络直播获取收益的方式为取悦围观者从而获得流量，在缺乏有吸引力内容的背景下只能借助社会热点问题、隐私八卦问题和身边琐事进行娱乐化的呈现；泛娱乐化的内容解构了时政问题、社会现实问题的严肃性，使一切严肃问题都刻上了泛娱乐化的标签，使网络虚拟空间变成了绯闻八卦、"三俗"内容的娱乐秀场。引导学生思考大众文化的生产者和传播者要坚守社会责任和职业道德底线，坚持经济效益和社会效益相统一并将社会效益放在首位。 （4）直播凭借庞大的用户群体及独特的社交传播属性，为各地农产品开展直播带货，充分发挥直播在拓展农产品销售渠道及推动农产品"走出去"中的桥梁纽带作用，进一步扩大农产品的知名度和销售规模，引导学生正确看待直播营销的利弊，支持和运用直播营销助力农村电商发展和乡村振兴

教学效果与反思：

1. 课程思政教学效果的检验方式

一是通过课堂教学过程检验，即通过课堂提问和小组讨论的方式，检查学生在学习专业知识的同时，对相应的课程思政内容的理解和吸收情况；二是通过"雨课堂"等网络学习平台发布相关题目，来检验学生对课程思政内容的理解情况；三是在小组展示汇报和期末测评中，将课程思政内容作为一个评分点，来检验学生学习课程思政的效果。

2. 教学反思与改进

一是根据学生对课程思政反馈的情况，及时更新课程思政的切入点和案例，加强课程思政的针对性和有效性。二是提前了解学生学情，结合社会热点，适时调整课程思政的内容。三是在讲授课本知识和业界案例的同时，进一步加强分析思政元素，将价值观引导融入教育教学中，如挖掘新媒体营销案例中的法律意识、职业道德和人文关怀等元素，引导学生厚植家国情怀、提升法律素养、培养良好的社会责任感，真正做到"教书育人"。

《消费者行为学》课程思政教学设计

谢文锦　刘　文

课程名称：《消费者行为学》

任课教师：谢文锦、刘文

课程内容：《消费者行为学》是市场营销专业的专业核心课程。该课程是研究消费者心理与行为的应用性学科，是市场营销学和心理学的一个重要分支。作为一门独立的学科，消费者行为学形成了一门新的综合性学科。了解和把握消费者行为及其变化规律，成为企业营销决策和制定营销策略的基础。本课程所包含的消费者行为理论及分析技术已经成为营销、管理及电商等专业学生的必备知识和技能。主要内容包括消费者行为学的来源、发展历程、研究方法，消费者购买决策行为过程，影响消费者行为的各种因素（主要有个体因素、环境因素、营销因素）等。

课程思政目标：基于社会主义核心价值观和中华民族优秀传统文化，从理想信念教育、心理品质教育、道德法治教育和努力奋斗教育四个维度，通过数十处思政、德育元素的融入点，构建整门课程的思政内容体系。

在《消费者行为学》的教学中实现如下课程思政目标：一是突出坚守"民族情怀，传承中华匠心"的精神，激发学生的爱国热情及民族自豪感，感召、深化同学们的家国情怀。二是引导学生工作后秉持环保、天然、健康的理念，诚信经营、造福消费者。三是引发学生的家庭亲情、家风、感恩意识。四是引领学生树立正确的人生观、价值观、消费观，培养具有爱国情怀、诚实守信的市场营销人才。

《消费者行为学》课程思政教学设计如表1所示。

表1　　　　　**《消费者行为学》课程思政教学设计**

课程内容	课程思政元素切入点	课程思政教学实现方式
消费者行为学导论	消费者行为的概念	通过网易考拉全球工厂店传承匠人精神的案例，突出坚守"民族情怀，传承中华匠心"的精神，激发学生的爱国热情及民族自豪感，引出消费者行为的概念，让学生思考为什么国货品牌越来越受消费者青睐
消费者研究	消费者行为研究历史	通过《中国国家形象片》的投放，激发同学们的民族自豪感，了解消费者行为研究的历史，认识消费者行为研究的理论来源，掌握消费者行为学的研究方法
消费者购买决策过程	消费者购买决策的特点与过程	通过意尔康的品牌广告，从小家升华到大国，了解消费者购买决策的特点与过程
消费者的感知	消费者感觉和知觉的内容和特点	通过农夫山泉西藏地区业务代表踏实奋斗的故事，讲解如何运用知觉的整体性来讲好品牌故事，了解消费者感觉和知觉的内容与特点
消费者的动机与情绪	消费需求	新时代消费者具有安全、健康产品的消费需求，企业需秉持环保、天然、健康的理念，诚信经营、造福消费者
消费者的学习	学习的概念	通过《家》（Family）公益广告，引发学生对家庭亲情、家风、感恩意识的讨论，引申到学习的概念及学习理论，关注学习的重要性
消费者的态度	态度的概念和特点	通过"999感冒灵"广告，致敬生活中平凡的小温暖，传递社会正能量，让学生了解态度的概念和特点，掌握有关态度形成和改变的基本理论，思考如何让消费者形成积极的消费态度

续表

课程内容	课程思政元素切入点	课程思政教学实现方式
消费者的个性、自我意识与生活方式	品牌个性的价值与来源	讲述乔布斯追求卓越、富有工匠精神的案例及哈雷摩托消费者极高忠诚度的案例，理解品牌个性的价值与来源，企业应与时俱进，了解消费者的最新动态，树立正确的品牌个性
影响消费者行为的社会环境因素	社会阶层、参照群体的含义和特点	通过袁隆平院士勤俭节约的生活作风及"钱不是衡量地位身份的标尺"，引入社会阶层、参照群体的含义和特点，引领学生树立正确的人生观、价值观、消费观
影响消费者行为的文化因素	掌握文化、亚文化的含义和特点	结合新中国成立 70 周年系列活动和西安交通大学师生共唱《歌唱祖国》快闪视频，掌握文化、亚文化的含义和特点，理解中国传统文化的特点及对消费行为的影响
影响消费者行为的情景因素	消费购买活动中的情景类型	通过胖东来百货提供超出消费者期望的服务，引申到精益求精、追求卓越的工作和学习态度，了解消费购买活动中的情景类型，掌握营销人员创造有利于消费者获取信息环境的方法，认识商店选址的意义、商店选址中应考虑的因素以及商品陈列的作用
影响消费者行为的营销因素	商品命名	通过顾家家居的案例，感召、深化同学们的家国情怀，了解商品命名与消费者行为

教学效果与反思：

1. 课程思政教学效果的检验方式

一是通过课堂教学过程检验，即通过课堂提问和讨论的方式，来发现学生在学习消费者行为学专业知识的同时，对相应的课程思政内容的理解情况。二是通过"学习通"等网络学习手段发布讨论题、案例分析题，来检验学生对课程思政学习的效果。三是通过设计考试题，设立个别兼有专业内容和课程思政内容的考题，来检验学生学习课程思政的效果。

2. 教学反思与改进

一是根据学生对课程思政的反馈情况，适时调整课程思政的切入点和思政元素，加强课程思政的针对性和有效性。二是根据学情，适时调整课程思政的内容，形成课程思政的闭环。

《市场调研》课程思政设计

李士燃

课程名称：《市场调研》

任课教师：李士燃

课程内容：《市场调研》是电子商务专业重要的专业基础课程之一，是基于市场调研工作过程开发的一门融调研业务知识与实践技能于一体的专业课程。通过本课程学习，使学生能比较全面系统地了解市场调研的工作流程，掌握市场调研的基本理论与方法，培养学生较好地开展市场调研、分析、预测和解决企业相关市场问题的能力，以适应信息时代我国企业经济活动的开展对于市场信息的收集和分析的需要。市场调研课程主要内容包括定义企业营销问题、确定调研目标、设计调研方案、第一手资料和第二手资料的获取与运用、定性调研和定量调研、调查数据的收集方法、调研问卷的设计、样本计划和样本容量的确定、数据的处理分析及调研报告的撰写等。

课程思政目标：要在课程教学中坚持以马克思主义为指导，引导学生树立远大理想，弘扬爱国主义情怀，树立正确的人生观、世界观、价值观；在课程教学中思政育人目标具体可分解为以下五个方面：（1）培养爱国情怀，培养调查人员职业道德和素养；（2）培养分析问题意识和专业分析技能，发扬工匠精神；（3）培养专业分析职业素养，贯彻实事求是精神；（4）增强量化意识，坚持一切从实际出发；（5）正清调查人员品质，树立正确的社会主义核心价值观。

《市场调研》课程思政教学设计如表1所示。

表1　　　　　　　　**《市场调研》课程思政教学设计**

课程内容	课程思政元素切入点	课程思政教学实现方式
绪论——市场调查的伦理道德	法律道德底线，诚信教育	通过案例向同学们介绍在市场调研中常见的违反法律法规的相关表现，引导同学们树立客观性精神，进行诚信教育
市场调研的计划与实施	法律教育	在讲解市场调研合同时，引导同学们加强对法律知识的关注和储备，积极学习《民法典》《公司法》等法律
二手资料分析和定性调研法	互联网及网上言论教育	在讲解二手资料检索的互联网检索方法时，融入大学生网络生活教育，引导同学们客观理性看待互联网上的各类信息，保持清醒头脑。互联网不是法外之地，在互联网上要谨言慎行
原始资料的调研方法	沟通/社交教育	在讲解询问调查方法时，引导同学们改变不善言谈的现状，进行积极社交沟通行为
市场调研的应用	创新创业教育	引导同学们积极参与社会调研实践，创新市场调研方式方法，在未来积极创业

教学效果与反思：

1. 课程思政教学效果的检验方式

一是通过课堂教学互动过程的检验反馈，通过课堂教学过程中的提问、讨论等多种形式，观察学生对专业知识和课程思政内容的反应。二是通过调查问卷形式获得反馈，课程结束后通过向授课班级发放课程思政内容育人成效的调查问卷，获得学生的直接反馈。三是通过课后作业、试卷等考核形式突出对课程思政教育内容的检验。

2. 教学反思与改进

课程思政教学改革是学习贯彻习近平新时代中国特色社会主义思想在教育方面的重要举措，在专业课教学过程中，积极挖掘授课内容的思政元素，在向同学们讲解专业知识的同时，让学生获得更多接触政治素养，塑造正确人生观、世界观和价值观的机会，进一步提高学生适应社会、认识社会的能力，能够卓有成效的提高当代大学生的综合素质。

在《市场调研》课堂教学中，秉持立德树人的教学任务，充分挖掘思政元素，融入课堂教学各个环节，达到"润物细无声"的教学效果。当然，在具体实施过程中，还需要进一步改进教学手段和创新教学方法，不断思考适合课程思政的专业课教学新模式，不断更新思政素材，挖掘发生在学生身边的、喜闻乐见的素材，让学生更加乐于接受，在积极的学习氛围中获得专业知识并达到思政育人效果。

《管理沟通》课程思政教学设计

黄思博雅

课程名称：《管理沟通》

任课教师：黄思博雅

课程内容：《管理沟通》是一门针对高校学生的选修课。对于即将走入社会的大学生，掌握良好的沟通技能并能"触类旁通""举一反三"地运用于实践中是提高自身职业素质和就业竞争力的重要途径。本课程希望通过深入浅出的方式，引导学生从生活和学习中发现沟通的障碍和误区，并总结出一系列提高沟通质量的技能和策略，从而更深刻地体会到高效沟通的意义。该课程具有很强的应用实践性，在课程内容上，学生应该具备管理学方面的知识。该课程的教学方法主要是案例讨论、课堂专题讨论发言和作业练习等。

课程思政目标：为探析课程思政的建设，确定《管理沟通》课程思政目标为：强调培养学生沟通能力，提高学生管理沟通技巧和水平，在课程教学中坚持以马克思主义为指导，引导学生树立远大理想，弘扬爱国主义情怀，树立正确的人生观、世界观、价值观，具有良好的道德修养、积极向上的人生理想、符合社会进步要求的价值观念。

《管理沟通》课程思政教学设计如表1所示。

表 1 **《管理沟通》课程思政教学设计**

课程内容	课程思政元素切入点	课程思政教学实现方式
沟通概论即管理沟通相关理论	（1）沟通理论； （2）管理者角色	（1）通过沟通理论知识点的学习，使学生更深刻地理解沟通的基本原理，树立沟通意识，掌握正确的沟通策略，学会正确与他人沟通，提升学生的同理心和沟通能力。 （2）通过讲解管理角色与沟通的知识点，阐明管理者扮演的角色和需要掌握的沟通技巧，培养学生仁爱、思辨的精神
组织沟通	（1）组织定义； （2）上行、下行沟通的策略	（1）通过讲解组织沟通知识点学习和案例分析，提高学生的集体认同感、国家认同感，培育学生集体主义精神和家国情怀。 （2）通过角色扮演模拟上行、下行、横向沟通，掌握组织内部沟通策略的同时增强团队意识和协作能力，培养学生友善价值观
群体、团队沟通	成功团队的特征	通过知识点的学习，让学生更具有团队精神，培育学生集体主义精神，引导学会为他人考虑，为群体、团队和集体作出贡献
面谈、口头沟通	（1）招聘面谈； （2）演讲技巧	（1）通过模拟招聘面试，阐释反求诸己的价值内核，引导学生通过"内省"锤炼自己，鼓励在面试中呈现自身内涵，充分展现专业自信。 （2）通过演讲实践，掌握沟通技巧，提高学生的口语表达能力，学会用"心"沟通，有助于提升学生自信心
书面沟通	书面沟通策略	通过书面沟通实践，要求学生掌握得体适宜的书面沟通技能，规范的书面沟通可以帮助学生进入社会后更好地进入角色，提高学生综合素质能力，把理论所学转换到实际工作中，提高工作效率
非语言沟通	非语言沟通解析	（1）通过讲解非语言的类型、主要功能，解析常见的肢体语言、眼神暗示、形体暗示、姿势暗示、空间暗示、时间暗示，引导学生从非语言的信息中获取信息，学会结合所学知识了解当下社会事件，透过现象看本质，正确解析其背后隐藏的信息。 （2）通过钟南山授勋等案例分析，教会学生洞察社会发展势态，分析时事政治，培养学生马克思主义哲学素养，厚植爱国主义情怀，培育学生经世济民素养

课程内容	课程思政元素切入点	课程思政教学实现方式
会议沟通	会议沟通策略	（1）通过会议模拟，明确会议组织中主持人、参会人员、组织人员的工作与职责，让每个参与者各司其职，使学生学会主动承担不同角色任务和职责，培养学生责任意识。 （2）通过会前准备、会议进程控制、会后工作的讲解，强调职业操守，培养学生爱岗敬业的品德
危机沟通	危机沟通策略	（1）通过讲解危机的特征、危机形成和发展的四个阶段以及危机沟通的类型，模拟危机现场，提高学生的应变能力，培育学生危机意识和居安思危的意识。 （2）通过最近两年的和经典的危机沟通案例分析增强学生辩证思维能力，提高处理复杂问题的能力，在危机中临危不乱，危中求机，从而提高学生的综合素质
跨文化沟通	（1）文化沟通模型； （2）跨文化沟通策略	通过学习跨文化沟通的原则与策略，了解"走出去"的中国企业要面对与国内不同的政治体系、文化背景、发展环境和舆论体系，引导学生认识到需要跨文化交流与跨文化融合才能在国际上站稳脚跟，讲好中国故事，让中国企业代表的中华文化走向世界
自我沟通	（1）乔哈里视窗； （2）自我沟通策略	（1）通过讲解乔哈里视窗，让学生寻找自我认识盲点，全面客观认识自己，讲解自我沟通方式，学会自我认知、自我分析、自我反思、自我批评、自我暗示、自我调适、自我激励、自我超越。 （2）通过讲解自我沟通中的主要障碍，要求学生在正确认识自己的前提下，培养理性思维，树立人生目标并为之奋斗

教学效果与反思：

1. 课程思政教学效果的检验方式

一是通过线下课堂教学过程检验，即通过课堂的提问和讨论、角色扮演、案例分析、课堂实践来检测学生对管理沟通知识点的理解与应用情况。二是通过线上网络学习软件检验，即通过发布相关习题、案例讨论，来检验管理沟通课程思政教学的效果。三是通过课程结课论文检验，即通过批改学生课程论文，从选题、内容、格式等方面检验。

2. 教学反思与改进

管理沟通是管理类基础课程，主要培养学生沟通思维能力和实践应用能力。管理沟通课程学习不仅要在课堂上讲授书本上的沟通知识，还要融入思政元素，培养学生思想道德素质，达到育人效果。路漫漫其修远兮，在今后的教学实践中，教师仍需顺应时代的要求，不断挖掘统计学思政元素，将思政元素融入专业知识教学过程中，总结教学经验，创新教学理念，更新教学体系，重视学生主体作用，通过不断学习提升思政教学水平。同时，管理沟通课程实践性强，需要发挥学生主体作用，因此教师在教学过程中应转变课程思政的教学模式，重视学生的需求，提高学生学习积极性与主动性，通过增加应用场景、导入案例、角色扮演的方法，激发学生学习动力，引导学生自主学习。

《会计学》课程思政教学设计

尹　馨　张孝蔚

课程名称：《会计学》

任课教师：尹馨、张孝蔚

课程内容：《会计学》是工商管理类相关专业的学科基础课程，重点介绍会计学的基本理论和方法，主要包括会计核算的前提和一般原则、会计核算方法体系、账户的设置与借贷记账法的应用、会计凭证的填制和会计报表的编制方法及其要求等。在此基础上，结合企业经济业务实际，概括说明资金筹集业务、资金循环与周转业务、财务成果形成与分配等业务的核算方法。该课程涉及的知识面广，理论性、实践性、专业性强，是学生接触的第一门专业课，突出培养学生结合专业背景的财会实践能力。

课程思政目标：在课程教学中坚持以马克思主义为指导，引导学生树立正确的人生观、世界观、价值观，能进行符合社会主义核心价值观的价值判断；不断提高自律能力，树立良好的职业道德观；能进行有效沟通与协作；强化法律意识、法治观念。

《会计学》课程思政教学设计如表 1 所示。

表 1　　　　　　　　**《会计学》课程思政教学设计**

课程内容	课程思政元素切入点	课程思政教学实现方式
总论	会计的发展结合中国会计文化	在介绍会计的起源和发展时，引入我国会计文化的历史发展作为授课脉络。我国优秀会计文化具有几千年的历史和丰富的内涵，是中国优秀历史文化的重要组成部分，将这些优秀会计历史文化、精神文化、道德文化和行为文化按照课程相关内容排序进行合理融合，提升学生的文化自信
会计要素与会计等式	会计要素（资产）结合马克思主义辩证法	长期股权投资知识点可与阿里巴巴集团的投资布局相结合，分析大资本的发展对经济生活的双面性影响，引导学生善于全面分析矛盾，坚持两分法，防止片面性，深刻理解"资本"在实现高质量发展的现代化经济体系中的定位
会计核算基础	会计信息质量特征结合社会主义核心价值观	在我国会计实务中，财务造假事件频频发生，说明会计信息质量违背了可靠性这一基本要求。会计信息质量特征可采用案例教学法，引入相关案例，分析财务造假的动机和危害。会计人员不论出于何种目的进行虚假账务处理，都体现了其综合素质的缺乏。财务人员没有坚守职业道德底线而进行财务造假，使得公司会计信息违背可靠性原则，影响公司自身决策，也阻碍了行业发展。将会计职业道德的内容引入课堂，引入爱岗敬业、诚实守信、廉洁自律、客观公正、坚持原则、坚守法律底线等职业道德思想
账户与复式记账	复试记账原理、会计科目的确认结合马克思主义辩证法	复式记账的原理是经济事项的发生必然引起两方面的变化。复式记账可以带给学生哲学思考。习近平总书记指出，"万事万物是相互联系、相互依存的"，资金运动也是如此，坚持用普遍联系的观点观察事物，才能把握事物发展规律。 会计科目有各自的确认条件，如原材料、固定资产和库存商品的确认，在核算过程中，引导学生根据不同条件具体问题具体分析，这是正确认识事物的基础

续表

课程内容	课程思政元素切入点	课程思政教学实现方式
企业主要经济业务的核算	会计实践实操	该章节属于实操部分，占总课时量的1/2。教学设计上利用线上资源进行课前预习，课中勤动脑，结合丰富的实训勤动手。会计人员在实际操作过程中容易违反职业道德，触犯法律红线，因此，在这个教学过程中，除了增强学生的实操能力之外，还必须加强思想教育，使学生更加深刻地理解"爱岗敬业、诚实守信、廉洁自律、客观公正、坚持准则、提高技能、参与管理、强化服务"等会计职业道德内涵的重要性，培养学生敬业、严谨、友善、互助的职业精神
会计凭证会计账簿财务报告	会计凭证、会计账簿及会计报表的填制	以正、反案例说明会计业务"精"的重要性；在老师的带领下，引导学生进行会计凭证、会计账簿、财务报告的填制，从实践中对"精"有明确的认识，针对其中出现的问题体会"精"的内涵和重要性；培养和提高"精细、精确、精准"的职业素质和职业技能

教学效果与反思：在会计学课程教学中，受认识层面上的局限，教师往往过多地将注意力集中在传授和培养学生的专业知识和专业技能上，忽视了对学生全面素质的培养，尤其是专业素养的培养。"课程思政"教学改革是一种培养学生专业素养的有效方法。会计学课程思政将会计从业人员应当具备的职业素质和职业道德作为逻辑起点，根据实际需要拆分思政元素并与成熟的课程内容相融合，明确思政目标，进行"课程思政"教学设计，如此教师的教学才更有方向，学生的学习方向才会更加明确，最终培育出德才兼备的人才。但会计学课程思政还存在思政元素不全面、思政设计单一等问题，教师还需继续深入挖掘育人元素，创新教学设计，提高学生的参与度与接受度。

《数据分析与挖掘》课程思政教学设计

况永圣

课程名称：《数据分析与挖掘》

任课教师：况永圣

课程内容：《数据分析与挖掘》是物流管理本科专业的选修课之一。本课程从数据挖掘的概念、数据挖掘的方法和数据挖掘的应用三方面介绍在大数据时代背景下数据挖掘的重要作用；以供应链管理和市场营销等领域的数据为基础讲授数据挖掘方法、流程。让学生认识到在日常生活中、企业管理等方面相关理论与方法所起到的重要作用，加深对数据挖掘相关知识的兴趣，增强其认识、理解和掌握的程度。本课程的内容涵盖了数据处理基础和实现数据挖掘的经典算法，主要包括5个模块：数据挖掘概述、有监督学习、无监督学习、特征工程和综合案例实战。旨在培养学生数据挖掘理论分析与应用实践的综合能力，帮助学生建立"问题—原理—方法"三位一体的专业思维，为发展学生的主体精神和培养变革能力奠定基础，最终顺应大数据时代下社会市场对人才需求的改变。作为一门理论与实践结合的综合课程，该课程的教学方法主要是理论讲授、案例讨论、操作演示和作业练习等。

课程思政目标：旨在将思想价值引领贯穿于《数据分析与挖掘》的整个教学过程之中，借助思想政治教育的影响力深化教学内涵，提升教学效果。确定在《数据分析与挖掘》的教学中实现以下课程思政目标：一是引导学生认识唯物辩证法是研究自然、社会和人类思维变化发展一般规律的科学，更是认识世界和改造世界的根本方法。二是加深对中华文化博大精深的哲学理念，并形成了别具一格的民族风格和气派的认识，可以激发学生的民族自豪感和自信心。三是引导学生树立正确的世界观、人生观和价值观，弘扬社会主义核心价值观，传播爱党、爱国、爱社会主义的正能量，培养实事求是、勇于实践、敢于创新的科学精神。四是引导学生在学习中了解国情、社情，潜移默化加深对习近平新时代中国特色社会主义思想的认同。

《数据分析与挖掘》课程思政教学设计如表 1 所示。

表 1　　　　　《数据分析与挖掘》课程思政教学设计

课程内容	课程思政元素切入点	课程思政教学实现方式
数据挖掘概述	数据挖掘的基础理论与相关学科	数据分析与挖掘作为一门交叉学科，其在发展过程中持续展现出开放和融合的特性。围绕数学、计算机科学与技术、统计学、社会学等学科间的关联，运用马克思主义的唯物辩证法联系的普遍性分析数据分析与挖掘的学科本质，引导学生认识唯物辩证法是研究自然、社会和人类思维变化发展一般规律的科学，更是认识世界和改造世界的根本方法
有监督学习	经典有监督模型的原理和重要作用	多元回归" $y = \beta_0 + \beta_1 x_1 + \beta_2 x_2 + \cdots + \beta_n x_n$ "所体现出的关系可以类比我们学习生活中制订行动计划达成某一目标的过程。下面以学好《数据分析与挖掘》这门课程为例： （1）影响这门课程学习成果的因素可能有 100 个，缺课次数、课堂上是否认真跟着练习和是否课后复习等，对这些因素以及学习的成果予以量化。把所有可能的因素都考虑上，可能过于复杂，通常通过相关性的大小选取适合的变量。例如缺课、未练习会极大的影响学习成效。 （2）估计出的缺一次课对学习成效的影响仅仅代表其他变量，即是否课后复习等不变的情况。 （3）按时上课确实能保证得到好的学习成果，但可能某次课因身体不适缺课，那么可以通过之后借阅同学笔记、向老师请教替代到课的效果。

续表

课程内容	课程思政元素切入点	课程思政教学实现方式
有监督学习	经典有监督模型的原理和重要作用	（4）当次缺课，也就代表未完成该次课的课堂练习（自变量间相互影响），将叠加影响学习效果。 （5）还有一些不可抗力、随机的因素会影响学习的效果。 多元回归探索影响学习效果的主要因素以及努力改变这些因素与学习成效改善的具体数量的关系。在面对不可抗力的问题时，找到能使事情变好的主要影响因素，制订行动计划，发挥主观能动性，有策略地应对困境
无监督学习	经典无监督模型的原理和重要作用	（1）K-means聚类从初始中心点开始，通过不断地迭代，追求更好的"自己"，继而引导学生应追求更良好的学习、生活习惯，在不断探索中找到更好的自己。 （2）事物的联系是普遍的，但如何发掘具体事物的特殊联系规则，可以用数学的逻辑验证关联的存在。引导学生学会利用数学的思维逻辑思考现实世界的问题，学会理论联系实际，运用理论方法解决实际问题
特征工程	特征工程的原理和重要作用	（1）房屋的地基决定了所建造房屋的高度，数据和特征决定了机器学习的上限，而模型和算法只是逼近这个上限而已。引导学生"扣好人生的第一粒扣子"，树立正确的世界观、人生观和价值观，弘扬社会主义核心价值观。 （2）培养学生重视工作质量，激发学生的创新精神，灵活地运用各种方法，引导学生学会具体问题具体分析
综合案例实战	案例背景	（1）通过客户细分案例，让学生认识到聚类分析的意义，并学会选择用更贴合的方法去做聚类。引导学生能将自己的任务进行分类，以更好地完成任务。 （2）通过关联规则案例，引导学生思考较好的产品组合的实际意义，让学生发散性思考找到好的队友组合的重要作用，认识到团队协作的效果是"1+1＞2"

教学效果与反思：

1. 课程思政教学效果的检验方式

一是通过课堂教学过程检验，即通过课堂提问和讨论的方式发现学生在学习《数据分析与挖掘》专业知识的同时，对相应的课程思政内容的理解情况。二是通过"学习通"等网络学习手段发布相关选择题、判断题，检验学生对课程思政学习的效果。三是通过学生的实验报告和课程论文检验学生学习课程思政的效果。

2. 教学反思与改进

虽然在进行课程思政后，教学效果有了很大提升，但依然存在不足：思政元素的剖析与教学内容的紧密性不够强，个别思政元素有些牵强。日后，需要把思政教育不断内化：一是根据学生对课程思政的反馈情况，适时调整课程思政的切入点和案例，加强课程思政的针对性和有效性。二是根据学生的学情和社会上青年学生的关注点，适时调整课程思政的内容，以此形成课程思政的闭环。

《品牌管理》课程思政教学设计

田戊戌　张孝蔚

课程名称：《品牌管理》

任课教师：田戊戌、田文英

课程内容：《品牌管理》是茅台学院工商管理系市场营销（本科）专业必修课程，3 学分、48 学时，其中理论教学 40 学时，实践教学 8 学时。《品牌管理》是市场营销领域的重要分支学科，以企业产品品牌为主要研究对象，系统研究企业产品实施品牌战略的目标、计划、执行和评估等一系列相关活动及其规律。其先修课程有《管理学》《市场营销学》等。本课程采用的教材是王海忠教授的《品牌管理》（第二版，清华大学出版社出版）。课程主要内容是在借鉴欧美企业的品牌管理历史经验的基础上，综合考虑移动互联网时代特征并结合中国经济社会背景，提出中国市场品牌培育与经营管理的核心知识体系，包括品牌启动、品牌强化、品牌扩展和品牌长青四大模块内容。

课程思政目标：通过学习《品牌管理》课程，使学生具备扎实的理论基础，培养学生的逻辑思辨能力和全局观；了解中国民族品牌发展历程，树立民族自豪感，坚定实现品牌强国的理想信念；提升学生的民族自尊心和自豪感，使学生深刻领会中国品牌文化和中国品牌精神，激发学生为民族品牌发展、中华文化传播而努力的斗志，培养诚实守信、勤勉敬业的工匠精神；培养学生的爱国情怀，重点培养学生使命感和责任感，引导学生将理论知识和实践经验运用到我国自主品牌的创建和管理上，具有家国情怀和国际视野；培养学生的自信心，引导学生与时俱进，正确定位品牌，形成良好的价值体系；培养学生法律意识、文化意识以及集体主义精神等。

《品牌管理》课程思政教学设计如表1所示。

表1　　　　　　《品牌管理》课程思政教学设计

课程内容	课程思政元素切入点	课程思政教学实现方式
品牌与品牌演进	品牌管理的战略框架、中国品牌的历史演进	（1）通过对全书知识结构的梳理，培养学生的逻辑思辨能力和全局观，树立良好的学习意识。 （2）以华为、联想等品牌为例，让学生了解我国民族品牌的迅速崛起，以此提升学生民族自尊心和自豪感，同时也让学生认识到中国品牌发展任重道远，激发学生为民族品牌发展、中国文化传播而努力的斗志
自主品牌	自主品牌的内涵与意义、中国自主品牌的典型案例介绍	（1）从大疆公司刷新了"中国智造"的名片中激发学生的民族自豪感。长期以来，中国制造是高性价比的标签，大疆无人机为"中国智造"贴上高品位、高质量、高科技的标签，向世界展示了新一代"中国智造"的魅力，改变了全球消费者对中国制造的传统负面印象，激发学生爱国情感，同时为发展国际品牌、进军国际市场而努力。 （2）通过讲述自主品牌对新兴国家的意义，培养学生的爱国情怀，鼓励学生为提高我国的国际竞争力而奋斗
顾客的品牌本位	顾客为本的品牌权益、构筑顾客为本的品牌权益逻辑	（1）通过实训过程的案例讨论与点评，引导学生了解进行案例分析的方法和步骤，锻炼学生的逻辑思维能力。通过案例与理论讲述，让学生理解以顾客为本的品牌权益的内涵，对品牌权益的重要部分、顾客心智做清晰的了解。 （2）结合品牌发展所需考虑的环境因素，引导学生深刻认识"中国之治"的优势，深刻理解"中国之制"的特色，从而坚定"四个自信"
感知质量	质量管理理念	通过对海尔企业质量管理的案例，以及中国企业质量为先的讲述，引导学生认识坚持品质的本质和意义，树立正确的价值观

课程内容	课程思政元素切入点	课程思政教学实现方式
品牌定位	品牌定位战略与策略、品牌更新	（1）通过对王老吉案例的梳理，认识到定位的重要性，以此启示学生对自己优点的定位，对自己人生的定位和思考，达到培养学生的自信心，思考自己的特色，培养学生形成正确、良好的价值体系的效果。 （2）通过对品牌更新章节的介绍，了解品牌必须与时俱进，持续学习更新策略和知识，寓意人也一样，必须坚持与时俱进，持续进步，才能跟上时代发展，永葆生机
品牌要素战略	设计品牌要素、品牌防御与保护	（1）通过对谭木匠案例的介绍，让学生了解小元素用到极致也能成就大品牌，寓意学生以小见大，从小事做起，坚持一万小时定律，专注坚持做一件事情可能成为行业专家，培养学生工匠精神。 （2）通过对品牌防御保护章节的介绍，让学生树立法律意识、维权意识。遵纪守法的同时，了解在现实和工作中依法行事、依法办事，国家依法治国等理念
品牌营销策略	品牌传播策略	通过对立白案例中"一家亲"文化的介绍，让学生体会中国传统文化的魅力、亲情文化在企业中的应用，让学生重视亲情的传递和对企业文化的认知
品牌杠杆战略	国家与区域杠杆、战略联盟杠杆	（1）通过对国家与区域杠杆的讲述，让学生体会国家对于企业发展的重要性，提升学生的爱国意识和主人翁意识。 （2）通过对战略联盟杠杆的讲解，让学生深刻理解团结合作意识，从而培养学生集体主义精神
品牌延伸战略	品牌延伸策略	通过对盲目品牌延伸的负面效果的阐述，如恒大多元化风险案例的阐述，让学生意识到不能盲目分散精力，应该集中力量发展核心优势，深耕某一领域，做专业的事情，培养学生的专注力

课程内容	课程思政元素切入点	课程思政教学实现方式
品牌组合战略	品牌组合的内涵与意义	通过对盲目品牌组合中需要精简品牌组合的阐述，介绍现有品牌组合的管理更多是做品牌减法，如知名雀巢公司、保洁公司等，让学生意识到多不等于好，应该集中力量发展核心优势，深耕某一领域，做专业的事情，培养学生的专注力和辩证思维方式
品牌文化	品牌文化的内涵与意义	通过对品牌文化的阐述，讲述全聚德的中华美食文化，让学生认识到中国传统文化的博大精深，培养学生探索中华民族传统文化的兴趣，培养学生的文化自信
品牌管理体系	品牌管理体系内涵、华为独特的品牌管理制度	通过讲解《华为基本法》，让学生了解华为存在的意义、价值观和使命，通过对其的讲解，让学生意识中国好企业的伟大之处，培养学生的民族自豪感和自信心
品牌评估	顾客心智视角的品牌评估	通过从顾客心智到商品市场再到金融市场的品牌评估讲解，帮助学生理解其中的内在联系，培养学生的逻辑思维能力

教学效果与反思：

1. 课程思政教学效果的检验方式

一是通过教学过程检验，主要通过课堂提问、讨论、发表建议的方式来了解学生对课堂内容的掌握以及对相应知识点课程思政内容的理解情况。二是通过"学习通"等网络信息化学习手段发布课后作业和练习，如选择题和判断题，以此来检验学生对课程思政学习的效果。三是设计考试试题时，设立个别兼有专业内容和课程思政内容的试题，以此来检验学生学习课程思政的效果。

2. 教学反思与改进

一是要紧跟时代发展的步伐，适时调整课程思政的切入点和案例，加强课程思政的针对性和有效性。随着国内外经济形势的变化，品牌管理内涵、理论、方法不断发展，课程团队应丰富课程内容，融入更多实践案例和热点问题。二是根据学生的学情和社会上青年学生的关注点，适时调整课程思政的内容，以此形成课程思政的闭环；及时更新教学方法，使用先进教学资源和方法；深挖思政元素，基于品牌强国战略，在课堂上灵活地融入思政教育，切实提升课程育人水平，达到润物无声的育人效果。

《白酒营销》课程思政教学设计

田戊戌

课程名称：《白酒营销》

任课教师：田戊戌、田文英

课程内容：《白酒营销》是市场营销专业的专业主干课，也是产教融合课程。本课程是一门专门以白酒产品为研究对象的营销课程，旨在将一般的市场营销理论知识和白酒产品的特性结合起来，研究白酒产品市场营销活动的规律，总结凝练白酒营销实践经验，进而形成完整的、系统的知识体系。

本课程是市场营销理论在白酒行业中的具体应用，是研究白酒企业如何满足顾客的需求、如何为顾客创造和提供价值，从而获取利润的一门学问，对白酒企业经营者、营销者和有意从事白酒产品经营与管理的各类人员具有重要意义。

课程内容涵盖市场营销的发展、策略与经营管理等知识，旨在让学生掌握市场营销学科的学科性质、研究方法、基础原理和运作流程等知识，并进一步思考营销策略在整合营销中的应用。作为一门理论贯穿文案撰写、策划和创作实践的综合课程，该课程的教学方法主要是讲授法、案例讨论、课堂专题讨论发言和作业练习等。

课程思政目标：旨在将思想价值引领贯穿《白酒营销》的整个教学过程中，借助思想政治教育的影响力深化教学内涵，提升整体教学效果。确定在《白酒营销》的教学中实现以下课程思政目标：一是引导学生认识唯物辩证法是研究自然、社会和人类思维变化发展一般规律的科学，更是认识世界和改造世界的根本方法。二是加深对中华文化博大精深的哲学理念，并形成了别具一格的民族风格和气派的认识，可以激发学生的民族自豪感和自信心。三是引导学生对社会主义核心价值观产生认同，树立正确的价值观、人生观、世界观。四是引导学生认识、理解国家的战略、方针、政策，并进一步思考国家大政方针对个人发展有何影响和将个人职业规划融入国家发展战略的重要性，不断提升学生的时事政治素养和自觉性。五是引导学生在学习中了解国情、社情、民情，潜移默化加深对习近平新时代中国特色社会主义思想的认同。六是增强学生学法、知法、懂法、守法的意识和素养等。

《白酒营销》课程思政教学设计如表1所示。

表1　　　　　　《白酒营销》课程思政教学设计

课程内容	课程思政元素切入点	课程思政教学实现方式
白酒营销概论	白酒营销的基础理论与相关学科	白酒营销作为一门交叉学科，其在发展过程中持续展现出开放和融合的特性。围绕传播学、营销学、管理学、消费者行为学、心理学等学科与白酒营销学的关联，运用马克思主义的唯物辩证法联系的普遍性分析白酒营销学的学科本质，引导学生认识唯物辩证法是研究自然、社会和人类思维变化发展一般规律的科学，更是认识世界和改造世界的根本方法
白酒产业与白酒市场	白酒营销发展简史	白酒营销学是研究白酒市场营销活动规律的学科，是基于普通市场营销学的基本原理，结合白酒市场营销活动的实际，总结凝练白酒营销实践经验，进而形成系统的知识体系。其目的是通过认识白酒市场营销的基本规律，形成白酒市场营销的理论体系，以此来指导白酒生产经营企业的营销实践。白酒营销学是一门研究白酒生产经营企业如何适应和引导顾客对白酒产品的需求，有计划地组织和管理企业营销活动，把符合顾客需求的白酒产品及相关服务送到顾客手中，从而获取合理利润的一门学问。白酒在中国古代社会自古就是一种特殊的存在，形成了别具一格的民族风格和气派，可以激发学生的民族自豪感和自信心

课程内容	课程思政元素切入点	课程思政教学实现方式
白酒行业营销环境分析、白酒消费行为与中国酒文化	白酒营销的文化价值。白酒营销的社会责任	（1）公益白酒营销作为一种先进的大众文化，是国家意识形态和主流价值观传播的重要载体，通过公益白酒营销案例的分析和讨论，引导学生对社会主义核心价值观产生认同，继而实现由理念到实践的动员和教育。 （2）从社会责任方面的正反案例分析讨论入手，让学生认识白酒营销的社会功能，引导学生思考白酒营销、违法违规白酒营销、擦边白酒营销对社会造成的负面影响，认识白酒营销传播者应有内在的文化自觉和自主限制，进而树立营销职业的敬畏感、责任感和使命感
白酒品牌策略	白酒营销与品牌形象	（1）将白酒品牌形象置于"中国制造2025"和新时代国家品牌战略提出的"实现中国制造向中国创造、从中国速度向中国质量、从中国产品向中国品牌的转变"政策大背景中，在授课过程中带领学生认识、理解国家的战略、方针、政策，并进一步思考国家大政方针对个人发展有何影响和将个人职业规划融入国家发展战略的重要性，不断提升学生的时事政治素养和自觉性。 （2）培养学生全球意识和国际化视野，激发学生对"中国制造2025""中国品牌"的深入理解，增强学生的民族自豪感和文化自信
白酒价格策略	消费者行为与需求调查	（1）调查研究是马克思主义的科学方法论，是正确认识客观世界、改造主观世界的源头活水。抓好白酒营销调查实践，让学生结合大学生活、学习实际开展消费者洞察调查实践，在实际调查中学习和检验理论知识。 （2）白酒营销的科学性体现在以科学的方法收集和分析信息，找出哪些因素影响了产品的销售、哪些因素可以提高消费者的购买意愿。收集和分析信息的过程就是白酒营销调查，从白酒营销调查引申到"调查研究是我们党的传家宝"，是做好各项工作的基本功。引导学生正确认识调查研究的价值取向和科学方法，进而深刻认识全党大兴调查研究的重大意义

续表

课程内容	课程思政元素切入点	课程思政教学实现方式
白酒 STP 战略	STP 战略分析	以案例讨论为切入点将白酒营销学、市场营销学等多学科发展的趋势和中国社会主义市场经济的发展实际相结合，引导学生认识白酒营销在社会主义市场经济中的作用和中国白酒营销价值观与西方白酒营销价值观的区别。让学生在理论学习中了解国情、社情，潜移默化加深对习近平新时代中国特色社会主义思想的认同
白酒文化营销	白酒营销的文化传播	(1) 党的二十大报告中指出"增强中华文明传播力影响力。坚守中华文化立场，提炼展示中华文明的精神标识和文化精髓，加快构建中国话语和中国叙事体系，讲好中国故事、传播好中国声音，展现可信、可爱、可敬的中国形象""深化文明交流互鉴，推动中华文化更好走向世界"。 (2) 让学生了解白酒营销已经成为国际传播中传播中华文化、柔性塑造国家形象、营造积极友善的国际舆论氛围的重要方法之一，在跨文化传播语境中深耕"讲好中国故事"理念，让学生夯实制度自信、文化自信基础，增进"四个认同"，进一步提升学生思想政治素养。同时，让学生在白酒营销的跨文化传播学习中认识文化的多样性，充分理解和尊重不同文化存在和发展的合理性，理解和欣赏不同文化的共处之道，培养学生跨文化沟通意识和能力
白酒视觉营销	白酒营销效果测定	以贵州茅台酒和今世缘白酒营销的营销效果正反面案例展开分析讨论，培养学生意识到对白酒营销传递的价值要有判断力。要处理好白酒营销的经济效益和社会效益的关系，要认识到白酒营销不是单一的经济活动和商业行为，不能唯点击率、浏览量、收视率是从，不能违反法律法规，不能违背社会公序良俗，不能过度倡导消费主义、享乐主义。在关注白酒营销经济效益的同时，要重视白酒营销传播的内容、文化以及传递的价值观产生的社会效益

续表

课程内容	课程思政元素切入点	课程思政教学实现方式
白酒市场营销的新发展	白酒营销法规与管理	分析讨论虚假宣传、不按规定使用语言文字、侵权等白酒营销案例，向学生讲授白酒营销在策划、制作、传播等过程中的法律法规，将"德育"落脚到"法治"上，由法治拓展开来，阐释具体白酒营销法律法规体现的社会价值取向，增强学法、知法、懂法、守法的意识和素养

教学效果与反思：

1. 课程思政教学效果的检验方式

一是通过课堂教学过程检验，即通过课堂提问和小组讨论的方式，发现学生在学习《白酒营销》专业知识的同时，对相应的课程思政内容的理解情况。二是通过"学习通"等网络学习手段发布相关简答题、选择题、话题讨论等，检验学生对课程思政学习的效果。三是通过科学设计考试试题，设立个别兼有专业内容和课程思政内容的考题检验学生学习课程思政的效果。

2. 教学反思与改进

一方面，根据对学生课程思政学习的检验情况，及时调整课程思政的切入点和典型案例，加强课程思政的针对性和有效性。另一方面，根据学生的学情展开分析，再结合社会上青年学生的关注焦点及话题，适时调整课程思政的内容，以此形成课程思政的闭环。

《微观经济学》课程思政教学设计

兰　洋

课程名称：《微观经济学》

任课教师：兰洋

课程内容：《微观经济学》是经济学原理的重要组成部分，以单个经济单位作为研究对象，围绕稀缺资源的配置，研究经济变量的单项数值决定，其中心理论是价格理论。具体来说，就是研究均衡价格的决定和变动、消费者行为的决定和变动、生产者行为的决定和变化、市场结构差异、要素市场的价格决定和变化、一般均衡过程以及福利经济等问题。微观经济学通过对以上理论的研究，为市场主体的生产行为和消费行为提供解释和指导。微观经济学课程内容包括均衡价格理论、消费者行为理论、生产者行为理论、市场结构理论、要素市场理论、一般均衡理论、福利经济学以及微观经济政策等。

课程思政目标：微观经济学课程的思政具体目标可以从以下几个方面来完成：一是培养学生的经济素养和思政觉悟：通过学习微观经济学，学生可以了解和掌握经济学的基本概念、基本理论和基本分析方法，理解经济现象背后的本质和规律。同时，课程中也会融入思政元素，引导学生运用马克思主义哲学原理分析经济问题，培养学生的思政觉悟和理论素养。二是增强学生的社会责任感和使命感：微观经济学课程涉及的经济问题往往与人们的日常生活息息相关，如物价、就业、收入分配等。通过课程思政的引导，可以增强学生对社会问题的关注和认识，培养他们的社会责任感和使命感。三是提高学生的思辨能力和分析能力：微观经济学课程中会涉及许多经济理论和模型，这些理论和模型往往需要学生进行思辨和分析。通过课程思政的引导，可以帮助学生提高思辨能力和分析能力，更好地理解和掌握经济学知识。四是培养学生的爱国情怀和民族自豪感：在微观经济学课程中，可以融入中国特色的经济发展实践和经验，介绍我国在经济建设方面取得的成就和经验。通过课程思政的引导，培养学生的爱国情怀和民族自豪感，增强他们的文化自信和民族自信。

总的来说，微观经济学课程的思政具体目标是通过融入思政元素，引导学生运用马克思主义哲学原理分析经济问题，培养学生的经济素养和社会责任感，提高他们的思辨能力和分析能力，同时培养学生的爱国情怀和民族自豪感。

《微观经济学》课程思政教学设计如表1所示。

表1　　　　　　　《微观经济学》课程思政教学设计

课程内容	课程思政元素切入点	课程思政教学实现方式
绪论	（1）稀缺条件下的有效配置资源和财富分配； （2）完全理性假设与自利假设	（1）介绍资源稀缺性和资源配置时，通过启发学生思考并讨论怎样做才能让大学生活过得更有意义、才能做到青春无悔，引导学生树立正确的人生观、价值观。 （2）在介绍方法论个人主义和经济人假设时应强调，该假设只是理论构建的需要，是对现实的假设，但它绝不能等同于对现实的判断，更不能将其作为现实生活中为人处世的信条。在此基础上，为避免可能带来的价值观的误导，可利用央视《榜样》系列节目中的例子，引导学生爱国、敬业、诚信、友善，自觉把小我融入大我，努力践行社会主义核心价值观。 （3）在阐述经济学有关资源稀缺性、资源有效配置等知识点时，通过联系生活中关于人类资源和时间成本的事实案例，使学生懂得珍惜时间，端正学习态度，有效利用大学时光，吸取更多的知识，在实现中华民族伟大复兴的"接力"中跑出优异成绩

续表

课程内容	课程思政元素切入点	课程思政教学实现方式
需求、供给和均衡价格	市场供求均衡	在阐明供求分析和市场调节时，结合新冠肺炎疫情中出现的"天价口罩被罚"的例子，引导学生辩证地认识价格机制的作用，思考市场调节可能带来的结果的不公平，进而引入中国特色社会主义市场经济理论，指出社会主义市场经济与资本主义市场经济的不同，让学生深刻感受社会主义市场经济体制在资源配置上的优越性和在制度上的先进性，从而坚定中国特色社会主义道路自信、理论自信、制度自信、文化自信
消费者选择	（1）消费者均衡的决定； （2）恩格尔系数	（1）在分析消费者的最优化行为时，启发学生对炫耀性消费、冲动性消费、奢靡性消费、猎奇性消费等非理性消费行为展开讨论，引导学生要量力而行不能盲目消费和攀比，帮助学生树立正确的消费观，践行理性、适度、环保、绿色的消费原则。 （2）通过向学生展示改革开放40余年来中国恩格尔系数的变迁，让学生深刻感受到我国经济发展取得的伟大成就以及由此带来的居民生活水平的显著提高，坚定对中国特色社会主义道路和制度的自信，增强民族自信心和自豪感，同时结合年青一代肩负的中华民族伟大复兴的历史责任，激发学生经世济民的家国情怀和使命担当。在阐述边际效用递减规律等方面的知识时，引导学生要培养创新思维，不能墨守成规，面对学习和生活中的新情况、新问题，不能一味循旧，要敢于创新、开拓思路
企业的生产与成本	企业的利润最大化目标	在讲授"厂商生产目的"时，结合新冠肺炎疫情期间中国企业勇于担当，为全国乃至全球提供战略物资、贡献中国力量的例子，让学生认识到在社会主义大背景下，追求利润最大化不是中国企业发展的唯一目标，企业还承担着不可忽视的社会责任，由此引入创新、协调、绿色、开放、共享的新发展理念，并分析该理念对企业发展目标提出的新要求，不仅深化了学生对厂商生产理论的认识，而且引导学生深刻了解世情国情党情，充分认识党和国家发展过程中的理论创新与实践创新的价值所在

课程内容	课程思政元素切入点	课程思政教学实现方式
完全竞争市场	完全竞争市场的假设条件	用马克思主义的立场、观点分析"完全竞争市场的假设条件"存在非现实性问题，引导学生正确认识为什么完全竞争状态不是社会主义市场经济的理想模式。进而通过"全国统一市场准入负面清单制度2018年起实行"视频的观摩让学生了解实行市场准入负面清单制度，意识到社会主义市场经济改革的方向就是把发挥市场在资源配置中的决定性作用与更好发挥政府作用统一起来，把激发市场活力与加强市场监管统筹起来，放宽和规范市场准入，精简和优化行政审批，强化和创新市场监管，加快构建市场开放公平、规范有序，企业自主决策、平等竞争，政府权责清晰、监管有力的市场准入管理新体制。从而领悟"四个自信"的精髓和智慧，坚定走中国特色社会主义道路的信念和理想价值
不完全竞争市场	垄断、垄断竞争、寡头市场的比较	在讲述不同市场的比较时，通过对不完全竞争市场的知识讲解和探讨分析，让学生认识到不同市场结构经济效率存在较大的差异，结合相关案例，引导学生思考并讨论国家为什么要加强对垄断型平台企业的管制，垄断有哪些危害，让学生了解政府出台"强化反垄断和反不正当竞争，防止资本无序扩张"的政策依据，意识到反垄断、反不正当竞争是完善社会主义市场经济体制的内在要求，深化对政策实施的政治认同、思想认同和情感认同。同时结合动态效率的比较，思考市场经济下企业的核心竞争力是什么，顺势引入我国实施的经济高质量发展战略
生产要素市场和收入分配	经济效率的标准	强调资本主义和社会主义分配制度的不同，并对社会主义分配制度的优越性进行经济学解读，引入以人民为中心的发展思想下效率和公平的新内涵——将效率和公平原则贯穿收入分配各环节，实现初次分配效率原则的公平性与再分配公平原则的效率性辩证统一，使劳动者和要素所有者在初次分配领域可以获得公平的竞争机会与公平的竞争环境，从而坚定社会主义制度自信

续表

课程内容	课程思政元素切入点	课程思政教学实现方式
一般均衡和效率	效率与公平	（1）从旧福利经济学到新福利经济学的发展历史入手，讲解判断经济效率的标准与收入分配是否平等无关。完全竞争的市场经济虽然能够达成所谓帕累托最优状态，却并不能解决人们的收入不平等问题，促使学生形成有关经济效率和公平分配的辩证思维能力。 （2）从罗尔斯主义、功利主义和诺齐克对公平分配的不同观点具有主观性和阶级性出发，引入社会主义核心价值观中"平等、公正"的内涵，引导学生深刻理解我国基本经济制度是公有制为主体，多种所有制经济共同发展。从初始禀赋分配开始就奠定了社会主义公平和公正分配的经济基础，这是社会主义市场经济体制区别于一般市场经济的根本所在。社会主义经济制度为提高经济效率、实现国富民强、确保收入分配的公平和公正提供了制度保障。 （3）引入我国精准扶贫效果与经验的案例。市场在配置资源方面的确是有效率的，党的十八届三中全会决定把市场在资源配置中的"基础性作用"改为"决定性作用"。但不可否认的是市场存在失灵的时候，那么"富裕中的贫困"亦是市场失灵的体现，中国的精准扶贫政策，既是社会主义制度优越性的见证，也为世界其他国家提供了宝贵的经验财富。通过案例的讲解、学生的消化，既振奋了学生的爱国主义情怀，坚定了"四个自信"，同时也了解到市场制度的特征差异、经济运行机制，理论与思想都得到了升华

教学效果与反思：

1. 课程思政教学效果的检验方式

为了评估微观经济学课程思政教学改革的效果，可以从以下几个方面进行评估：一是学生思想政治素质的提高情况。通过问卷调查、讨论等方式，了解学生思想政治素质的提高情况，评估微观经济学课程思政教学改革的效果。二是学生实践能力和创新思维的提高情况。通过实际经济问题的调研和分析、经济学竞赛和实践活动等方式，了解学生实践能力和创新思维的提高情况，评估微观经济学课程思政教学改革的效果。三是学生对于微观经济学课程思政教学改革的反馈。通过问卷调查、讨论等方式，了解学生对于微观经济学课程思政教学改革的反馈，评估微观经济学课程思政教学改革的效果。

2. 教学反思与改进

微观经济学课程需要教师将理论知识与现实生活相结合，为学生创设有趣的教学情境，给学生提供轻松的教学环境，教师通过实际案例和实验教学来帮助学生掌握基础知识，从而提升他们的经济实用能力。

一是通过还原情境法进行案例教学。在微观经济学的教学过程中，教师采用还原情境法，选取典型性案例，借助环境和情景进行设计，把交易过程尽量还原，使之贴近现实生活，增加学生对现实交易的认知和理解。目前微观经济学教材中的案例很多都是国外事件，还有一些案例年代久远，学生难以理解。因此，教师在选取案例时应结合我国经济及社会发展的实际情况，可以从网络、报刊上选取新闻热点做案例，不仅让学生感觉亲切，也能激发其学习热情。二是通过循环体验法进行实验教学。国内很多高校都在经济学课堂中引入实验教学，有利于学生积极参与，提高他们的研究潜能和创新能力。在实际教学中教师通过循环体验法进行教学，可以让学生在反复练习中加深对理论知识的理解，从而提高应用能力。

《宏观经济学》课程思政教学设计

兰 洋

课程名称:《宏观经济学》

任课教师: 兰洋

课程内容:《宏观经济学》以经济体的总体经济活动为考察对象,着眼于国民经济的总量分析、总体分析,探究总产出、总价格、总就业等宏观经济变量之间的相互关系与影响机理,熟悉宏观经济目标与政策制定。该课程理论性与实践性均很强,理论层面关注宏观经济模型演变,实践层面关注宏观政策手段配合。

课程思政目标: 宏观经济学与现实经济有密切联系,对学生价值观形成及信念信仰有重要影响。随着世界经济形势日趋复杂,贸易摩擦与各领域争端日渐凸显,坚定的理想信念和科学的认知对民族复兴大业至关重要。《宏观经济学》应实现以下课程思政目标:一是坚定学生理想信念。中华民族近现代历经磨难,在抗争中摸索出适合自身的发展道路,形成了中国特色社会主义制度,带领人民走出苦难,走向富强。宏观经济学利用现代宏观分析工具理解经济增长、经济周期等宏观领域的重要问题,在教学内容设计上有大量的契合点可以加入思政元素,强化学生理想信念。二是厚植学生爱国情怀。在宏观经济学教学内容中加入中国古代大家的思想和历史上的经济故事,可以增强学生的历史认同感和民族自信心。三是加强学生思想品德建设。思想品德修养是综合素养的重要体现,为学生成长成才发挥着保驾护航的作用,特别是对社会主义核心价值观的践行,让学生充分理解国家、社会、个人的辩证关系。经济学天生具有先天下之忧而忧的学科特征，"经世济民"是其不朽的情怀。

四是增长学生知识见识。宏观经济学要引导学生形成正确的知识见解，思政元素设计主要体现在以下三个方面：引导学生正确看待西方经济理论，在对西方经济理论批判式吸收中，形成马克思主义经济观；引导学生正确认识世界及中国宏观经济发展大势；引导学生正确认识西方经济学各个流派及其观点。

《宏观经济学》课程思政教学设计如表1所示。

表1　　　　《宏观经济学》课程思政教学设计

课程内容	课程思政元素切入点	课程思政教学实现方式
宏观经济指标理论	国内生产总值及其衡量	在讲GDP指标时，介绍GDP这一指标对于我国经济发展的意义，并引入发展要看GDP，不能"唯GDP"，以及绿色GDP的发展理念，让学生了解到国家在发展过程中对GDP认知的不断变化及发展的不断变革，并对我国社会主义核心价值观中的富强、和谐等内容有更好的认知。在讲GDP核算时，融入拉动经济增长的"三驾马车"，即消费、投资及出口的内容，并讲解新冠肺炎疫情之下我国消费、投资及出口的基本变化情况，告诉学生虽然2020年我国受疫情影响，经济增长率仅为2.3%，增长速度放缓，但却是全球主要经济体中唯一实现经济增长的国家，让学生感受到祖国的强大以及作为中华儿女的骄傲，增强学生的民族荣誉感和自豪感
国民收入决定理论：收入和支出模型	现期收入假说下的消费函数理论：相对收入假说	在讲授"由俭入奢易，由奢入俭难"的"棘轮效应"时，引入司马光《训俭示康》一文，鼓励学生养成崇尚节俭、拒绝奢华的品德。引导学生对"面子消费"进行利弊分析，教会学生养成正确的消费观念，合理消费

续表

课程内容	课程思政元素切入点	课程思政教学实现方式
国民收入的决定：AD－AS 模型	AD－AS 模型对外来冲击的反应	阐释内需的定义及扩大内需的理论逻辑、作用机理和具体措施。本部分试图通过内需的定义以及扩大内需的理论逻辑、作用机理和具体措施的讲述，为学生构建基于宏观经济干预的理论框架，使学生明了内需是抵御外部经济风险、增强国民经济福利、保证经济稳定增长的重要手段，进而使学生明了在构建"双循环"新发展格局的背景下，内需具有更加重要的特殊意义。指明中国共产党的领导在推进中国特色社会主义经济建设进程中的先进性与必要性。在讲述扩大内需政策措施的基础上，揭示社会主义市场经济集体领导与资本主义市场经济个体选择之间的区别，尤其是在扩大内需方面，中国共产党的领导所自然衍生形成的集体优势，确保了市场之手与政府之手的有效协同
失业与通货膨胀理论	失业的影响和奥肯定律	在讲解失业内容时，结合当前的就业形势，融入对正确就业观的讲解，提醒学生要处理好就业与择业、就业与创业之间的关系，并鼓励学生灵活就业、积极创业，激发学生树立正确的就业观。在讲述通货膨胀内容时，融入社会主义金融市场发展元素，介绍我国货币的相关政策，提高学生对基本货币政策的认识，建议其要有理财的意识。在讲述失业与通货膨胀关系时，融入国家宏观经济政策目标，以及为维持社会主义经济稳定运行所做的努力，凸显社会主义制度的优越性，培养学生的爱国主义情操
经济增长理论	经济发展的描述和事实	在讲到经济增长与经济发展的关系时，引入我国年 GDP 增加率这一指标值的变化，说明我国经济从高速增长转向为中高速增长，增长方式从粗放型增长转向为集约型增长，不仅追求经济总量的变化，更注重的是经济结构、社会结构、经济制度及社会制度等的变化，追求全面、协调、可持续的发展。在讲解新古典增长模型时，提到技术进步对经济增长的作用，鼓励学生作为新时代的新青年，要顺应时代发展的步伐，具有创新发展的思想理念，积极学习新的知识和技术，为经济社会发展作出应有的贡献

续表

课程内容	课程思政元素切入点	课程思政教学实现方式
宏观经济政策	供给管理政策	在提到供给管理政策时，融入供给侧结构性改革的内容，让学生了解到随着经济社会的发展，政府会依据不同时期的社会问题采取不同的管理政策，以更好地实现宏观经济政策目标。在讲到具体政策的应用时，引入以人民为中心，维护社会和谐稳定、维护国家核心利益的思想，让学生懂得在以习近平同志为核心的党中央的坚强领导下，实现中华民族伟大复兴的中国梦指日可待

教学效果与反思：

1. 课程思政教学效果的检验方式

宏观经济学教学内容改革应着力强化学生平时学习的知识沉淀，着力把抽象、难懂的理论变为具体、简单的知识；着力弥补学生数学思维的不足，把晦涩模型变为学生能看懂的模型。

一是注重除了正常的教学之外，辅之以一定的习题，使所学知识能得到沉淀。尤其是数学模型比较多的章节，会涉及一些模型推导和求解问题，学生课后练习就变得相当重要。可根据历届学生感觉的难点、疑点，编制与教学配套的习题册，作为学生的作业。习题册一定要讲究针对性，针对学生学习的薄弱点、重点和难点。

二是强化宏观经济学案例教学。宏观经济学理论所描述的内容和中国实际差异很大，学生难以把宏观经济学原理与我国的经济实践结合起来。强化案例教学是把抽象、难懂理论变为具体、简单知识的较好方法。笔者认为宏观经济学案例教学应考虑各类学校、不同专业学生的表达能力、反应能力等诸方面因素，结合中国当下经济生活中一些热点问题、国外典型经济问题，编制不同的案例讲义。以案例教学增强学生对理论的现实感觉，加深对宏观经济学基本理论的理解。

三是增设涉及数学模型基础的教学内容。针对学生有数学模型障碍的问题，教师可采取回顾经济数学，如微积分、线性代数、概率论与数理统计等最基础课程有关内容的形式，对宏观经济学中将会用到的知识做讲解，培养学生用数学模型描述经济规律的思维。解释宏观经济学怎样借助高度抽象和严密的数学逻辑表达经济学思想。

2. 教学反思与改进

在《宏观经济学》课程教学中必须正确认识西方经济学的科学属性和阶级属性，取其精华，去其糟粕，让西方经济学理论成果为我国社会主义市场经济建设服务。我们要充分挖掘课程中的德育元素，自觉用习近平新时代中国特色社会主义思想、党的二十大精神来指导宏观经济学教学，这样不仅能提升这门课的教学质量，而且能让课堂真正变成立德树人从理念走向实践的重要阵地，培养出对国家、社会有使命感、责任感的大学生。为此，我们要从教学设计、教学方法、课程考核、课堂内外等方面入手，基于全程育人、全方位育人这一目标，不断提高课程思政融入的有效度，让学生既学好课程本身，又做到理论联系实际，提高思维能力和分析、解决问题的能力。课程思政的探索永远在路上，还需要我们不断学习、深入思考、大胆创新，最大限度地发挥课程思政润物细无声的作用。

在今后的教学中，应将《宏观经济学》课堂与现代信息技术进行紧密融合。突破传统教学方法，发挥现代信息技术具有的优势，多维度、多元化地优化教学方法与手段。一是为课堂教学带来生动感与趣味性，提高学生课堂学习积极性。二是利用现代信息技术为"课前＋课上＋课后"的现代教学方法提供有效的监督和保障。三是线上线下互相配合，有助于教师将思政元素融入教学环节。

《生产运作管理》课程思政教学设计

张晓莲

课程名称：《生产运作管理》

任课教师：张晓莲

课程内容：《生产运作管理》是物流管理专业的核心课程之一，课程包括白酒生产运作系统的设计、生产运作计划编制和控制、库存管理、现代质量管理理论、精益生产方式及先进生产管理方法等内容。课程教学主要以茅台酒生产制造工艺为主线，与中国制造、智能制造、产业升级、数字化转型等有密切关系。课程立足于白酒生产制造场景，围绕中国制造、智能制造、产业转型升级、工匠精神、自我管理、创新精神等思政元素进行挖掘和引导，开展中国制造、质量强国、生产率与国家竞争力、企业伦理、自我管理与精益生产等方面的案例教学。

课程思政目标：教学设计融入课程思政，在教与学中润物细无声，既包括教学目标的设计，也包括教学内容的设计。课程围绕德育，在教学中以"德"和"育"作为"融点"，有效促使学生对自身所掌握的课程内容以及思政教育内容进行深化，例如，从"新冠肺炎疫情下的志愿团队建设"和"口罩供应链及质量问题"两个案例出发，引导学生深度理解服务运营、供应链管理和质量管理等专业知识点，同时引导学生加深对家国情怀，有国才有家，关键时候牺牲小我、成就大家的精神塑造的理解。《生产运作管理》课程与思政教育相结合的部分教学章节如下：

《生产运作管理》课程思政教学设计如表1所示。

表 1　　　　　　　《生产运作管理》课程思政教学设计

课程内容	课程思政元素切入点	课程思政教学实现方式
概述	预测的定义及种类，影响需求预测的因素及预测方法，需求预测与管理的重要性	明确"智能制造""现代制造业""质量强国"战略是国家的重要政策，同时也是国家发展的趋势和要求
需求预测与管理	预测的定义及种类，影响需求预测的因素及预测方法，需求预测与管理的重要性	从"新冠肺炎疫情暴发时口罩供应紧张"，说明市场拉动生产，需求对生产至关重要。长远谋划和应急管理对国家和企业都非常重要。树立危机意识，时刻保持危机感
新产品研究与开发	产品开发的背景特征及原则	从茅台集团"六定"原则规划新产品开发，从茅台集团新产品开发思想的转变到现在准确定位新产品、升级改造旧产品，由"制造"向"智造"转变
设施选址与布置	选址的重要性，影响选址的因素和选址的步骤	从茅台遵义珍酒酒厂选址案例引出全局观。从失败案例到深度研究，从项目上马到全局思考，引导学生要考虑全面、考虑长远
生产计划与企业资源计划	制订计划的一般步骤	树立长远规划思想，关注个人发展的目标设定、职业生涯规划、日常工作计划制订与实施，注意团队意识的培养等
库存控制	库存的定义、作用，库存问题的分类，库存控制系统	了解库存的定义及作用，明确库存问题的分类。关注安全库存意识和 JIT 现代思想的发展
质量管理	质量管理的基本概念，提高产品质量的意义	认识"质量强国"战略的重要、紧迫，通过"大国工匠"视频导入，解读茅台工匠精神的传承，增强爱岗敬业、奉献、主动作为的意识，培养学生主人翁精神和责任感
供应链管理	供应链管理思想的提出，供应链系统设计和优化	从计划供应链的逻辑到市场解决痛点的逻辑，增强国家意识、团体意识、危机意识。树立大局意识和全局观念，坚持把全局作为考虑一切问题的出发点和落脚点，以全局利益作为最高的价值追求

教学效果与反思：

1. 课程思政教学效果的检验方式

一是通过课堂教学过程检验，即通过课堂提问和讨论的方式，观察学生的思想动向，以及在回答问题时考虑的主要方向等内容。二是通过"学习通"等网络学习手段发布相关选择题、判断题，检验学生对课程思政学习的效果。三是通过任务达成情况来考察团队合作、相互协同配合情况等。

2. 教学反思与改进

一是课程思政一定要有时效性，举例最好是与学生息息相关的，能引起学生的共鸣和共情。二是分析学生的学情，结合社会热点，融入课程思政的内容，让学生参与进来，提高关注度。

《经济法》课程思政教学设计

柏传超

课程名称：《经济法》

任课教师：柏传超

课程内容：《经济法》属于市场营销专业的专业教育课程。学习经济法律知识，是学生构建专业学科知识体系、增强专业学科实践中风险抵御能力的重要途径。本课程为交叉课程，涉及经济学（宏观经济学、微观经济学）、法学学科知识。通过本课程，学生能够学习法律知识、培养法治意识，而这两者是现代市场经营活动中不可缺位的部分，是学生提高核心竞争力、适应未来社会风险挑战的必然要求。

本课程内容涵盖总则与分则。总则部分重点学习经济法的体系、地位、宗旨、原则、主体、客体等内容；分则部分重点学习具体的法律制度，分为市场规制法律与宏观调控法律，进一步细分为市场规制法包含反垄断、反不正当竞争、消费者权益保护等法律法规；宏观调控法包含财税调控、金融调控、规划调控等法律法规。在教学过程中，通过案例学习、课堂专题讨论发言和作业练习等方式，引导学生了解、掌握、悟透经济法知识。

课程思政目标：根据教育部《高等学校课程思政建设指导纲要》文件精神，深入开展宪法法治教育课程思政建设是课程思政目标要求和内容重点。而法律类课程当然的具有思政课程的属性，但在课程思政设计中不能局限于此，更要加强内容的丰富性与内涵的深厚性，推进以下内容进入课堂。

（1）推进习近平新时代中国特色社会主义思想进教材、进课堂、进头脑，坚持不懈用习近平新时代中国特色社会主义思想铸魂育人，引导学生了解世情、国情、党情、民情，增强对党的创新理论的政治认同、思想认同、情感认同，坚定中国特色社会主义道路自信、理论自信、制度自信、文化自信。

（2）培育和践行社会主义核心价值观，引导学生把国家、社会、公民的价值要求融为一体，提高个人的爱国、敬业、诚信、友善修养，自觉把小我融入大我，不断追求国家的富强、民主、文明、和谐和社会的自由、平等、公正、法治，将社会主义核心价值观内化为精神追求、外化为自觉行动。

（3）加强中华优秀传统文化教育。大力弘扬以爱国主义为核心的民族精神和以改革创新为核心的时代精神，教育引导学生深刻理解中华优秀传统文化中讲仁爱、重民本、守诚信、崇正义、尚和合、求大同的思想精华和时代价值，教育引导学生传承中华文脉，富有中国心、饱含中国情、充满中国味。

（4）深化职业理想和职业道德教育。教育引导学生深刻理解并自觉实践各行业的职业精神和职业规范，增强职业责任感，培养遵纪守法、爱岗敬业、无私奉献、诚实守信、公道办事、开拓创新的职业品格和行为习惯。

《经济法》课程思政教学设计如表 1 所示。

表 1　　　　　　　《经济法》课程思政教学设计

课程内容	课程思政元素切入点	课程思政教学实现方式
经济法的概念和历史	经济法概念	通过讲解经济法发展的历史，引入树立历史观。经济法发展的历史，是经济学与法学共同发展的历史，更深层次看，是经济发展与社会治理发展的历史，了解经济发展历史，了解社会治理在经济领域的方式，从历史中汲取经济法发展的规律，树立起大历史观，通过历史观辨识不符合历史发展规律的真假信息，防范历史虚无主义颠倒历史黑白，守好意识形态防线，引导青年学生树立正确的历史观，从传统文化中汲取营养，坚定中华民族历史自信

课程内容	课程思政元素切入点	课程思政教学实现方式
经济法的体系和地位	经济法体系	通过讲解经济法的体系，引入树立系统思维、"一盘棋"思维。社会主义的先进性在于集中力量办大事，集中优势办成事，引导学生从大局、全局的角度思考问题，认知世界，摒弃单一的、孤立的眼界与处事方式，强化马克思主义唯物辩证法，抓住主要矛盾与主要矛盾的主要方面，从全局、一定高度整体把握，全面协调、着重解决
经济法的宗旨和原则	经济法宗旨	通过讲解经济法的宗旨，引出中国共产党的宗旨，即全心全意为人民服务，深入学生对党的认识，了解中国共产党如何践行全心全意为人民服务的宗旨，不断增强道路自信、理论自信、制度自信，增强广大学生对党的认同感、归属感、成就感与幸福感，从党对中国特色社会主义事业的建设出发，激发学生的爱国意识与民族意识
经济法的主体和行为	经济法主体	通过讲解经济法的主体，引入公民践行社会主义核心价值观的道德自觉。学生虽未踏入社会，但已属于社会公民，属于社会一分子，应当自觉践行社会主义核心价值观，提高个人的爱国、敬业、诚信、友善修养，自觉把小我融入大我，不断追求国家的富强、民主、文明、和谐和社会的自由、平等、公正、法治，将社会主义核心价值观内化为精神追求、外化为自觉行动
经济法主体的权利（力）、义务和责任	经济法主体权利	通过讲解经济法上主体的权利、义务，引导学生树立正确的权利义务观。权利与义务相辅相成、相互匹配，没有不履行义务的权利，也没有不享有权利的义务。而针对只享受权利不履行义务的错误认识，应该纠正，引导学生树立起自觉履行义务的观念，承担起社会发展、民族复兴大任

续表

课程内容	课程思政元素切入点	课程思政教学实现方式
经济法的制定与实施	经济法制定	通过讲解经济法的制定与实施，引出公平、平等的原则，引导学生树立起公平、正义的理念。公平与正义是社会共识，是推进社会进步的基石，追求公平正义的过程中，要树立正确的利益观，从古至今，无数人拜倒在利益之下，破坏社会公平，为达目标，手段用尽，阻碍了社会的进步。而公平正义的社会之所以能让社会进步在于人人提升自身能力，谋求进步，形成良性竞争，良币驱逐劣币，使得社会足以进步
消费者权益保护法、产品质量法	消费者权益	通过讲解消费者的权益保护，引导学生树立起正确的权益观。日常经济活动中，消费者与商家地位不尽对等，法律加强了对商家的限制与消费者权益的保护。但现实中存在滥用消费者权利的情况，一些消费者滥用权利，使得商家处于被动地位，无论是消费者抑或商家，都应当树立起正确的权益观，保持诚信，维护交易平稳，防止滥用权利的行为发生
个人所得税法	公民纳税的义务	通过讲解个人所得税法，引出公民的纳税义务与激发学生建设国家的主人翁精神。税收是财政收入的重要组成部分，用于国家建设，公民的纳税义务是宪法、法律规定的个人义务，履行纳税义务是提高公民社会责任感、参与感的重要措施，青年学生不仅要参与到社会建设中，更要发扬主人翁精神，主动建设社会，自觉将个人的成长与国家的发展紧密结合在一起，以小我成就大我，达到"我将无我"的精神境界
反垄断法、反不正当竞争法	反垄断法律规制	通过讲解反垄断法与反不正当竞争法，引导学生树立起规矩意识与纪律意识，垄断与不正当竞争破坏社会经济秩序，遵纪守法、尊重市场规律是促进市场良性发展的重要前提，一些不法商人破坏社会主义市场经济秩序，使得贫富差距拉大，阶级矛盾加深，不利于社会的发展。树立起纪律意识与规矩意识，维护正常的社会秩序，才能在社会发展中受益

教学效果与反思：

1. 课程思政教学效果的检验方式

一是通过学生的上课状态、日常学习来检验。通过课程思政教育，学生能够改变学习态度，提高学习主动性，自觉关心学校发展、社会发展事宜，一定程度上体现了课程思政的成果。二是通过日常练习来检验，从练习态度、表达的思想内容能够识别课程思政的成果。

2. 教学反思与改进

一是根据学生课程反映、课后反馈、日常行为了解、检验思政结果，及时调整思政内容。二是注重时事，走近学生，了解他们的兴趣爱好，结合兴趣爱好调整课程思政内容、方式。

《市场营销学》课程思政教学设计

刘 文

课程名称：《市场营销学》

任课教师：刘文

课程内容：《市场营销学》是一门建立在经济学、心理学、行为科学之上的综合性思维训练课程，具有广泛性、综合性和发展性的特点。在市场经济条件下，市场营销理念、方法和技巧不仅被广泛应用于企业和各种非营利组织，而且逐渐应用于微观、中观和宏观三个层次，涉及社会经济生活的各个方面，是管理类专业的核心课程。本课程以消费者（客户）的需求为核心，在介绍营销基本理论与实践的基础上，结合网络时代营销理论与实践的新变化，注重学习营销新观念、新技术、新方法以及销售技巧，为企业培养高素质的营销人员。

课程思政目标：将思想价值引领贯穿于《市场营销学》教学过程之中，要在课程教学中坚持以马克思主义为指导深化教学内涵，提升教学效果。确定在《市场营销学》的教学中实现如下课程思政目标：（1）引导学生树立远大理想，弘扬爱国主义情怀，树立正确的人生观、世界观、价值观。（2）培养学生具备经世济民的情怀，立足新时代新征程，中国青年的奋斗目标和前行方向归结到一点，就是坚定不移听党话、跟党走，努力成长为堪当民族复兴重任的时代新人。（3）培养学生的批判精神，善于独立思考，善于发现问题，提出质疑，进行争论，不断分析解决问题。（4）具备市场营销从业人员要求的基本素养；明确坚持走中国特色社会主义道路是取得我国外贸事业成功的关键；理解中国为什么要坚持中国共产党的领导，为什么要坚持中国特色社会主义，深刻理解习近平新时代中国特色社会主义思想。

《市场营销学》课程思政教学设计如表1所示。

表1 **《市场营销学》课程思政教学设计**

课程内容	课程思政元素切入点	课程思政教学实现方式
市场营销导论	市场与市场营销认知	（1）采用资料收集、小组讨论的方式，引入华为手机、中国动车等学生感兴趣的案例，培养学生收集处理信息、获取新知识的能力；锻炼学生的语言文字表达能力、团结协作能力和人际沟通能力。 （2）通过对典型案例的分析，让学生进一步了解中国在很多领域领先世界，改革开放取得了举世瞩目的成就，中国为全球发展贡献了中国力量，以此激发学生爱国主义情怀，凸显社会主义核心价值观。 （3）通过案例让学生了解中国式营销取得的成绩，引导学生认识坚持走中国特色社会主义道路是取得我国外贸事业成功的关键。改革开放40多年来，中国正逐渐走向世界舞台的中心，实现了中国制造贸易的奇迹。以此教育学生坚持中国共产党的领导，坚定不移地走中国特色社会主义道路，坚持改革开放
宏观环境分析政策与措施	政治与经济因素分析	（1）可以引入"中美贸易摩擦"的案例。近年来，我国的经济实力得到了质的飞跃，在国际上也越来越有话语权，中美两国的综合实力差距逐渐缩小。 （2）我国政府一直主张"经济全球化"与"人类命运共同体"，主动协商解决矛盾，这体现了大国的自信，也体现了大国的担当。要正确判断国际贸易发展方向和全球化动态，切实地发现问题、解决问题，潜移默化中增强学生明辨是非的能力。激发学生的责任感、担当意识及爱国情怀

续表

课程内容	课程思政元素切入点	课程思政教学实现方式
宏观环境分析政策与措施	法律与环境因素分析	（1）可引入党的十九大报告中关于生态环境治理的部分，大力推进生态文明建设，全党全国贯彻绿色发展理念的自觉性和主动性显著增强，忽视生态环境保护的状况明显改变。激发学生保护环境的意识。任何事情都有其发展规律，做任何事情，不要急于求成，更不能损人利己甚至破坏环境。引导学生爱护和保护生态环境，增强学生的责任意识。 （2）可以运用中国银行出口信贷支持 Gener8 银团贷款超大型油轮、中国（湖北）自由贸易试验区总体方案等案例，培养学生理性思考，具有批判精神、求实创新、勇于探索的精神，引导学生开拓进取、团结协作，并强化富强这一国家层面的价值目标
中国企业愿景与使命	企业愿景与使命分析	通过资料收集、小组讨论等教学方法，引导学生认识中国企业的使命与愿景，引导学生正确认识时代责任、历史使命，用中国梦激扬青春梦
专题探讨	中国企业营销环境	可引入"一带一路"背景下，我国不同地区与共建国家在农业、旅游业以及教育资源等领域存在的合作机遇，说明只有坚持中国特色社会主义道路，坚持党的领导，人民才能迈向美好未来。为学生树立强大的中国精神、中国价值、中国力量，激发学生的爱国主义情怀

教学效果与反思：

1. 课程思政教学效果的检验方式

（1）通过课前的预习检验，即通过信息化教学方式，在线发布与教学内容相关的视频、文字，让学生观看、阅读完毕后回答问题来检验预习效果。（2）通过课堂提问和讨论的方式，结合课前预习的资料，了解学生在学习市场营销学专业知识的同时，对相应的课程思政内容的理解情况。

（3）通过课后复习题，检验学生对课程思政学习的效果。（4）从整体性上通过设置带有思政元素题目的课程期末考核来检验学生学习课程思政的效果。

2. 教学反思与改进

（1）根据学生的预习情况，适时调整课程思政的切入点和案例，加强课程思政的针对性和有效性。（2）根据课堂教学的情况向学生及时传达思政要点，并帮助学生理解其深刻含义。（3）根据课后、考核中的相关题目了解学生的学习情况，并及时在下次课程中进行调整。（4）根据时下热点新闻事件结合我校学生学情分析，适时调整课程思政的内容。教师根据学生的需求，有针对性地开发网络教学资源。同时可以利用第二课堂来拓展课程思政平台，使思政教学更接地气、更有活力。

《服务营销》课程思政教学设计

傅清华

课程名称：《服务营销》

任课教师：傅清华

课程内容：《服务营销》是一门针对市场营销专业的选修课。对市场营销专业的大学生而言，掌握组织和实施服务这一企业沟通消费者有效载体的理论和方法，是提高该专业学生自身职业素质和就业竞争力的重要途径。本课程涉及服务营销与经济学、心理学、社会学等各个学科的知识，与市场结合紧密，知识的应用性很强。通过案例分析、话题讨论等互动环节引导学生建立市场意识，促使学生形成"服务至上，以消费者为中心"的专业核心观念。课程内容涵盖宏观上广告的发展、策略与经营管理等知识，旨在让学生掌握服务营销学科的学科性质、研究方法、基础原理和运作流程等知识，并进一步思考服务营销在整个营销活动中的应用。作为一门理论贯穿实践的综合课程，该课程的教学方法主要是案例讨论、课堂专题讨论发言和作业练习等。

课程思政目标：将思想价值引领贯穿于《服务营销》教学过程之中，借思想政治教育深化教学内涵，提升教学效果。确定在《服务营销》的教学中实现如下课程思政目标：一是引导学生认识、理解国家的战略、方针、政策，并进一步思考国家大政方针对个人发展有何影响和将个人职业规划融入国家发展战略的重要性，不断提升学生的时事政治素养和自觉性。二是引导学生在学习中了解国情、社情，潜移默化加深对习近平新时代中国特色社会主义思想的认同。三是通过对"服务接触三元组合"的学习，领会服务中"人"的重要作用，结合传统文化中的"仁义礼智信"来培养学生的人文关怀和诚信意识，树立正确的商业价值观。四是通过对"服务的有形展示"的学习，培养学生审美素养，结合李宁案例的剖析，尤其是通过周围因素、设计因素和社交因素，培养学生文化自信，增强社会责任感。五是通过服务补救策略的学习，尤其是服务补救的及时性、主动性和全员性特点，服务补救的步骤和补救策略，以小见大，培养学生系统思维和大局意识。

《服务营销》课程思政教学设计如表1所示。

表1　　　　　《服务营销》课程思政教学设计

课程内容	课程思政元素切入点	课程思政教学实现方式
第一章 服务营销概述	服务价值、服务过程、价值取胜	服务营销作为一门交叉学科，其在发展过程中，通过构建服务价值链来有效管理服务过程，以价值来取胜。本章主要采用案例教学，从电视剧《乔家大院》展开，如乔致庸针对包头各分号欺蒙客商等行为大刀阔斧进行人事变更并制订了新店规，保证了乔家生意稳定的同时也逐步建立了以"诚信"为首的商业秩序。乔致庸以"义、信、利"赢得了包头众商家、股东的支持和信任，乔家的生意又重现生机。结合传统文化中的"仁义礼智信"剖析服务营销，通过"连线题"和小组讨论的形式，在过程中组织和引导学生积极参与，引发学生情感共鸣
第二章 服务质量差距模型	服务质量差距模型	企业在提供服务的过程中，只有树立以顾客为中心的理念来满足甚至超出顾客的服务期望，才有可能提高顾客满意度，并形成核心竞争优势，实现企业的可持续发展。主要采用案例教学，学生课前通过微课的学习，掌握核心概念，在课堂上主要通过李宁概念店有形展示周围因素、设计因素和社交因素的剖析，结合小组讨论，让学生体会有形展示的作用，通过课外的"探店"对比不同有形展示的特点。此部分内容让学生关注创新的同时，培养审美素养，感受文化和品牌的结合，形成文化认同，增强文化自信

续表

课程内容	课程思政元素切入点	课程思政教学实现方式
第三章 服务中的 顾客行为	服务购买决策过程	服务营销者需要知道顾客是如何做出购买服务的决策的。只有理解顾客行为，才能制定有针对性的服务营销策略，提高企业的营销效益。 学生通过课堂情景模拟"一次失败的服务"来发现服务过程中失败的原因、服务补救的特点和服务补救策略。教师组织学生互相提问和追问，引导学生深度学习。在模拟的过程中，同时培养团队协作精神
第四章 发展顾客 关系	关系营销、顾客满意 与顾客忠诚的关系	许多企业并不真正了解顾客，因为它们以交易为中心，倾向于不断获得新顾客。而优秀的服务企业则以关系为中心，注重与老顾客建立和发展良好的关系使公司获得长期的发展。 本章通过实践模拟参与法，借助实习实践活动的组织参与锻炼学生的实践动手能力。在课堂中，根据学科特点将教学内容中可以实践的部分摘列出来，统一组织学生进行实践模拟，学生在模拟中需要完全按照真实企业、市场情况进行应对，如此能帮助学生尽早适应社会市场环境，为进入社会积累经验
第五章 服务补救	服务补救策略	服务失误是企业难以避免的，而服务失误会引起顾客的不满，产生不利于企业的口碑传播，最终可能导致顾客流失。因此，企业应该重视服务补救，采取有效的服务补救策略来挽回顾客，并通过服务补救持续提升服务质量，这对企业的长期成功是极为重要的。 学生通过课堂情景模拟"一次失败的服务"来发现服务过程中失败的原因、服务补救的特点和服务补救策略。教师组织学生互相提问和追问，引导学生深度学习。在模拟的过程中，同时培养学生团队协作精神

续表

课程内容	课程思政元素切入点	课程思政教学实现方式
第六章 服务产品与服务标准	服务产品	服务产品是企业发展的基石，根据顾客个性化的需求来提供服务产品和进行服务产品的创新，并且将服务创新持续化，有利于企业获得竞争优势。作为消费者服务需求的凝结，服务产品是企业开展服务营销活动的基础。 在本章教学中，挖掘此课程中的人文精神、企业精神、工匠精神等思政内容，并将其放到具体的案例中，引导学生进行分析；或者也可引入社会实际案例或者其他国家的市场营销案例，再结合课本教材中的理论知识进行综合案例分析，如此能给学生带来丰富的课堂体验，便于学生理解市场营销中的思政育人元素，进而端正自身学习态度和学习理念
第七章 服务流程	服务流程再造的类型	服务产品回答了做什么，而服务流程涉及怎么做的问题。服务企业要创造和提交服务产品，就必须具有相应的服务流程。 本章通过案例项目教学法，将教材中的内容以案例项目的形式向学生呈现，要求学生在分析案例、比较案例过程中提炼出知识点内容，在循序渐进中掌握知识点。这一教学方法能给学生呈现生动形象的知识内容，将抽象的知识具象化，便于学生理解和把握
第八章 有形展示	有形展示	有形展示是服务营销组合的一大要素。商品营销注重创造抽象的联系，服务营销则强调利用有形的物证来显示无形的服务。服务营销者可以通过对一切有形要素的管理来弥合服务质量差距模型中的差距。通过学习，进一步了解有形展示和服务场景的概念与类型，阐述服务场景是如何对顾客产生影响的，包括服务场景设计的方方面面。 本章采用实践模拟参与法，通过实习实践活动的组织参与来锻炼学生的实践动手能力。在课堂中根据学科特点将教学内容中可以实践的部分摘列出来，统一组织学生进行实践模拟，学生在模拟中需要完全按照真实企业、市场情况进行应对，如此能帮助学生尽早适应社会市场环境，为进入社会积累经验

续表

课程内容	课程思政元素切入点	课程思政教学实现方式
第九章 服务营销中的人员	服务质量	由于服务营销自身的特殊性，布姆斯和比特纳建议在传统市场营销理论4P的基础上增加三个服务性的"P"，即人员、流程、有形展示。本章采用教学任务驱动法，在教学过程中，为实现服务营销教育目标而提出不同层次的需求，包括教学单元目标、课堂目标等内容。以教学中的各项任务和目标为载体，细化各项教学项目和教学环节，使学生能在每个目标模块中感受到学习成效。服务必须由员工提供，由顾客进行感知，而服务质量会因提供者或顾客的差异而有所变化。因此，管理好服务营销中的员工和顾客，能够有效提升服务质量，增加顾客的服务感知价值，促进企业服务绩效的提高
第十章 服务供需管理	服务需求与服务能力的关系	由于服务的易逝性和需求的波动特性，服务企业的生产能力与服务需求难以匹配。生产能力的闲置意味着利润的减少，而超负荷使用服务企业的生产能力不仅会使员工和设备超负荷运转，而且会影响服务质量，因此，服务企业存在一种内在的平衡供需动力。 本章采用实践模拟的教学方法，丰富教学形式。具体而言，教师可将教室布置成仿真企业场景，然后安排学生小组按照教材中的案例自由发挥，从中感悟团结协作、开拓创新的思政元素，达到课程思政的教育效果；或者也可由教师选定一个服务营销主题，学生自由组队，设计实践模拟项目，在参与过后向其他同学分享职业精神、诚信品质等思政元素，以此提升学生的综合实践素质
第十一章 服务分销、定价与促销	服务渠道的特点与挑战	在服务营销中，分销渠道关系到企业是否能将服务顺利地传递给顾客，而价格和促销是导致服务供应商差距出现的关键因素，两者都有可能通过提高顾客期望而加大顾客服务体验差距。 本章可先讲解加强服务营销的相关故事和案例内容，然后再引出本节课所需完成的教学任务，并要求学生按照教学任务中的要求，逐个完成学习问题。或将本学期的教学总目标按照章节分布情况进行任务分配，细化到每个章节中，通过完成每个章节的小目标来实现总任务。在这一过程中，学生能感悟到团结配合、坚持不懈的精神品质，如此便达到了服务营销课程思政的教学效果

续表

课程内容	课程思政元素切入点	课程思政教学实现方式
第十二章 服务营销发展的新趋势	电子服务营销与体验营销	随着21世纪知识经济时代的来临，科学技术的迅猛发展，服务业将成为主导性的产业经济形态。借助于当代以信息技术为核心的新科技革命提供的便捷服务方式，打破商务活动时空限制，有效满足个性化消费需求的电子服务营销异军突起；同时，当今消费者也越来越趋于理性，更注重满意的服务体验，这极大地改变了传统的营销理念和模式，可以说电子服务营销、体验营销已经成为当前服务营销发展的重要趋势。 本章通过案例项目教学法，挖掘此课程中的人文精神、企业精神、工匠精神等思政内容，并将其放到具体的案例中，引导学生进行分析；或者也可引入社会实际案例或者其他国家的服务营销案例，再结合课本教材中的理论知识进行综合案例分析，如此能给学生带来丰富的课堂体验，便于学生理解服务营销中的思政育人元素，进而端正自身学习态度和学习理念

教学效果与反思：

1. 课程思政教学效果的检验方式

一是通过课堂教学过程检验，即通过课堂的提问和讨论发现学生在学习服务营销专业知识的同时，对相应的课程思政内容的理解情况。二是通过"学习通"等网络学习手段发布相关选择题、判断题，检验学生对课程思政学习的效果。三是设计考试试题时，通过设立个别兼有专业内容和课程思政内容的考题，检验学生学习课程思政的效果。

2. 教学反思与改进

一是根据学生对课程思政的反馈情况，适时调整课程思政的切入点和案例，加强课程思政的针对性和有效性。二是根据学生的学情和社会上青年学生的关注点，适时调整课程思政的内容，以此形成课程思政的闭环。

《物流技术与装备》课程思政教学设计

傅清华

课程名称：《物流技术与装备》

任课教师：傅清华

课程内容：《物流技术与装备》是物流管理专业的主干课程，通过本课程的教学，要求学生在理论联系实际的基础上，比较系统地掌握物流技术与装备的基本理论、基础知识和基本方法，使学生掌握并应用物流技术与装备知识，提高学生的研究和工作能力。

物流技术与装备课程主要内容包括绪论、物流运输技术与装备、仓储技术与装备、装卸搬运技术与装备、物流分拣技术与装备、物流包装及流通加工技术与装备、集装单元化技术与装备、物流信息技术与装备、物流技术与装备仿真实验等。作为一门理论贯穿实践的综合课程，该课程的教学方法主要是案例讨论、课堂专题讨论发言和作业练习等。

课程思政目标：以将思想价值引领贯穿《物流技术与装备》教学过程之中，借思想政治教育深化教学内涵，提升教学效果。确定在《物流技术与装备》的教学中实现如下课程思政目标：一是引导学生认识、理解国家的战略、方针、政策，并进一步思考国家大政方针对个人发展有何影响和将个人职业规划融入国家发展战略的重要性，不断提升学生的时事政治素养和自觉性。二是引导学生在学习中了解国情、社情，潜移默化加深对习近平新时代中国特色社会主义思想的认同。三是本课程重点关注提升学生的组织协调能力、物流技术分析和应用能力，运用多种手段培养和提升学生在物流实践等方面的能力。四是注重培养学生综合运用所学知识分析和解决问题的能力，提高学生的职业竞争力。五是按照"自主学习、实践应用、创新创业"的人才培养目标，为党和国家培养"善策划、懂物流、会应用"的专业物流人才。

《物流技术与装备》课程思政教学设计如表 1 所示。

表 1　　《物流技术与装备》课程思政教学设计

课程内容	课程思政元素切入点	课程思政教学实现方式
第 1 章 绪论	物流技术与装备基础	通过案例教学法，通过观看影片《厉害了，我的国》电影展现了党的十八大以来，我国的飞速发展和取得的辉煌成就，以纪录片的形式呈现在观众面前。中国桥、中国路、中国车、中国港、中国网等超级工程的震撼影像。在彰显国家实力的同时，影片也体现了普通劳动者不畏艰险、埋头苦干、开拓进取的伟大奋斗精神，激励着中华儿女为实现中华民族伟大复兴的中国梦不断前进
第 2 章 物流技术与装备	物流技术与装备	本章通过教学案例导入法，在运输基本方式和公路运输部分，通过介绍我国公路建设的"7918 工程"，让学生了解我国高速公路建设的速度和规模，激发学生的爱国热情和自豪感。在铁路运输部分，通过对我国高铁技术的介绍，展示我国铁路运输的强大实力和迅猛发展速度。在管道运输部分，通过对管道运输介绍和照片展示，展示祖国的地大物博、物产丰富。在水路运输部分，通过介绍我国主要港口规模、年货运吞吐量在世界主要港口中的排名，展示我国的水路运输能力之强大，侧面反映我国经济发展度速之快，增强学生身为中国人的自豪感和荣誉感
第 3 章 仓储技术与装备	仓储技术与装备的分类和特点	本章打破传统教学模式，充分发挥教师和学生的双主体作用，运用启发式、探究式、讨论式、参与式等教学方式，调动学生学习的积极性、主动性，实现从被动接受到主动学习的转变。采用情景案例教学方法，介绍有关仓储装备的基本知识，详细介绍了仓库、货架、自动化立

续表

课程内容	课程思政元素切入点	课程思政教学实现方式
第3章 仓储技术与装备	仓储技术与装备的分类和特点	体仓库以及仓养护技术与装备、仓储计量装备等特点。通过情景创设手段，体现仿真性、参与性、互动性的特点，为学生提供真实的案例场景，让学生学会解决问题，提高其专业技能。引入运输业务流程及运输环节遇到的实际问题，使授课内容能够做到理论和实际相结合，同时提高学生运用理论知识解决实际问题的能力
第4章 装卸搬运技术与装备	装卸搬运技术与装备概述	装卸搬运作业是影响物流速度和成本的重要因素。本章主要以视频导入，鼓励学生在学习、工作中不断钻研，不断进取，勇于创新，追求突破。首先是将基于工作任务及知识体系的教学内容整合，如通过视频导入、问题导入方式设定学习任务，学生分组收集应急物流、应急储备的文献，教师对相关知识进行讲授，各小组形成小组报告，并在课堂上进行展示，就相关知识进行总结。灵活使用教学方法，能提高学生的学习积极性，提升育人效果。先从装卸搬运的概念讲起，紧接着描述装卸搬运的地位及构成，并对装卸搬运机械的方法进行讲解，重点表述了装卸搬运合理化目标
第5章 物流分拣技术与装备	分拣技术与装备概述	本章主要介绍了物流分拣过程中涉及的技术与装备。通过课前布置任务，收集相关物流服务的优秀事迹，课堂分享，让学生提前收集资料、展开思考。如此可以有效提高课堂效率，提高学生分析问题、主动学习的能力，提升专业素养。通过企业实例介绍电子标签拣货系统和药品自动分拣装备的特点及功能，并通过学习"最美快递员"的先进事迹，培养学生社会责任意识、工匠精神，不忘初心、牢记使命，锐意进取。以先进工作者为榜样，充分理解物流服务的核心是对待客户也应"不忘初心、牢记使命"，使学生具有社会责任感、良好的人文社会科学素养；能够遵守职业道德和规范，承担相应的责任

课程内容	课程思政元素切入点	课程思政教学实现方式
第6章 物流包装及流通加工技术与装备	物流包装技术与装备	本章涉及包装的发展及分类，并引入物流包装和绿色物流包装的内容。针对物流包装技术介绍了包装技术的分类及主要包装技术和包装的保护技术、包装材料、容器与装备，随后对包装合理化提出要求和实施途径。打破传统教学模式，充分发挥教师和学生的双主体作用，运用启发式、探究式、讨论式、参与式等教学方式，调动学生学习的积极性、主动性，实现从被动接受到主动学习的转变。采用情景案例教学方法，结合仿真性、参与性、互动性的特点，为学生提供真实的案例场景，让学生学会解决问题，提高其专业技能。引入运输业务流程及运输环节遇到的实际问题，使授课内容能够做到理论和实际相结合，同时提高学生运用理论知识解决实际问题的能力。引导学生自主学习，向绿色物流和可持续发展方向迈进
第7章 集装单元化技术与装备	集装单元化概述	集装单元就是把各式各样的物料集装成一个便于储运的单元。集装单元化是物料搬运、物流作业的革命性改革，是物流现代化的标志。本章实验教学采用讲授法、软件演示法和任务驱动教学法等，使学生巩固、丰富和完善所学知识，培养学生解决实际问题的能力和多方面的实践能力。思政教学采用讨论法、案例教学法。注重培养学生学习、分析和解决问题的思路、方法和能力，把教学内容的讲解融于物流工程背景之中，调动学生的积极性和创造性，让学生通过课堂学习，实现举一反三，达到触类旁通的效果。通过视频、图片了解洋山深水港、三峡工程、南水北调工程及西气东输等国家重大工程项目，感受工程师严谨、审慎、负责的态度和客观、公正、科学的求实精神
第8章 物流信息技术与装备	物流技术与装备和预测报告	本章从物流信息技术入手，阐述了几种主流的现代物流信息技术，并展示了各种技术在物流中的作用。本章实验教学采用讲授法、软件演示法和任务驱动教学法等，使学生巩固、丰富和完善所学知识，培养学生解决实际问题的能力和多方面的实践能力。思政教学采用讨论法、

续表

课程内容	课程思政元素切入点	课程思政教学实现方式
第8章 物流信息技术与装备	物流技术与装备和预测报告	案例教学法。注重培养学生的学习、分析和解决问题的思路、方法和能力，把教学内容的讲解融于物流工程背景之中，调动学生的积极性和创造性，让学生通过课堂学习，实现举一反三，达到触类旁通的效果。结合所学专业，分析我国飞速发展与巨大进步的典型示范物流工程，从工匠精神、创新精神体会我国国家战略和时代精神。激发钻研奋进、精益求精、追求卓越精神，埋下工匠精神的种子。在教训中总结经验，树立良好的观念，秉承严谨、审慎、负责的态度和客观、公正、科学的求实精神。体会由于备选方案少、评价结论单一带来的决策不稳妥、不可靠乃至不科学的问题，从而警示学生在未来职业中必须不断精益求精

教学效果与反思：

1. 课程思政教学效果的检验方式

一是通过课堂教学过程检验，即通过课堂的提问和讨论发现学生在学习物流技术与装备专业知识的同时，对相应的课程思政内容的理解情况。二是通过"学习通"等网络学习手段发布相关选择题、判断题，检验学生对课程思政学习的效果。三是设计实践汇报和案例试题时，通过设立个别兼有专业内容和课程思政内容的考题，检验学生学习课程思政的效果。

2. 教学反思与改进

一是根据学生对课程思政的反馈情况，适时调整课程思政的切入点和案例，加强课程思政的针对性和有效性。二是根据学生的学情和社会上青年学生的关注点，适时调整课程思政的内容，以此形成课程思政的闭环。三是针对物流专业的特点，结合茅台学院对学生"三大能力"（自主学习、实践应用、创新创业）的培养，构建课程思政的完整体系。

《Photoshop 图片处理技术》
课程思政教学设计

吕林嘉

课程名称：《Photoshop 图片处理技术》

任课教师： 吕林嘉

课程内容：《Photoshop 图片处理技术》一课是为培养高素质的电子商务应用型人才而设置。本课程的主要教学任务是使学生通过上机练习和作品设计掌握 Photoshop 软件的操作方法与技巧，将计算机平面图形设计知识应用于实际，提升对各种图形图像进行设计的能力。课程内容包括对图形图像处理的一般思路和过程、掌握利用 Photoshop 进行图形图像处理的基本方法和手段。

课程思政目标： 要在课程教学中坚持以马克思主义为指导，引导学生树立远大理想，弘扬爱国主义情怀，树立正确的人生观、世界观、价值观；让学生理解坚持"四个自信"之下的中国信息技术的发展，鼓励学生在图片设计的过程中主动思考，进行原创性设计，抵制过度借鉴；具有良好的道德修养、积极向上的人生理想、符合社会进步要求的价值观念；理解中国为什么要坚持中国共产党的领导，为什么要坚持中国特色社会主义，深刻理解习近平新时代中国特色社会主义思想。

《Photoshop 图片处理技术》课程思政教学设计如表 1 所示。

表 1　　《Photoshop 图片处理技术》课程思政教学设计

课程内容	课程思政元素切入点	课程思政教学实现方式
分辨率与颜色模式	介绍"中国色彩"与中国发展速度	通过讲解知识点"分辨率",向学生们介绍最近几年中国的发展速度。 通过讲解知识点"颜色模式"向学生们介绍"中国色彩",让学生进一步了解中国在很多领域领先世界,改革开放取得了举世瞩目的成就,中国为全球发展贡献了中国力量,以此激发学生爱国主义情怀,凸显社会主义核心价值观。 让学生了解国情,了解我国的民族文化。引导学生热爱祖国,激发爱国情怀。以此教育学生坚持中国共产党的领导,坚定不移地走中国特色社会主义道路,坚持改革开放,携手走向繁荣富强
选区的运用	文创作品赏析	在优秀文创作品赏析过程中,融入习近平新时代中国特色社会主义思想,鼓励学生创作宣传习近平新时代中国特色社会主义思想以及社会主义核心价值观的作品。 注重思政教育引导,鼓励学生创作多种形式的设计作品以及参加相关学科竞赛,发挥精神文明创建、文化产品创作的引领作用,把习近平新时代中国特色社会主义思想融入教学各个环节,将其转化为学生的情感认同和行为习惯
文字处理	非遗的保护与创新设计	提升学生对优秀传统文化的认识,加大对优秀传统文化和非物质文化遗产的宣传与保护力度,深入挖掘优秀传统文化的思想内涵,梳理优秀传统文化中的思想精华,结合新时代人们的审美观念、现代材料与工艺,使学生创作出适应新时代的设计作品,不断将优秀传统文化发扬光大。 同时,通过在文字处理实践教学中融入传统文化保护与传承专题,以此强化学生的文化自信心,提升学生保护与传承传统文化的热情,使其创造性地传承祖国的优秀传统文化。激发学生的责任感、担当意识及爱国情怀。 非物质文化遗产是传统文化的重要组成部分,很多非物质文化遗产在经济快速发展的冲击下面临传承断裂的困境。当下,融合传统美学与现代设计理念的"国潮"风日益盛行,Photoshop 图片处理技术以现代生活美学价值为导向融入思政元素,将民族风与时代感融合,使非遗走进现代生活

续表

课程内容	课程思政元素切入点	课程思政教学实现方式
通道	优秀作品赏析	通过案例分析近五年艺术设计大赛以"生命""绿色世界""海洋世界"为主题的获奖作品，激发学生的学习兴趣，增强专业课程的人文情怀。增强学生保护环境的意识。 任何事情都有其发展规律，做任何事情，不要急于求成，更不能损人利己甚至破坏环境。引导学生爱护和保护生态环境，增强学生的责任意识
	公益专题设计	以习近平同志为核心的党中央自党的十八大以来明确提出要倡导"人类命运共同体"意识，这一全球价值观包含相互依存的国际权力观、共同利益观、可持续发展观和全球治理观。 以人类社会环保题材、人类生命健康题材、宣扬社会新风尚及美德题材、振兴教育与科技发展题材、提高社会人口素质题材、传播时代观念与文化题材等为主题，将 Photoshop 图片处理技术融入实践教学活动中，不仅使学生的专业技能、设计修养得到提升，也能增强学生的大局意识和社会责任感
蒙版	图像处理关键技术	让学生提前搜集我国使用"Photoshop"工具完成的优秀图片作品，课堂上分小组展示，让学生通过查阅和讨论，从专业知识学习的角度感受祖国的日益强大，坚定民族自豪感，激发爱国主义情怀，增强对我国科技事业的自信心，培养文化自信。 通过对各种数字媒体技术设计中关键技术的讲解，对我国在各领域的先进、创新的具体案例进行分析，全面了解智慧中国、创新中国
滤镜	"滤镜"作品赏析	近年来 Photoshop 图片处理技术领域中开展了"建党 100 周年主题海报设计""廉政文化设计""抗击疫情海报、插画展""厉行节约、反对浪费海报与插画设计作品展"等主题设计。这些作品激发了学生用创造性思维及艺术的各种表现形式来歌颂祖国、歌颂党，传承优秀地域文化，学生深入挖掘代表中国的元素符号，如国旗、国徽、长城、天坛、华表以及龙凤图腾、祥云等代表中华民族传统文化的元素。 这些活动将思想政治教育很好地融入课程教学中，显著增强了学生的民族自信心。说明只有坚持中国特色社会主义道路，坚持党的领导，人民才能迈向美好未来。为学生树立强大的中国精神、中国价值、中国力量，激发学生的爱国主义情怀

教学效果与反思：

课程思政秉持"课程承载思政、思政融入课程"的教学理念，教师在专业课课堂教学的过程中，在教授学生知识技能的同时，对学生进行思想政治教育，在知识点中植入"思政元素"，引导学生树立正确的人生观、价值观。就《Photoshop 图片处理技术》课程而言，就是将思政元素融入课堂教学和课程改革的各个环节、各个方面，贯穿教学全过程，达到"立德树人、润物细无声"的效果。

因此，专业课程的教师应该改进教学手段，有的放矢地去设计、实施、总结挖掘出来的思政元素，使其达到好的教学效果。在课堂上可以采用讨论式教学，抛出一些新闻时事和经典案例让学生讨论，注重互动交流，促使学生深入思考案例背后的思政原理。另外，在互联网新媒体技术下，可尝试慕课、翻转课堂等多种教学形式，使学生能够利用碎片化时间实现自主学习，教师根据学生的需求，有针对性地开发网络教学资源。同时可以利用第二课堂来拓展课程思政平台，使思政教学更接地气、更有活力。

《Python 程序设计》课程思政教学设计

吕林嘉

课程名称：《Python 程序设计》

任课教师：吕林嘉

课程内容：《Python 程序设计》是面向工商管理系电子商务专业学生的一门重要的专业基础必修课程，是理论和实践紧密结合的一门课程，是提高学生信息素质和工程素养的一门重要的基础课程。通过本课程的教学，学生能够系统地掌握 Python 程序设计语言，能够利用程序设计语言解决实际问题，为今后从事基于程序设计而发展起来的电子商务相关工作奠定必要的理论和工程技术基础。课程内容包括程序设计基本方法、Python 语言语法、Python 语言多领域应用等知识的学习。

课程思政目标：在《Python 程序设计》的教学过程中，应贯彻思想价值引领的原则，通过深化思想政治教育来提升教学内涵，从而提升教学效果。确定在《Python 程序设计》的教学中实现如下课程思政目标：一是培养学生耐心、细致和逻辑思维能力，鼓励学生在编写程序时积极面对错误，将调试过程作为提升自己思政素养和综合能力的机会。二是鼓励学生主动思考，进行原创算法设计，要求学生具备良好的道德修养和积极向上的人生理想，同时符合社会进步的价值观念。三是增强学生文化自信，引导学生正确认识时代责任、历史使命、激扬青春梦。四是让学生认识到技术能力和个人发展的重要性，引导学生认识到只有专注和恒心才能成长和发展，为社会发展作出更大的贡献。五是激发学生团队协作精神，引导学生有效提取并利用信息，提高解决问题的效率。六

247

是培养学生深入思考和领悟编程艺术的能力；引导学生全面了解智慧中国和创新中国，并理解个人发展与国家发展的关系，提升学生的时事政治素养和自觉性。

《Python 程序设计》课程思政教学设计如表 1 所示。

表 1 　　　　　　**《Python 程序设计》课程思政教学设计**

课程内容	课程思政元素切入点	课程思政教学实现方式
程序设计基本方法	借助计算机，安装并运行 Python 程序，编写 Hello 程序，使学生掌握 Python 语言开发和运行环境的配置方法	在程序编写过程中，往往难以确保代码在第一次执行时就顺利运行且逻辑无误。因此，错误的发现与调试显得尤为重要。我们必须认识到，这一调试过程不仅关乎程序的正常运行，更是一种思维的锻炼和能力的提升。通过持续的错误识别与解决，不仅能够培养学生耐心、细致入微的态度和逻辑思维能力，还能加深对程序运行原理的理解。因此，在编程时，鼓励学生积极面对错误，将调试视为自我提升的契机，从而不断增强思政素养与综合能力
Python 程序语法元素分析	温度转换、Python 蟒蛇绘制程序的编写及运行	程序的维护与升级是不可避免的，无论是平台的更新、使用场景的变化，还是算法的优化，都可能引发这种需求。因此，在代码编写过程中，应当引导学生主动思考，强调原创算法的设计，而非一味地依赖他人的现有成果。通过程序设计的方法论，向学生传递一个深刻的理念：任何伟大的成就都源于最初的努力，尽管起点或许微小，但只要坚持不懈，微小的积累也能铸就高大的基石。无论任务多么艰巨，只要迈出第一步，千里之行就能开始
基本数据类型	程序的编写及运行	本章通过编程的思维，综合考虑实际努力与时间的积累，运用 Python 进行计算，探索"天天向上"的深远意义

续表

课程内容	课程思政元素切入点	课程思政教学实现方式
程序的控制结构	指数 BMI 的编写及运行	在实例实验过程中，通过让学生认识到优秀软件的关键在于将复杂性转化为简洁性，引导他们体会"熟能生巧"的人生哲理。真正的专注与热爱是进入某一领域的前提，只有当我们全心投入一项工作中，才能在该领域脱颖而出。在学习与工作中，持续的专注与恒心至关重要，它们构成了我们成长与发展的基石
	π 的计算程序的编写及运行	对 π 的精确计算始终是数学史上的一大挑战。公元 263 年，中国数学家刘徽采用"割圆术"来求取圆周率，他认为"割之弥细，所失弥少，割之又割，以至于不可割，则与圆周合体而无所失矣。"这一方法蕴含了求极限的创新思想，深刻影响了数学的发展。 通过此案例不仅可以增强学生的文化自信，还能引导他们正确认识自身在时代中的责任与历史使命，从而激发他们用中国梦激扬青春梦
函数和代码复用	Python 之禅程序的编写及运行	通过 Python 之禅程序，学生可以理解什么样的代码才算优秀，以及如何编写优雅的程序。编程语言与自然语言相似，优雅的代码如同一部文学作品，不仅应传达深刻的意义，还应展现出优美的风格。将编写优雅代码的过程比作参禅，因其需要我们全神贯注，深入思考，从中领悟更高层次的编程艺术。通过讲解各种数字媒体技术设计的关键技术，分析我国在各个领域的创新与进步实例，从而全面领会智慧中国与创新中国的概念。这些案例不仅展现了技术的突破，更体现了我国在智能化与创新发展上的丰硕成果
网络爬虫和自动化	网络爬虫的基本方法	有效提取和利用信息在很大程度上决定了问题解决的效率，同时也反映了我们对我国信息技术发展的深刻理解。在课堂教学中，通过小组合作完成项目，可以激发学生的团队协作精神，使他们意识到，虽然技术能力至关重要，但解决问题的关键并不仅限于此，个人发展也不应是唯一目标。此外，组织能力、团队合作与服务意识等因素同样在个人发展中扮演着重要角色

教学效果与反思：

课程思政是一种教学理念，意味着在专业课程中融入思政教育。在教授学生知识和技能的同时，教师还应对学生进行思想政治教育，通过将思政元素嵌入知识点，引导学生树立正确的人生观和价值观。对于《Python程序设计》课程来说，课程思政的目标是将思政元素贯穿课堂教学和课程改革的各个环节，使教学全过程都能够达到"立德树人、润物细无声"的效果。

因此，专业课程的教师应该改进教学方法，有针对性地设计、实施和总结挖掘出来的思政元素，以提高教学效果。在课堂上，可以采用讨论式教学，引入新闻时事和经典案例，鼓励学生讨论，并注重互动交流，以促使学生深入思考案例背后的思政原理。另外，在互联网新媒体技术的支持下，可以尝试慕课和翻转课堂等多种教学形式，使学生能够利用碎片化时间进行自主学习，同时教师也应根据学生的需求有针对性地开发网络教学资源。此外，通过利用第二课堂来拓展课程思政平台，可以使思政教学更加贴近学生生活、更有活力。

《电子商务系统分析与设计》
课程思政教学设计

吕林嘉

课程名称：《电子商务系统分析与设计》

任课教师：吕林嘉

课程内容：《电子商务系统分析与设计》是电子商务专业本科生的核心专业课之一，旨在培养学生电子商务系统规划、分析、设计和实施的能力，同时也强调对学生系统开发实践能力的训练与培养。本课程涉及的知识点很多，内容非常丰富，授课内容涵盖了电子商务系统分析与设计的思想方法，以及与具体实践密切相关的技术开发工具等多方面的内容，是一门综合性很强的课程。

课程思政目标：要在课程教学中坚持以马克思主义为指导，引导学生树立远大理想，弘扬爱国主义情怀，树立正确的人生观、世界观、价值观；具有良好的道德修养、积极向上的人生理想、符合社会进步要求的价值观念；理解中国为什么要坚持中国共产党的领导，为什么要坚持中国特色社会主义，深刻理解习近平新时代中国特色社会主义思想。

《电子商务系统分析与设计》课程思政教学设计如表 1 所示。

表1　　《电子商务系统分析与设计》课程思政教学设计

课程内容	课程思政元素切入点	课程思政教学实现方式
统一建模语言（UML）	活动图设计	在专业课教学的过程中培养学生集体精神。在"统一建模语言（UML）"等教学过程中，通过分组的方式使多名学生共同完成一个课题，并通过交流答辩，让学生在学习过程中了解团队合作的重要性，使学生明白个人服从集体、少数服从多数、团结合作、有效沟通的意义和作用。 通过集体精神的培养使学生形成相互尊重、相互信任的意识，促使学生更好地将知识转化为能力
电子商务系统规划	电子商务系统规划报告	诚实守信是中华民族的传统美德，也是做人必须坚守的基本准则。在电子商务系统规划授课过程中，要强化学生"支持原创、杜绝抄袭、维护版权"的意识。 同时，在《毕业论文（设计）》《大学生职业素养》等课程中，把杜绝抄袭作为一项重要的考核指标，让学生理解诚实守信，从而理解工作过程中与客户建立信任关系对个人事业发展的重要性
电子商务系统设计	电子商务系统设计报告	工匠精神是一种精益求精的精神，在学生的职业发展中起着非常重要的作用。在《电子商务系统分析与设计》授课过程中，通过让学生了解芯片的相关知识，以及向学生讲解美国禁止华为应用芯片技术的案例，分析中国不能生产高端芯片的原因，讲述工匠精神的重要性，激发学生精益求精的精神。 让学生了解工匠精神的本质，克服眼高手低、好高骛远等不良习惯，明白工匠精神在自己的职业发展和人生价值体现中的意义，使学生在潜移默化中提升自己的职业素养
电子商务系统开发技术基础	电子商务系统支付技术	通过介绍我国第三方支付发展的状况，特别是在国内外的广泛应用，对比10年前的状况，使学生认识到我国科技发展的迅速，同时要激励学生不断努力，使我国的科技水平更进一步（科技强国）。 通过网购欺诈案例，分析网购欺诈的实现技术，并对如何防范网络欺诈提供建议，教育学生要诚信做人

续表

课程内容	课程思政元素切入点	课程思政教学实现方式
电子商务系统开发技术基础	电子商务系统安全技术	通过斯诺登披露"棱镜"项目说明网络安全问题无处不在，提高学生的网络安全意识。 介绍黑客的分类：白帽子和黑帽子，通过正反两类人的不同行为，宣扬正义，抵制网络犯罪
电子商务系统的实施	电子商务系统的实施设计	分小组共同完成项目，掌握复杂电子商务系统设计方法并熟悉开发过程，对其进行优化；了解实施过程中功能模块的划分及组织系统框架的搭建、人员的协调、进度的安排、系统的优化。 项目难度不大，但要考虑到各种情况，尽量做到面面俱到，需要认真思考和大胆创新。项目的优化，培养学生分析问题、解决问题的能力和电子商务系统规划能力，培养学生精益求精的科学精神，提高学生沟通表达以及团队协作能力
电子商务系统的维护与运营	电子商务系统的推广	大型软件系统开发本身就是一项多任务、多部门协同的复杂工作。教师需要在课程设计、实践环节以项目的形式培养学生的团队协作能力。 在课堂上，可以通过多人共同完成一个项目，激发学生的团队协作精神，让学生了解到技术好并不一定是解决问题的关键，也非个人发展的唯一目标，组织能力、团队协作、服务意识等也是决定一个人发展水平的重要因素

教学效果与反思：

课程思政秉持"课程承载思政、思政融入课程"的教学理念，教师在专业课课堂教学的过程中，在教授学生知识技能的同时，对学生进行思想政治教育，在知识点中植入思政元素，引导学生树立正确的人生观、价值观。就《电子商务系统分析与设计》课程而言，就是将思政元素融入课堂教学和课程改革的各个环节、各个方面，贯穿教学全过程，达到"立德树人、润物细无声"的效果。

因此，专业课程的教师应该改进教学手段，有的放矢地去设计、实施、总结挖掘出来的思政元素，使其达到好的教学效果。在课堂上可以采用讨论式教学，抛出一些新闻时事和经典案例让学生讨论，注重互动交流，促使学生深入思考案例背后的思政原理。另外，在互联网新媒体技术下，可尝试慕课、翻转课堂等多种教学形式，使学生能够利用碎片化时间实现自主学习，教师根据学生的需求，有针对性地开发网络教学资源。同时可以利用第二课堂来拓展课程思政平台，使思政教学更接地气、更有活力。

第三篇

课程思政案例分析

《物流包装》课程思政案例分析

龚　飞

课程名称：《物流包装》

任课教师：龚飞

章节内容：第三章　包装机械

　　　　　　第一节　包装机械概述

课程内容：包装机械概述。

课程思政目标：包装机械的运用直接影响产品质量、生产效率和资源利用。在教学中，应强调学生对于包装机械使用的责任和义务，引导他们认识到技术的应用必须具备安全性、可靠性和环保性，关注技术发展对社会和环境的影响，提倡绿色、可持续的包装理念。

案例设计及实施过程：

1. 案例内容

包装领域两项国标将正式实施绿色包装成兵家必争之地*

2023年2月1日，《包装回收标志》和《包装 包装与环境 术语》两项国家标准正式实施。前一个标准，聚焦纸、塑料、金属、玻璃及复合材料等常用包装材料的生产、使用和回收需求，结合不同材质特点，规定了回收标志的类型、基本图形和标注要求；后者则给出了相关重要术语及定

---

* 包装领域两项国标将正式实施　绿色包装成兵家必争之地［EB/OL］. 21经济网，http：//www.21jingji.com/article/20230105/herald/84a8112b68482e26c090b875d0e85b7c.html，2023 – 01 –05.

义，使供应链相关方更容易理解、更方便掌握，为有效开展包装生产、回收、处理提供支持。这两项标准的实施，对包装行业助力我国生态文明建设和绿色化发展起到重要作用。

数据显示，我国目前单位产值耗能高于世界平均水平。因此，低能耗、低排放、低污染的绿色包装是我国低碳经济、可持续发展之必需。"所有的包装在'双碳'目标下可能都值得可持续化升级，将原有的大部分包装变革成可回收和可重复使用的。而在改变的过程中，如何保证包装可回收的同时做到成本可控，是研发和生产等环节中必将要解决的问题"，安姆科集团（以下简称"安姆科"）大中华区总裁佘昕表示。

2022 年 12 月，安姆科作为全球消费品包装龙头，斥资 10 亿元，在惠州建成全新旗舰工厂——惠州基地，并计划将该工厂打造为国内软包装行业世界级制造的标杆。此外，安姆科早在 2018 年就提出承诺，截至 2025 年将会实现公司所有包装可回收或可重复使用。"我们看到了目前中国的包装行业集中度比较低这一情况，同时我们认为中国绿色包装领域还存在广阔的发展潜力和商业机会"，佘昕表示，安姆科自进入整个中国市场以来，在华投资已经超过 20 亿美元。

不可否认的是，在"双碳"目标的指引下，整个包装行业必定会产生巨大的变革。目前，亚洲是最大的包装材料销售市场，占全球销售规模的比重超过 40%。其中，中国又是全球最大的包装材料消费国，2021 年销售额超过了 2500 亿美元，同时也是近几年销售增长最快的市场。

"目前安姆科中国出口占整个生产销售的 20%，比 2021 年的出口业务增长了 30%，外部的全球供应链给安姆科提供了相应机会。"佘昕表示，食品等消费品类是目前安姆科非常看好的市场领域，同时药品、医疗器械是该公司接下来会加大投入力度的发展领域。

纵观整个行业，我国包装行业规模以上企业数量（年主营业务收入 2000 万元及以上全部工业法人企业）呈稳步上升的趋势。这反映行业入局者逐渐增多，市场竞争日益激烈。佘昕表示，"要做到控制成本和包装可回收，需要做好研发和创新工作，调动上下游资源共同实现目标。同时，产品质量是基础，要在设备升级改造的过程中，做好质量检测与监控，做到产品保质保量供应"。

2. 案例思政结合点

培养社会责任意识。

由发展绿色包装引申出培养社会责任感可以从两个层面展开分析：（1）《物流包装》课程中，与包装机械的实施相关的新闻报道体现了环保与绿色包装对我国生态文明建设和绿色化发展的重要作用。学生在学习包装机械概述的过程中，应当结合这些新闻报道，深刻认识到包装行业对于节能减排和环境保护的重要意义。作为未来的包装行业从业者，他们应该具备责任意识，将环保理念融入包装机械设计与应用中，推动绿色包装的发展。（2）在这两项国家标准实施的背景下，学生应当思考如何在包装机械的设计和应用过程中，充分考虑可回收和可重复使用的要求，以低碳、环保为出发点，为我国低碳经济和可持续发展作出贡献。他们还应该关注包装行业的绿色化发展趋势，了解包装行业的发展潜力和商业机会，并培养工匠精神，不断推动包装行业技术的创新，实现产品质量的提升和成本可控。

3. 案例教学思路与过程

（1）课前环节：在课前，教师通过展示相关新闻视频和图片，引起学生对包装行业绿色化发展的关注。新闻报道显示，2023 年 2 月 1 日，《包装回收标志》和《包装 包装与环境 术语》两项国家标准正式实施。

教师提出课程思政目标，引导学生认识包装行业的重要责任并养成环保意识，培养学生责任意识、创新意识和团队合作意识。结合以上新闻报道，教师解释思政结合点与包装行业的关联，为学生打下思想基础。

（2）课中环节：教师组织学生讨论新闻报道，引导学生分析包装行业对环保和绿色包装的重要作用，了解包装行业的发展潜力和商业机会。

教师进一步引导学生进行思政结合点的探讨，鼓励学生发表自己的观点和看法，提高学生对环保和绿色包装的认识。学生应认识到，这些国家标准的实施将为包装行业的绿色化发展提供规范和指引，作为未来包装行业从业者，他们应该积极践行环保理念，推动包装行业朝着可持续的方向发展。

为深化学生对环保包装的理解，教师选择与环保和绿色包装相关的实际案例，让学生分析这些案例中包装机械的设计和应用对环保的影响。例如，安姆科作为全球消费品包装龙头，斥资10亿元在惠州建成全新旗舰工厂，计划将该工厂打造为国内软包装行业世界级制造的标杆，并承诺到2025年实现公司所有包装可回收或可重复使用。学生通过案例分析，深刻认识到包装行业对环保绿色发展的积极努力和贡献。

接着，教师组织学生分成小组，开展相关主题的小组讨论和合作。小组成员就如何在包装行业中推动绿色化发展，实现包装机械的可持续发展展开讨论。每个小组成员积极发表自己的意见，讨论研究各种可能的解决方案。其中一个小组认为在包装行业中推动绿色化发展，需要加强对绿色包装材料的研究和应用，鼓励创新设计绿色包装机械，以降低资源消耗和环境污染；另一个小组则强调包装行业应该加大回收技术的推广应用，提高废弃包装材料的回收率，实现资源的循环利用。通过小组讨论和合作项目，学生深入思考绿色包装的实现途径，锻炼了团队合作能力和创新精神。

（3）课后反思：课后，每个小组进行汇报，分享思考结论和成果。教师进行点评和总结，强调包装行业对环保和绿色包装的重要责任。通过展示学生的研究成果，激励其他学生积极参与讨论和思考，增强学生的学习兴趣和探究欲望。

在课后，教师布置相关作业，要求学生进一步深化对包装机械概述和绿色包装的理解。作业可以是阅读相关论文或资料，也可以是写作或设计小组合作方案等。通过作业，学生可以进一步加深对包装行业的认识，拓展思维广度，促进综合能力的提升。

下一节课时，学生以海报展示、口头报告或写作等方式，展示自己的研究成果。教师引导学生进行反思，让学生思考在学习过程中的收获和不足，并鼓励他们继续深入探索绿色包装领域。通过课前引导、课中讨论和实践合作，再到课后总结和反思，学生将在《物流包装》课程中获得全面的教学体验。教师的引导和指导将帮助学生形成对绿色包装发展的深刻认识，培养学生责任意识、创新意识和团队合作意识，为推动包装行业可持续发展和生态文明建设作出积极贡献。

《广告学》课程思政案例分析

杨　娅

课程名称：《广告学》

任课教师：杨娅

章节内容：第三章　广告的功能和价值

　　　　　　第四节　广告的社会责任

课程内容：广告的社会责任。

课程思政目标：从商业传播和公共传播的角度，引导学生建立起对广告传递价值的判断力，进一步引导学生思考广告和广告行业应该具备的诚实守信和维护公序良俗的社会责任。帮助学生坚定社会主义核心价值观，树立广告业在追求经济效益的同时坚守社会责任的正确价值观。

案例设计及实施过程：

1. 案例内容

"五个女博士"广告*

近期，一个叫作"五个女博士"的品牌因为一系列极具争议的电梯广告走进了大众视野。

因广告内容和广告形式，一时间这一系列广告和品牌引起了极大的争议，在众多社交平台成为讨论热点，引发了大批网友针对该公司发布低俗广告、虚假宣传的投诉举报。

---

* 「社论」"五个女博士"被罚，擦边广告该凉了［EB/OL］. 澎湃新闻，https：//baijiahao. baidu. com/s?id=1768759138133873093&wfr=spider&for=pc，2023-06-15.

2023 年 5 月 12 日，北京市朝阳区市场监督管理局对外公布"针对北京青颜博识健康管理有限公司（'五个女博士'所属公司）发布低俗广告、虚假宣传的投诉举报，我们依据市场监督管理行政处罚相关规定，经过综合研判决定立案调查，目前正在收集证据材料、约谈品牌方，将在 90 天内结案"。

6 月 14 日，北京市市场监督管理局公布了关于北京青颜博识健康管理有限公司的行政处罚判决书，指出其相关广告内容因违反《中华人民共和国广告法》（2018）第九条第一款第（七）项（妨碍社会公共秩序或者违背社会良好风尚），责令当事人停止发布相关广告，并处罚款 40 万元。随后，"五个女博士"在其官网发表致歉声明，表示对处罚决定诚恳接受、坚决整改，并就广告所带来的不良社会影响，向公众郑重道歉。

2. 案例思政结合点

广告的社会责任。

广告的社会责任可以从两个层面展开分析：（1）从商业传播角度看广告的社会责任；（2）从公共传播角度看广告的社会责任。从广告工具理性和广告价值理性的角度来阐释广告的经济效益和社会效益的意义，以及广告人和广告行业平衡广告的经济效益和社会效益的重要性。

3. 案例教学思路与过程

（1）课前环节：进行课前准备，提出教学任务，课前将课堂讨论案例信息告知学生，教师课堂播放"五个女博士"争议广告视频。

（2）课中环节：教师对课堂观看的广告案例以两个问题为脉络组织学生展开讨论，理论点结合实例深挖思政元素，提升课程思政实效。

两个问题分别是：

①广告的经济效益和社会效益指的是什么？

广告活动的根本目的是取得既定或者理想的效益，广告的效益包含经济效益和社会效益两个方面。广告的经济效益指的是广告对广告主、广告业以及消费者个人的经济生活产生的影响；广告的社会效益指的是广告对人们的思想、行为等方面和社会经济文化生活产生的影响。用唯物辩证法来分析，广告的经济效益和社会效益既相互区别，又相互联系。两者在关注重点上有所区分，广告的经济效益是社会效益的基础，社会效益是广告经济效益实现的前提和保证，因此从广告经营者到广告客户再到传播媒介都非常注重广告经济效益的实现，与此同时也追求在此基础上最大限度地提高广告的社会效益。

"五个女博士"电梯广告就是典型的极端追求广告的经济效益，罔顾广告的社会效益的案例。这系列广告虽然在传播效果上取得了"不错"的效果，此处的"不错"仅仅停留在数据上。2023 年 5 月百度指数中，"五个女博士"的搜索指数迎来了两波高峰，搜索指数同比上升 598%，环比上升 221%，资讯指数也迎来两波高峰，资讯指数环比上升 97364%。知微事见数据显示，"五个女博士"电梯广告的事件影响力指数超过了 69% 的事件的影响力指数，其事件影响力指数更是高于 78% 的企业类事件。[①]

事实证明，极端追求广告的经济效益并不能最大限度地实现广告的经济价值。广告的经济价值可以归纳为通过广告传播提高企业形象、建立品牌情感价值、发展品牌个性来影响消费者的认知来增加产品附加值。从"五个女博士"广告的社会评价来看，公众对这个系列的广告及其背后品牌所持的态度大多是"哗众取宠""博取眼球""引起不适"等消极的评价，多认为"五个女博士"品牌打着女性主义的旗号，做着给女性贴上偏见标签、贩卖容貌年龄焦虑、凝视女性身材长相的事情，给公众塑造了负面的品牌形象。同时，引发了公众和媒体对该品牌及其产品的深"扒"，并挖出了该品牌以往历史事件、关联信息等内容，加剧了品牌的负面危机，加深了公众对品牌的负面认知。

从广告的传播效果来看，这个系列广告的确实在短时间内为该品牌打开了知名度，但也要看到品牌迎来短暂传播峰值后很快又恢复到争议广告发生前的水平，可见这种低俗、强化性别刻板印象的"擦边广告"，对品

---

① 根据百度指数搜索结果整理。

牌来说并没有带来真正持久的益处。此类广告可以短暂提高品牌知名度，但倡导与社会公序良俗不符的理念、价值不可避免地会引发消费者甚至是社会公众的反感，透支的是品牌自身的口碑和声誉。

②是什么驱动了广告的经济效益取向和社会效益取向？

马克思·韦伯创造性地将"理性"概念改造为社会学中的"合理性"概念，并进一步划定了工具（合）理性和价值（合）理性两种理性类型，这种理性二分法逐渐发展成为在对社会行为和社会现象进行考察和分析时常用的概念性工具。工具理性最大的特点在于具有功利性，以客体为出发点，注重行为的结果；价值理性则具有非功利性的特点。

广告学科和广告行业不可避免地都受到了工具理性影响，逐渐形成了广告工具理性传统。其核心是将广告作为一种营销工具，广告的效果好坏取决于实现的经济价值的多少。随之而来的是广告活动出现了重大诱导功能，一定程度上导致炫耀性、投资性畸形消费；虚假宣传产品信息，损害消费者权益；唯收视率、点击率、浏览量，滑向"三俗化""哗众取宠"污染社会文化空间等。广告一味追求经济效益，导致的一系列问题使得广告的公信力下降，进而让广告作为营销工具的价值逐渐丧失反倒影响了广告经济效益的实现。

在此背景下，广告的价值理性自觉萌动开始引导广告活动以价值整体思考来引领工具使用，要注意广告的价值理性并不排斥工具理性，而是以此为基础，自觉形成一种价值智慧和价值良知。理解和关注受众、关注变动时代背景中不变的人性、服务人和社会的发展，成为广告的人文关怀所在。人文性、艺术性、创意性结合成为避免广告成为操纵工作的工具，力图在经济效益和社会效益中找到平衡点。当广告不仅传播商品和服务信息，而是呈现给大众一个被精心修饰过、带有某种导向和倾向的世界，广告学就对该专业和行业提出了广告文化自觉的要求。广告文化自觉要求具备正确、健康的广告文化观，在广告传播中树立文化自觉意识，具有积极的作用：树立广告传播良好的声誉和形象，避免浮夸、虚假甚至违法广告的产生，从而避免广告传播对社会约定俗成的公序良俗造成负面影响，在追求经济效益和社会效益兼得的过程中获得良好的广告传播效果。

（3）课后反思。

①需进一步挖掘课程本身蕴含的思政元素及可能外延的思政元素，在融入和设计上更精细，避免思政元素突兀，进一步探索精细的、浸润式的隐形渗透。

②在课堂教学中，尤其在典型案例分析中，"讲故事"的能力要再提升，提高课堂案例讲授的吸引力。在案例教学过程中要从理论出发再回归到理论，避免进入案例分析讨论后泛泛而谈，要明确教学案例应服务于理论讲授。

③课后学生的思考还有待加强，课后学生应该如何从课程内容和课后思考中提升思想政治教育的实效这一问题还需要深入思考，要让学生透过课程理论知识点更好地认识自身、认识现实环境、认识所处的世界。

《物流系统规划与设计》
课程思政案例分析

杨礼铖

课程名称：《物流系统规划与设计》

任课教师：杨礼铖

章节名称：第二章　系统工程方法论与常用技术

　　　　　　第一节　系统工程的基本内容

课程内容：系统工程的基本内容。

课程思政目标：结合古代系统工程应用的成功范例，体现系统工程的整体思想及特点，帮助学生建立系统思维，同时引导学生认识中国古代的先进科学技术，了解科学技术的价值，学习古人的智慧，加强与中国传统文化的联系，丰富爱国情怀，激发学习动力。

案例设计及实施过程：

1. 案例内容

都江堰水利工程蕴含的系统思想*

岷江是长江上游的一条较大的支流，发源于四川北部高山地区，每当番夏山洪暴发的时候，江水奔腾而下，由于河道狭窄，古时常常引起洪灾，洪水一退，又是沙石千里。而岷江东岸的玉垒山又阻碍江水东流，造

---

　* 何成旗，赵君华. 我国古代工程建设中的项目管理思想［J］. 煤炭工程，2011（S2）：41 - 45.

成东旱西涝。

秦昭王后期李冰任蜀郡太守期间，在深入调查研究、总结前人治水经验的基础上，精心选择成都平原顶点的岷江上游干流出山口处作为工程地点，在公元前 256 年前后建成了著名的都江堰水利工程。

都江堰水利工程由鱼嘴分水堤、飞沙堰、宝瓶引水口三大主体工程和百丈堤、人字堤等 120 个附属工程构成，科学地解决了降水自动分流、自动排沙、控制进水量等问题，消除了水患，使灾害频繁的川西平原成为"水旱从人，不知饥馑"的天府之国。两千多年来一直发挥着防洪灌溉作用、历经两千多年效益不衰的都江堰水利工程，地理位置优越、合理，工程布置符合自然规律，分水堤、溢洪道、宝瓶口三项工程相互制约、相辅相成，联合发挥引水、分洪、排石输沙的重要作用。都江堰至今仍然发挥着巨大的作用，是中国和世界水利史上的奇珍，被誉为"活的水利博物馆""水文化摇篮"。

2. 案例思政结合点

系统工程的整体思想（系统思维）、先进科学技术的价值。

（1）系统思维：都江堰水利工程由三大主体工程（鱼嘴、飞沙堰、宝瓶口）构成，是一项由渠首枢纽、灌区各级引水渠道、各类工程建筑物和大中小型水库以及塘堰等构成的一个庞大的工程系统，各环节有机配合、相互制约、协调运行，引水灌田，分洪减灾，具有"分四六，平潦旱"的功效，发挥着防洪灌溉、保持水土的重要功能，体现出设计者、建筑者系统工程的整体思想理念。

（2）先进科学技术的价值：都江堰不仅是中国古代水利工程技术的伟大奇迹，也是世界水利工程的璀璨明珠。最伟大之处是建堰两千多年来经久不衰，而且发挥着愈来愈大的效益。都江堰的创建，以不破坏自然资源、充分利用自然资源为人类服务为前提，变害为利，使人、地、水三者高度和谐统一。开创了中国古代水利史上的新纪元，在世界水利史上写下了光辉的一章。都江堰水利工程，是中国古代人民智慧的结晶，是中华文化的杰作。

综上所述，借助都江堰水利工程帮助我们深刻理解系统工程的整体思想，建立起对系统工程概念的认知，同时认识到先进科学技术的价值，强化与中华文化的联系，丰富爱国情怀。

3. 案例教学思路与过程

（1）理论内容的讲解思路。

系统工程（SE）的基本含义；系统工程的整体思想及特点；系统工程的应用。

（2）理论内容的案例导入教学。

①什么是系统工程？

通过将软件工程、生物工程等常见名词分解为"软件""生物"与"工程"等名词后，分别进行讲解，并引入系统工程概念。

系统工程是运用系统思想直接改造客观世界的一大类工程技术的总称，它是实现系统最优化的科学，其主要任务是根据总体协调的需要，把自然科学和社会科学中的基础思想、理论、策略和方法等方面联系起来，应用现代数学和计算机等工具，对系统的构成要素、组织结构、信息交换和自动控制等功能进行分析研究，以达到最优规划、最优设计、最优控制和最优管理的目标。

②系统工程的整体思想及特点。

导入都江堰水利工程案例内容，并分别对都江堰的三大主体工程进行介绍。

都江堰水利枢纽工程由分水导流工程、溢流排沙工程和引水口工程组成。（特点1：研究对象是工程系统）

施工中，先开凿玉垒山（见图1），解决水患，然后筑分水堰，把岷江水流分为内江和外江两股水道，根治了水害，再建飞沙堰，解决了溢洪排沙问题，最后，为了长久地发挥都江堰的作用，又创立了科学简便的岁修方法，两千多年来持续不断。（特点2：研究目标是让系统达到最优）

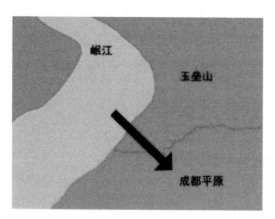

图1　开凿方向

分水导流工程为利用江心洲建成的分水鱼嘴、百丈堤和金刚堤，它们把岷江分为内外两江。

内江一侧建有由平水槽、飞沙堰以及具有护岸溢流功能的人字堤等组成的溢流排沙工程。内江水流由上述导流和溢洪排沙工程控制并经宝瓶口流向川西平原，汛期内江水挟沙从飞沙堰顶溢入外江，保证灌区不成灾（见图2）。

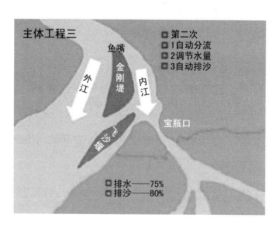

图2　都江堰平面图

宝瓶口是控制内江流量的引水通道，由飞沙堰作为内江分洪减沙入外江的设施，外江又设有江安堰、石牛堰和黑石堰三大引水口。（特点3：横跨许多技术的交叉科学，如都江堰的建设涉及建筑、水利、土木、环境、地理等科学技术）

整个工程的规划、设计和施工都十分合理：通过鱼嘴分水，宝瓶口引水、飞沙堰溢洪，形成一个完整的、功效宏大的"引水以灌田，分洪以减灾"的分洪灌溉系统。

都江堰工程体现了严谨的整体观念和开放、发展的系统思维，从现在的观点看，仍不愧为世界上一项杰出的系统工程建设。

③系统工程的应用。

请同学们自行收集资料，了解我国古代能够体现系统工程思想的工程项目有哪些。

（3）理论内容的升华。

都江堰工程是体现系统工程思想的典型案例，同时也是中国古人智慧的结晶、古代先进科学技术的呈现，古人的智慧令人惊叹，但当代一些人鄙弃传统、崇洋媚外，逐渐失去了与古代文化的联系，其中很大一部分原因在于随着物质文明的发展，人们的精神文明建设渐渐跟不上物质的发展速度，适时地加快自我精神文明建设的脚步，加强与中华文化的联系，更有助于人们快乐的生活与学习，有助于社会的和谐发展。

4. 教学效果与反思

（1）在案例教学过程中结合系统工程的典型应用补充讲解课程教学中的相关知识点，能及时补充课程教材编写时未考虑到的问题，能保证课堂教学贯彻思政教育，引导学生正确理解相关知识及其应用，将课本中抽象的理论知识与现实生活中的案例相结合，赋予其生机和活力，但要避免生搬硬套的思政元素，不能在知识点中突兀地嵌入，需要不断完善润物细无声式的课程思政方式。

（2）通过在案例讲解中激发学生的讨论和思考，了解学生对于知识点的掌握程度以及个人思想看法，提高课堂的参与度。但在实施过程中，要求教师及时更新教学课件和建立教学案例库，葆有案例收集的敏感性，收集的案例要适合教学。

（3）需定期收集学生反馈，了解他们对课程内容的看法、满意度以及认为需要改进的方面，同时结合教学方法和效果的自我评估，及时调整课程内容、教学方法和资源，提供更多案例分析或引入新的教学工具，不断探索新的教学方法和技术，以提高自身教育教学水平，加强学生的参与度和学习动力，强化课堂教学效果。

《客户关系管理》课程思政案例分析

余 洪

课程名称：《客户关系管理》

任课教师：余洪

章节内容：第八章 客户的流失管理

第四节 挽回流失客户的策略

课程内容：客户挽回的策略。

课程思政目标：强化学生作为客户关系管理相关工作人员的职业理想、职业认同感，对个人优劣势有客观认知，提升个人学习能力，能够制定清晰务实的个人职业规划；拥有积极健康的心态，解决客户相关问题时具备思维能力、协作能力和创新能力，能够融洽处理在与客户交流过程中的棘手问题；培养学生富有责任心、耐心、细心的职业素养，磨炼个人意志，遵守行业相关法律法规；养成关注国家经济政策、关心民族企业发展的意识，强化学生的爱国情怀和民族自豪感。在此思政学习目标指引下，对客户关系管理课程的学习内容进行重构，通过多种形式融入思政内容，并制定多元化测评方案，促进课程思政育人目标的实现。

案例设计及实施过程：

1. 案例内容

家乐福超市的客户流失与挽回*

2008 年 4 月 15 日晚上，家乐福把声明挂到家乐福中国区的官方网站

---

* 苏朝晖. 客户关系管理：建立、维护与挽救（第 2 版）［M］. 北京：人民邮电出版社，2023.

上，表达了两层核心意思：

一是有关家乐福集团支持个别非法政治组织的传闻完全是无中生有和没有任何依据的，家乐福集团从来没有，将来也不会做任何伤害中国人民感情的事情；

二是家乐福始终积极支持北京2008年奥运会，对于奥运火炬在巴黎受到攻击，这是让人愤怒的，不能让人接受的。

在临近奥运倒计时100天时，家乐福让员工换上印有国旗和"beijing2008"标志的红色新工装，借此表达喜迎奥运的心情。

同时，家乐福在国内报纸上刊登支持奥运广告"祝福北京，支持奥运""我们已为奥运做好了准备"，并且用一位中国员工的笑脸来打动读者，称"永远做中国的企业公民"。

2. 案例思政结合点

客户的流失是必然的、不可避免的，同时，要区别对待不同的客户流失。

（1）新陈代谢是自然界的规律。企业对于客户也有一个新陈代谢的过程，虽然很多企业提出了"客户零流失"的目标，但是这个目标太不切合实际。幻想留住所有的客户是不现实的，就算能够做到，成本也会相当高，得不偿失——因为企业的产品或者服务不可能完全得到所有客户的认同，企业不可能留住所有客户。所以，企业应当冷静看待客户的流失，要做的是将客户流失率控制在一个很低的水平上。

（2）不是每一位流失的客户都是企业的重要客户，所以要用辩证的思维看待客户流失。对于给企业带来利润的大客户，应极力挽回流失；应该放弃根本不值得挽留的劣质客户。

3. 案例教学思路与过程

（1）课前环节：在上课前做好充分的教学准备，通过"学习通"平台将案例提前发放给学生，布置好课前预习工作，并让学生思考案例相关问题，为课堂教学做好准备。

（2）课中环节：教师详细解读案例中事件发生的原因、过程，并从中挖掘思政元素，在课堂上与学生互动，进行思政教育的导入。具体实施如下：

①引发学生思考问题：面对突如其来的事件，家乐福是如何响应的？

家乐福第一时间做出响应，采取了一系列公关措施，积极应对外界质疑，动作迅速、态度谦逊。及时阻止了客户的流失，挽回了企业的利益。从该案例中我们可以发现该企业面对危机事件做好了充分的准备，而且直面问题，不逃避不退缩，态度诚恳，让客户看到了企业的诚意。我们应该学习家乐福的做法。机会总是留给有准备的人，面对困难时要敢于担当，勇于直面困难。

②请思考企业可以做到客户零流失吗？

根据客户生命周期的规律，客户流失是不可避免的，我们需要用辩证的思维看待客户流失。

辩证思维指的是一种世界观。世间万物之间是互相联系、互相影响的，而辩证思维正是以世间万物之间的客观联系为基础而进行的对世界进一步的认识和感知，并在思考的过程中感受人与自然的关系，进而得到某种结论的一种思维。辩证思维模式要求以动态发展的眼光来观察问题和分析问题。

（3）课后反思。

①仔细钻研教材，科学设计教学流程。教师应当仔细研读教材，依据课程标准要求探讨思政切入点；仔细备课，设计教学方法充分调动学生的学习主动性，使学生在生动活泼的课堂活动中自然而然地使思想品德受到熏陶。

②合理利用教学手段，寓教于乐。在教学过程中形象生动地讲清观点，加深学生的道德观念，要做到讲清观点、形象生动。运用生动活泼的教学方法，可以通过活动、图片、视频等，把道理寓于活动和感性的认识

之中，做到情理交融、深化浅出。

③督促学生课后加强思考，强化学习内容。思政教学是一个长期的过程，需要教师和学生不断思考。任课教师可以利用"学习通"平台继续发布相关问题，引导学生深入思考。

《电子商务》课程思政案例分析

陈　雪

课程名称：《电子商务》

任课教师：陈雪

章节内容： 第一章　电子商务概述

　　　　　　 第二节　电子商务的法律环境

课程内容：电子商务的法律环境。

课程思政目标：根据《中华人民共和国电子商务法》等法律规则，电子商务从业者应该遵守哪些法律法规？党的二十大报告中指出：坚持依法治国和以德治国相结合，把社会主义核心价值观融入法治建设、融入社会发展、融入日常生活。应弘扬社会主义法治精神，引导学生传承中华优秀传统法律文化，引导学生做社会主义法治的忠实崇尚者、自觉遵守者、坚定捍卫者。

案例设计及实施过程：

1. 案例内容

死鱼冒充活鱼 "叮咚买菜" 被立案调查*

2022 年 3 月 17 日，据北京市海淀区市场监督管理局消息，针对被曝光的叮咚买菜前置仓存在用死鱼冒充活鱼、擅自 "翻包" 换签、日常消毒流于形式等问题，海淀区市场监管局于 3 月 16 日对其进行了行政约谈。对

---

　　* 死鱼冒充活鱼被立案调查　叮咚买菜致歉 ［EB/OL］. 中国经济网，http：//www.ce.cn/cysc/sp/bwzg/202203/18/t20220318_37415297. shtml，2022 - 03 - 18.

此，叮咚买菜官方微博回应称，该司已第一时间暂停该站点的运营，经以公司首席执行官（CEO）梁昌霖作为第一责任人的专项调查和整改小组调查，该问题属实。这或为"3·15"之后首例被曝光的关系到食品安全和违反防疫政策的事件。

事情发生后，当地时间3月17日，美股上市的叮咚买菜盘前一度跌达22.4%，收盘价为3.79美元/股，总市值为8.96亿元。叮咚买菜财报显示，2021年公司实现营收201.2亿元，同比增长77.5%。截至2021年12月31日的第四季度总收入从2020年同期的31.88亿元增至54.84亿元，同比增长72%。2021年第四季度非美国通用会计准则净亏损为10.34亿元，2020年同期净亏损为12.39亿元。

海淀区市场监管局于3月16日对北京不姜就电子商务有限公司（叮咚买菜）总部相关负责人进行行政约谈，海淀区市场监管局表示：

一是开展行政约谈。对北京不姜就电子商务有限公司（叮咚买菜）总部相关负责人进行行政约谈，要求企业切实落实疫情防控和食品安全主体责任，帮助企业查找出现问题的深层次原因，提出解决问题的思路和建议，指导企业对124个前置仓开展全面自查，主动发现风险、消除隐患。

二是及时立案调查。本着"从快、从严、从重"的原则，对北京不姜就电子商务有限公司进行立案查处。

三是开展专项检查。海淀区市场监管局组织30个市场监管所对辖区"叮咚买菜""美团买菜""每日优鲜"等生鲜电商前置仓开展全覆盖专项检查，努力做到"发现一个问题，净化一个行业"，坚守食品安全防线。

对此，叮咚买菜通过官方微博表示，已深入反思对前置仓的考核机制是否有不人性化之处；加大内部督导力度，同时建立内部举报制度；对现有前置仓监控设备进行硬件升级，实现网络化、可视化、无死角监控。"安全和品质是生鲜行业的生命线。曝出如此严重的问题，更反映了公司深层次的管理问题，公司管理层应承担主要责任。现对相关问题及整改措施汇报如上，后续排查结果、发现问题及整改方案另报。"

2. 案例思政结合点

电子商务从业者坚持社会主义法治建设。

电子商务从业者的社会主义法治建设可以从两方面分析：（1）电子商务从业者应该遵守的法律法规；（2）电子商务从业者应该如何遵守法律法规？

3. 案例教学思路与过程

（1）课前环节：进行课前准备，提出教学任务，课前将课堂讨论案例信息告知学生。

（2）课中环节：教师对课堂展示的案例提出问题，组织学生展开讨论，理论结合实例深挖思政元素，提升课程思政实效。

两个问题分别是：

①根据叮咚买菜的案例，分析出现此次事件的主要原因。

电子商务的本质是通过互联网销售商品或提供服务的经营活动。叮咚买菜作为一家生鲜电商，保障其产品的质量是根本，这是消费者放心购买的关键所在。叮咚买菜事件的发生主要有以下原因：一是法律意识薄弱，思想上没有重视；二是没有制度的约束；三是管理不到位。在生鲜电商进入"快车道"发展的同时，出现扩张过快导致后续整体运营、产品质量、用户体验、售后服务等问题频现，供应链方面也无法及时跟上。同时，众多生鲜电商平台在产品种类、服务体验以及配送方面的特点并不突出，并未形成核心竞争力。出现此类问题的主要原因有：一是行业竞争日渐激烈，各类竞争对手涌现，生鲜平台面临严峻的生存压力，为了控制成本、减少损失，心存侥幸。二是竞争压力的驱使，生鲜平台为了在更快捷、更高效上跑赢对手，在供应链以及前置仓等线下运输、仓储、分拣等环节加大投入和设置，这些新设置的环节在品质和管理上可能无法做到严格管理。三是生鲜平台的内部考核和绩效制度可能存在不合理、不人性的一面，盲目将耗损率等作为参考的重要或者唯一标准，前端环节只能想尽办法降低耗损率。四是食品安全主体责任意识淡薄，这是一个重要方面。

事实证明，对于生鲜电商来说，有保证的供应链渠道、高质量的资源配置、安全的产品质量、满足用户的体验、解决商品的售后问题等，才能让消费者买到具有高性价比的商品，才能让消费者信赖，才能让生鲜电商平台越办越好。对于电商从业者来说，坚持社会主义法治建设，从思想上转变，坚持法律法规制度的约束，改变管理模式，才能可持续发展。

②根据叮咚买菜的案例，结合你所了解的生鲜电商平台，分析生鲜电商平台可能涉及的法律问题。

据国内网络消费纠纷调解平台"电诉宝"消费投诉数据显示，2021年叮咚买菜共获得15次消费评级，均获"不予评级"。同时叮咚买菜存在商品质量、霸王条款、订单问题、售后服务等问题。2021年生鲜电商按投诉量排名第一位为叮咚买菜，其余依次为易果生鲜、每日优鲜、本来生活、顺丰优选、盒马、兴盛优选、朴朴、京东到家、美菜网、十荟团、永辉超市、大润发优鲜等。[①]

结合书本知识，分析电子商务可能涉及的电子合同问题、知识产权问题、个人隐私问题、管辖权问题等。叮咚买菜生鲜电商其经营行为应当遵守《电子商务法》《反不正当竞争法》《价格法》《消费者权益保护法》《反垄断法》《民法典》等相关规定。通过本节课程的学习，以案例来辅助学生理解电子商务涉及的法律问题，作为未来电子商务的从业者和相关专业的学生来说，要增强法治意识。

（3）课后反思。

①需进一步挖掘课程本身蕴含的思政元素，让其与课程的融入和设计更加精细，避免生搬硬套思政元素，需要进一步相互融入和渗透。

②在课堂案例教学过程中要从理论出发再回归到理论，避免进入案例分析讨论后泛泛而谈，要明确教学案例应服务于理论讲授。

③课后学生的思考还有待加强，要让学生透过课程理论知识点更好地认识自身、认识现实环境、认识所处的世界。

---

① 详见电数宝官网。

《网络营销》课程思政案例分析

袁景丽

课程名称：《网络营销》

任课教师： 袁景丽

章节内容： 第一章　网络营销的理论基础

课程内容： 网络营销与传统营销。

课程思政目标： 结合茅台悠蜜酒网络营销、品牌塑造的案例，理解近年来国产酒品牌树立取得了一定成绩，鼓励同学学习讲好品牌故事，为中国企业谋求更好的发展。

案例设计及实施过程：

1. 案例内容

茅台悠蜜酒网络营销分析*

茅台集团利用自身的行业优势，在传统白酒市场之外开辟新战场，以利口酒产品作为突破口，于 2012 年开始潜心研发属于中国人自己的酱香白酒类利口酒——茅台悠蜜酒。茅台悠蜜酒于 2015 年底在贵阳正式发布，历经 3 年市场考验，已经逐步走向稳定。但是，茅台悠蜜酒作为一款"本土化洋酒"，所面临的各种困难依然巨大。消费者接受新产品的过程是坎坷的，在这一过程中，产品的营销策略成为关键。

茅台悠蜜酒上市一年取得了不俗的成绩，2017 年更是凭借热播剧《欢

---

* 王康. 茅台悠蜜酒营销策略研究［D］. 郑州：河南财经政法大学，2019.

乐颂2》的场景植入，引爆了中国的利口酒市场，吸引了大量粉丝群体，甚至由于市场太过火热，产品断货数月之久。

2018年，茅台悠蜜酒的高端新品系列"悠蜜十二"在海南发布，但后续的宣传推广并不到位，导致2018年销量并未有太大突破，其中的原因值得思考。

原因一：产品策略问题分析。

（1）茅台悠蜜酒的文化内涵单一。

文化内涵与产品质量共同组成了产品的灵魂，是产品的情感诉求表现。茅台悠蜜酒的文化内涵，是对于现代女性独立自主思想的一种表述。首款女性专属酒的定位、口红造型、人格化的产品名称，都是茅台悠蜜酒的文化内涵。但是，纵观世界各大名酒，之所以能够传世百年，都具有其独特的、深刻的文化内涵。女性专属酒这一文化内涵显得过于单薄，毕竟茅台悠蜜酒并非只卖给女性，年轻消费群体更是其目标客户群体。所以，茅台悠蜜酒需要更多地寻找新的文化，进行产品研发，给其产品组合更丰富的文化内涵。

（2）茅台悠蜜酒的目标消费群体范围较狭窄。

茅台悠蜜"莫负芳华"系列历时3年才被开发出来，而悠蜜十二高端系列直到2018年5月才首次亮相，2017年还有简装版悠蜜U味道系列上市。由于茅台集团重视品质，所以无法短期内大量开发新系列。而利口酒的消费群体针对性极强，导致每个系列的目标消费群体规模都有限，单品系列数量少，就会导致消费群体数量不足。而悠蜜的现阶段产品主打蓝莓口味，对于不喜欢蓝莓口味的消费者来说，无疑是一种限制。所以茅台悠蜜酒需要不断开发新的口味与新的定位的产品，从而扩大目标消费群体的范围。

在市场前景方面，茅台悠蜜酒需要通过扩大目标消费群体来实现消费习惯的培育。茅台悠蜜酒属于利口酒类，而利口酒在中国目前还处在被消费者逐渐认识的阶段，不像中国白酒有广阔的消费群体支撑。而培养消费习惯的过程无疑是漫长的，消费群体从不了解到了解，从没喝过到喝过，从消费过到经常消费，都需要很长的周期。而且，中国目前酒类产品的主要消费类别是白酒，白酒消费者接受利口酒这种轻酒精度数的产品可能性非常低。利口酒的消费群体只能从这几类人群中产生：不喝白酒的成年人、女性等。利口酒在国外的地位相当于配餐饮料、助兴饮料等，从中国历史上看，汉唐时期由于酿酒技术的限制，蒸馏酒尚未普及，中华民族传统酒文化中的酒与现在的利口酒、黄酒等有较大的相似之处，饱食徐饮、欢饮，借酒助兴，这与利口酒类在国外的定位是十分契合的。利口酒是餐后甜酒，属于日常休闲类饮品，与中国的茶文化和汉唐时期的酒文化是一致的。所以利口酒的市场前景应是广阔的。

（3）消费群体的品牌忠诚度需提升。

茅台悠蜜酒以其精美的外观、时尚的定位、美味的口感、高端的气质在 2017 年引爆了市场，导致各竞争厂家纷纷模仿悠蜜酒推出高品质利口酒，如泸州老窖的桃花醉系列等，由于消费者对利口酒了解不深，在产品选择上不会有特殊的品牌偏好，所以短期内，竞争产品的出现会分散市场需求。人们在不了解利口酒市场时，只会凭借外观和价格来选择产品，而口碑是逐步树立的。所以，在短期内，定位于高端的茅台悠蜜酒会被价格稍低的其他利口酒抢占一部分市场。即使"酒香不怕巷子深"，但是，在当下快速消费市场中，有可能酒香还没飘到巷子外面，巷子就没有了。如何快速提升消费者的品牌忠诚度是急需解决的问题。

原因二：价格策略问题分析。

（1）产品议价能力不稳定。

茅台悠蜜酒，是一款集时尚、年轻、扶贫等众多元素于一身的创新产品，上市时间较短。且利口酒市场与白酒市场不同，在国内属于新兴市场。目前集团内销售增长率最高的茅酱系列，在上市之初也面临推广困难的难题，其中一款核心产品茅台汉酱酒，曾被公司定位为飞天茅台的低配版，却由于各种原因，被迫降低酒质，降价销售。茅台悠蜜酒虽在单价上远不及茅酱系列和飞天系列，但在利口酒产品中亦属于高端产品，这无疑给茅台悠蜜酒的推广带来了阻碍。再者，茅台悠蜜酒是国内首款自主研发的国产利口酒，所以不能用伏特加、白兰地、金酒等洋酒的基酒进行制酒，必须用茅台原厂的酱香酒作为基酒，必须能喝出茅台味。但是，并非任何原有的利口酒口味都适合茅台味，也并非所有水果都能和茅台酱香完美融合，这需要长期的研发才能保证质量。正是由于单品开发周期长，无法短期内形成大规模覆盖，在销量上，茅台悠蜜酒的增长虽然极快，但在营收上无法与自身传统产品相比，与传统品牌飞天茅台相比，尚不足其1%，与茅酱系列相比也不足其3%。所以短期内，决策者可能会因为暂时利益而将产品价格定位过高。然而，茅台悠蜜酒"莫负芳华"从上市之初的单价79元/瓶，到现在的40元左右/瓶，表现出该产品的市场议价能力不稳定。

茅台悠蜜酒本身处在市场培育期，这个阶段应该让消费者尽量多消费，只有消费过的人才有可能成为忠实客户。然而目前市场上充斥着大量便宜的其他品牌的次品利口酒，无疑拉低了消费者对于这一类产品的评价与定位，而茅台悠蜜酒定位较高，在保证高品质的前提下，在价格上也相对较高，不利于短期内的产品传播。随着中国经济的发展，人均购买力显著提高，中国消费者的消费观念已经开始逐渐由"图便宜"转变为"图品质"，但在这一阶段的过渡时期，消费者往往既"图便宜"又想"图品质"，很多潜在消费者在尝试了低品质的利口酒后，就把"不好喝"的标签贴在了全部利口酒的身上，而茅台悠蜜酒价格较高，让很多消费者觉得不值得，这阻碍了茅台悠蜜酒的推广。所以，找到"便宜"和"质优"的平衡，是稳定价格的关键点。

（2）产品价值传播度不够。

茅台悠蜜酒在进行品牌宣传时，并未对产品的内在价值进行解读，只是对产品外观进行大量宣传。但是，市面上的利口酒、鸡尾酒与茅台悠蜜酒的外观并没有太大区分，产品的外观、色彩、定位也很容易被竞争对手模仿。所以，在营销时应当重点从产品价值方面入手，让消费者真正理解茅台悠蜜酒的品牌文化与内在价值。当这一点被消费者充分理解后，茅台悠蜜酒的高端定位才会得到认可，从而提升产品的议价能力。

原因三：渠道策略问题分析。

（1）线下渠道有待深耕。

茅台悠蜜酒上市之初采取了控制线下渠道的策略，避免了新品滞销的情况发生。而后借助互联网电商平台进行推广，也取得了不错的效果。但是，产品若想长久发展，最终还是要布局线下渠道进行销售，才能让产品真正走入消费者的生活中。公司的营销从哪里开始？这并没有定论，但如果不能走向营销平衡，最终必定跛脚。线下渠道如果不能正常进行布局，产品就会像跛脚的人一样，难以远行。

（2）线上渠道扩展进展缓慢。

茅台悠蜜酒依托茅台集团的优势，先天占有很多资源。但是，也有不少弊端。以茅台集团的线上渠道建设为例，茅台集团早在2016年就与天猫签订了战略合作协议，但茅台的天猫商城旗舰店却在2018年10月才正式开张。而这之前，茅台的产品仅仅是与天猫进行产品合作，也就是"拿货在天猫上卖"，而非把产品交给天猫去运营。线上渠道的营销优势十分明显，但茅台的线上推广速度却太过迟缓。

原因四：促销策略问题分析。

（1）广告宣传后继乏力。

茅台悠蜜酒自2017年5月借助热播剧《欢乐颂2》成功点燃市场后，再未有任何新的营销热点爆发，其市场热度在持续两个多月的"断货"后也一步步归于平静。其中原因，可能与茅台集团的统一部署有关，但这种广告宣传后继乏力的现象，是在浪费茅台悠蜜酒前期的热度。毕竟，这是一款上市时间较短的新产品，又是一款小众酒类，如果不能持续维持热度，营造新的热点，那么可能会被消费者逐渐遗忘。特别是在全球化背景下，对于利口酒诞生地的欧美国家的强势品牌产品来说，茅台悠蜜酒缺乏历史积淀，更加需要持续的宣传和曝光度。

（2）缺少与消费群体的对话交流。

在《欢乐颂2》热播时，茅台悠蜜酒曾经在茅台官方微信上与粉丝们有过短暂的营销互动，但随着电视剧播放结束，这种沟通也逐渐停止。茅台悠蜜酒作为一款年轻时尚的产品，其受众群体以年轻人居多。故此，茅台悠蜜酒更加应该重视年轻消费者乐于关注的渠道进行营销。

（3）消费场景塑造太少。

消费场景可以达到引导消费的目的，这是时尚、流行元素产品具有的有效营销方式，茅台悠蜜酒应重视消费场景的塑造。

（4）营销视角未超越产品本身。

茅台集团作为新时代的国有企业，其使命不应仅仅停留在经济效益上，而应当进行普通企业经济视觉以外的更高层次的文化建设。

2. 案例思政结合点

"茅台出品，必属精品"，这是茅台集团工匠精神的承诺与保证。茅台集团之所以能有今天的地位，最核心的因素就在于茅台产品的质量保证，这不单单是茅台集团，也是所有生产企业生存立足的落脚点。产品是企业的灵魂，是企业立于不败之地的根本，是企业最核心的竞争力所在。茅台的核心产品——飞天茅台酒的品质早已得到市场认可，近年来热度极高的茅酱系列也有很好的市场前景，而茅台悠蜜酒作为茅台集团用以抓住年轻市场的新产品，更加需要用优秀的产品品质打动消费者。历史已经不止一次证明，产品的核心竞争力就是产品本身，一切新奇的营销手段都只能暂时提升产品知名度，真正屹立不倒的，始终是优秀的品质。

中国的酒文化源远流长，但人们对利口酒的产品文化还没有形成共同的社会认知。目前利口酒市场上优秀的品牌较少，只有进口知名品牌与极少数国产品牌。原因不仅在于利口酒行业的发展时间短，还因为行业厂商不重视品牌管理。为了加强利口酒的品牌建设，有必要增强公司的新产品研发能力，增强产品自身的市场竞争力。除品牌建设外，企业还需要改善形象，建立形象与品质的关系，同时提高消费者对品牌的认知度，从而进一步提升和传播产品知名度。通过分析酒类市场上其他品类的现象级产品案例后不难发现，这些绕开传统白酒的成功品牌所具有的优势关键词有健康、时尚、高品质、有内涵等。而茅台悠蜜酒正好同时具备这些优点。茅台集团不能满足于当下而停步不前，更应该利用自身优越、充足的各种资源进行创新，引领行业不断发展。

3．案例教学思路与过程

（1）理论内容的讲解思路。

网络营销的产生→网络营销的特点→网络营销的发展。

（2）理论内容的案例导入教学。

①什么是网络营销？

网络营销产生于20世纪90年代，这一时期互联网媒体以新的方式、方法和理念，通过一系列网络营销策划，制定和实施营销活动，更有效地促成交易。

简单地说，网络营销就是以互联网为主要手段，为达到一定的营销目的而进行的营销活动。

随着互联网影响的进一步扩大，人们对网络营销理解的进一步加深，以及出现的越来越多网络营销推广的成功案例，人们已经开始意识到网络营销的诸多优点并越来越多地通过网络进行营销推广。

网络营销不单单是一种营销手段，更是一种文化，信息化社会的新文化，引导媒体进入一个新的模式。

第一，网络营销不是孤立存在的。网络营销是企业整体营销战略的一个组成部分，网络营销活动不可能脱离一般营销环境而独立存在，在很多情况下，网络营销理论是传统营销理论在互联网环境中的应用和发展。

第二，网络营销不等于网上销售。网络营销是为最终实现产品销售、提升品牌形象的目的而进行的活动，网上销售是网络营销发展到一定阶段产生的结果，因此网络营销本身并不等于网上销售。网络营销是进行产品或者品牌的深度曝光。

第三，网络营销不等于电子商务。网络营销和电子商务是一对紧密相关又具明显区别的概念，两者很容易产生混淆。电子商务的内涵很广，其核心是电子化交易，电子商务强调的是交易方式和交易过程的各个环节。网络营销的定义已经表明，网络营销是企业整体战略的一个组成部分。网络营销本身并不是一个完整的商业交易过程，而是为促成电子化交易提供支持，因此是电子商务中的一个重要环节，尤其是在交易发生前，网络营销发挥着主要的信息传递作用。

②网络营销渠道。

信息时代，企业希望把公司品牌、公司产品推广出去，让更多的人了解自己的企业，网络营销成了当下的不二选择，网络营销的渠道主要有以下六种。

第一，搜索引擎推广。

搜索引擎推广是一种重要的网络营销推广方式，它利用搜索引擎这一强大的在线检索信息工具来提升网站的曝光度和流量。通过优化网站的结构、内容和外部链接，使公司网站更符合搜索引擎算法的要求，从而提高网站的自然流量和转化率，最终提高网站在搜索引擎中的排名。搜索引擎推广是一种高效、精准的推广方式，借助搜索引擎推广，通过合理的策略和手段的运用，企业可以在激烈的市场竞争中脱颖而出。

第二，视频营销推广。

利用社交平台发布视频进行营销，能将公司品牌、公司企业文化及产品进行推广，宣传广泛，力度更强。

第三，自媒体推广。

自媒体时代下，企业、机构、个人可以抓住这个机遇，注册成为媒体人，提高品牌曝光度，提升产品知名度。

第四，直播推广。

直播是一种新型推广方式，受到观众的追捧，可以快速吸引大量用户，通过直播巧妙地将广告植入，达到宣传的效果。

第五，微博推广。

平台受众广泛，可以借助微博平台对产品进行宣传，当然还是要做好巧妙的植入，如果太过生硬反而会引起反感。

第六，博客推广。

博客平台具有较高权重，有利于搜索引擎收录，实现快照排名，搜狐、网易、新浪等是可以使用的免费平台。

③网络营销的特点。

一是跨时空性。跨越时间和空间限制。

二是多媒体性。可以传输多种信息（如文字、视频、图像、动画等）。

三是交互性。互联网通过展示商品图像，商品信息资料库提供有关的查询等来实现互动与双向沟通，其中最典型的是在线客服。

四是人性化。一对一的、理性的、消费者主导的、非强迫性的、循序渐进式的营销方式。

五是成长性。互联网时代下网络用户量不断增加，因此是一种极具开发潜力的市场渠道。

六是整合性。从商品信息至收款、售后服务一气呵成，因此也是一种全程的营销渠道。另外，可以借助互联网将不同的传播营销活动进行统一设计规划和协调实施，以统一传播资讯向消费者传达信息，避免不同传播中不一致性产生的消极影响。

七是超前性。符合定制营销与直复营销的未来趋势。

八是高效性。计算机可储存大量的信息，可传送的信息数量与精确度远超过其他媒体方式，并能响应市场需求，及时更新产品或调整价格，因此能及时有效了解并满足消费者的需求。

九是经济性。成本低，无须传统销售的门面费等，节约水电与人工成本。

十是技术性。网络营销大部分是通过网上工作者（威客等），通过他们的一系列宣传、推广，其中的技术含量相对较低，对于客户来说是小成本、大产出的经营活动。

（3）理论升华。

很多企业家面对网络营销都有这样的思考：网络营销是什么？它有什么样的特点值得企业去做？特别是当看到不少企业因为网络营销而面临失败的时候。实际上做不好网络营销，并不是因为网络营销本身不好，而是企业对网络营销缺乏系统的认识。

对网络营销有正确的认识，是学习的前提。

相对于传统的营销来说，网络营销是企业以互联网为载体达到一定营销的目的，网络营销的特点在于互联网，但网络营销的本质不是网络而是营销。网络营销是通过文字、图片、视频等信息和互联网的交互性来辅助企业实现营销目标。

相比传统营销网络营销有哪些优势？

一是网络营销具有传播广、速度快、无时间地域限制、无时间约束、内容详尽、多媒体传送、形象生动、双向交流、反馈迅速等优势，可以有效降低企业营销信息传播的成本。

二是网络营销无须店面租金成本就能实现产品直销，能帮助企业减轻库存压力，降低运营成本。

三是网络营销具有交互性和纵深性，它不同于传统媒体的信息单向传播，而是信息互动传播，通过链接，用户只需简单地点击鼠标，就可以从厂商的相关站点中得到更多信息。

四是网络营销是多维的，它能将文字图片和声音有机地组合在一起，传递多感官的信息，让顾客亲身感受商品或服务。

五是网络营销能对顾客需求进行更好的分析和研究，包括用户的地域分布、年龄、性别、收入、职业、婚姻状况、爱好等。

《2024 年全球数字化研究报告》显示，2024 年全球互联网用户数量将突破 53 亿人，这也意味着互联网的影响力将越来越大。在互联网时代里，只有跟上时代的发展步伐，才能不断前进乃至脱颖而出。

在互联网为大背景的传媒环境下，需要运用传播学、品牌传播学等理论基础，并结合市场营销学、广告学等知识，针对企业与消费者分别从传播者与受传者的角度来分析企业在互联网时代品牌传播策略的实践。面对问题，企业应不断地改进与创新。首先，提高产品质量，保持产品核心竞争力；其次，建立品牌分期策略，不断优化创新；再次，丰富传播内容，发扬品牌文化；最后，把消费者放在核心位置，拉近与消费者的距离。

4. 教学效果与反思

在案例教学过程中结合当前网络营销方式渠道的变化来补充讲解课程教学中的相关知识点，考虑学校办学特色，选择茅台酒业的案例，贯彻思政教育，通过案例引导讲解营销方式的变革，引导学生正确理解相关知识及其运用。另外，通过案例讲解引发学生的讨论和思考，了解学生对于茅台悠蜜酒的营销策略的看法，提高课堂的参与度。但在实施过程中，学生谈及茅台悠蜜酒的网络营销方案时，创意丰富但可行性低，对网络营销运营的理解仅停留在电商、软文等常见渠道上。此外学生的有效参与度还有待提高。在实训课程的学习中，老师需要引导学生深入思考、扩展思考维度，此外也可以采用头脑风暴的方式，要求学生组成小组学习在白纸上记录思考内容，提高学生的参与度，以提高学生融入课程学习的程度和进行深度思考。

《物流管理信息系统》课程思政案例分析

彭　垚

课程名称：《物流管理信息系统》

任课教师：彭垚

章节内容：第三章　物流信息技术

　　　　　　第四节　跟踪与控制技术

课程内容：卫星导航技术——全球卫星导航系统的发展。

课程思政目标：引导学生为中国的发展和繁荣富强而努力和奋斗，并培养学生的科学精神、民族精神和工匠精神。增强学生民族自豪感，树立国家富强的价值目标。

案例设计及实施过程：

1. 案例内容

"银河号"事件，是可忍，孰不可忍*

关于北斗系统，有一个非常普遍的问题：GPS 系统已经能够进行全球定位，而且达到了很高的精度，为什么还要花大力气自主研发北斗系统？

我们一起来了解一下北斗的研发背景。20 世纪 90 年代是中国最为艰难的一个时间段落，知耻而后勇，痛定思痛。有三个重要历史性事件，分别是 1993 年"银河号"事件、1996 年台海事件、1999 年轰炸大使馆事件。北斗系统的诞生就与"银河号"事件相关。

---

* 【图片故事】"银河号"事件，是可忍，孰不可忍 ［EB/OL］. 卫星联合增强导航技术团队，http：//agnss. hrbeu. edu. cn/2021/0402/c11676a266575/page. htm，2021 - 03 - 10.

"银河号"事件发生在 1993 年 7～9 月。"银河号"是中国远洋运输总公司广州远洋运输公司所属中东航线上的一艘集装箱班轮,固定航线为天津新港—上海—香港—新加坡—雅加达—迪拜—达曼—科威特。

1993 年 7 月 23 日起,美国声称握有确凿证据,指责"银河号"货轮载有可以制造化学武器的硫二甘醇和亚硫酰氯运往伊朗的阿巴斯港。美国派出军舰、飞机对"银河号"跟踪监视,并要求"银河号"返航。"银河号"在印度洋的国际公海海域上被美军军舰截停并扣留长达 3 周之久。当年处理此事的外交部官员在接受采访时连用了 17 个"窝囊"。

正如许许多多项目的历史一样,北斗的诞生也是那个充满悲愤时代的一部分。在"银河号"事件中,正是因为 GPS 信号的突然中断导致"银河号"无法行驶,只能接受美国人的检查。"弱国无外交",自那时起,中国人就意识到全球定位系统的话语权绝不能交到别人手里。这个东西必须自己搞!

那个年代中国的国民生产总值还不如意大利,更别提英法德这几个欧洲大国,所以欧盟根本没把中国放在眼里,甚至没有注意到"北斗"系统的一个设计频段是和"伽利略"重叠的。

但是没过多久,中国卫星连续发射,中国北斗系统的建设速度远超伽利略。

而中国航天在第一代"北斗"完成部署之后,立即开始"北斗 2 代"卫星的组网工作,短短数年间发射卫星 20 颗,到 2010 年已经完成了组网,完整覆盖亚太地区。如今的北斗系统,完成了卫星星座组网,具备了全球卫星定位的能力。北斗三号全球导航系统从设计之初就瞄准了 GPS,可提供米级、亚米级、分米级,甚至厘米级的服务。这个精度已经媲美 GPS。

北斗系统早已来到了我们身边。

卫星导航所起的作用早已不单单是"高大上"的武器设备,更是融入了我们的生产生活中。手机、出行、外卖、勘探、环保等,享受到北斗系统带来便利的同时，也使我国摆脱了西方国家的挟制、掌握在未来战争和生存的绝对话语权。

2. 案例思政结合点

北斗导航系统的发展。

通过卫星导航的军事应用，引入美国 GPS 的选择可用性和电子欺骗手段，以及美国对待盟友和非盟友国家的区别，还通过"银河号"事件将专业知识与思政教育自然地结合，激发学生的爱国热情。

目前中国自主研发的北斗卫星定位技术正在逐步代替美国的 GPS 定位技术，北斗系统作为目前世界上最先进的定位技术有着独特的优越性，未来北斗系统将会在智慧物流中发挥更大的作用。以我国的北斗卫星导航系统为蓝本讲解卫星导航系统原理，带领同学们回顾我国北斗系统建设的艰难历程、取得的成就、当时面临的国际形势、北斗系统与 GPS 的比较等内容，使学生感受到国家强大的重要性，以及核心技术的掌握对大国重器的关键作用，使学生的专业学习更有使命感和荣誉感。

3. 案例教学思路与过程

（1）课前环节。

进行课前准备，发布预习任务，同时课前将课堂讨论案例通过"学习通"发布便于学生提前了解案例内容。

（2）课中环节。

①理论内容的讲解思路。

导航的概念→全球卫星导航系统（GNSS）→四大卫星导航系统的发展历程→GNSS 的组成与工作原理。

②理论内容的案例导入教学。

思考：何为导航？什么是全球卫星导航系统？

导航就是引导航行，也就是确定航行体运动到什么地方和向何处运动。首要目的是确定航行体的即时位置，其次是测定载体的瞬时速度、精确的时间、姿态等状态参数，最后引导载体准确地驶向预定的后续位置。

全球导航卫星系统（Global Navigation Satelite System，GNSS）是一种全天候的空基导航系统，导航台设在人造卫星上，导航仪（GNSS 接收机）通过无线电与导航台进行联系，从而测定导航仪的位置、速度和时间。通过合理配置卫星，能够实现在全球的定位和导航。

提问：当前全球的四大卫星导航系统有哪些？

GPS（美国）、GLONASS（俄罗斯）、BDS（中国）、Calileo（欧洲）。

结合案例思考卫星导航系统的发展历程（见图1）。

1.GPS发展历程

1959年9月	开始NNSS（Navy Navigation Satellite System，海军导航卫星系统又叫子午仪）实验
1963年12月起	发射6颗卫星组成子午卫星星座
1964年6月	建成NNSS并投入使用
1973年12月	美国国防部批准GPS计划
1974年开始	GPS方案论证、系统研制、生产实验
1994年3月	发射第24颗卫星组网成功

2.GLONASS发展历程

1963年	苏联启动齐克隆卫星导航系统（Tsiklon satellite navigation system，Tsiklon）项目
1976年	批准研发GLONASS（Global Navigation Satellite System）
1982年10月	发射第一颗试验卫星
1996年1月	系统正式运行
2002年	2002年之前只有七八颗卫星正常工作，2022年开始恢复卫星
2011年	卫星达到满星座状态

3.Galileo发展历程

1999年2月10日	2003年3月26日	2003年9月	2021年12月
欧盟会员会公布Galileo计划	再次启动Galileo计划	中国加入Galileo计划随后退出	卫星组网完成

4.BDS发展历程

图1　卫星导航系统的发展历程

GNSS 的组成与工作原理是什么——以 GPS 为例?

GNSS 系统包括三部分:空间部分(卫星星座)、地面控制部分(地面监控系统)、用户设备部分(地面信号接收机),进而进行四大卫星导航系统的对比(见表1)。

表1　　　　　　　　　　　四大卫星导航系统的对比

卫星导航系统	卫星数	轨道面个数	轨道高度	轨道面倾斜角
GPS	24	6	20200 千米	55°
GLONASS	24	3	19130 千米	64.8°
Galileo	30	3	23616 千米	56°
BDS	30	7	35786 千米　21528 千米	0°　55°

③理论内容的升华。

卫星星座:每条轨道均匀分布 4 颗人造卫星,为了计算观测点的三维坐标,需要观测 4 颗 GPS 人造卫星,称为定位星座。

地面监控系统:确定人造卫星所处的准确位置,监测人造卫星的运行状态,使人造卫星保持在正确的运行轨道。

信号接收机:捕获人造卫星信号,并跟踪信号,对接收到的信号进行变换、放大和处理,最终计算三维空间位置。

作为一名物流专业的学生,在学习了解和使用全球卫星导航系统的同时，更要理解我国北斗系统建设的艰难历程、取得的成就、当时面临的国际形势、北斗系统与 GPS 的比较等内容，使学生感受到国家强大的重要性，以及核心技术的掌握对大国重器的关键作用。

（3）课后反思。

在课程教学中引入"银河号"事件的案例，引导学生应用所学专业知识分析案例，了解全球卫星导航系统的发展历程，有助于提高学生学习兴趣和课堂参与度，促进专业教育和思政教育同向同行。在教学过程中，要求教师要注重案例的选择并及时更新教学案例库。与此同时，因为案例较长，也需要学生在课堂上花费一定的时间进行案例阅读，导致存在部分同学未积极参与案例分析和互动的情况，后续可以考虑将此部分案例作为学生的课前阅读内容，课堂上选用视频的方式来展示案例，节约时间的同时提高学生的参与度。

《现代物流学》课程思政案例分析

谢 曼

课程名称：《现代物流学》

任课教师：谢曼

章节内容：第九章 国际物流

第二节 国际运输业务

课程内容：国际多式联运货损责任分析。

课程思政目标：引导学生建立起对物流法律纠纷的分析和判断能力，加强对国际和国内海运相关法律法规的认识和理解，提升学生的专业素养和法律素养，帮助学生坚定社会主义核心价值观。

案例设计及实施过程：

1. 案例内容

江南丝绸多式联运案例*

江南丝绸公司将装载布料的 5 个集装箱委托四海集团承运，双方之间签订了国际多式联运合同，约定由四海集团全程负责运输，货交底特律美国华美服装公司。多式联运单上记载："接货地：广州江南丝绸公司；装船港：香港；卸船港：西雅图；交货地：'底特律华美服装公司'；运输条款：'FCL—FCL'；运单上同时记有'由货主装箱、计数'的批注。"

四海集团受理该票业务后，首先委托大地物流公司将货物由公路运输

---

* 王术峰. 运输管理［M］. 北京：机械工业出版社，2019.

到香港，大地物流公司签发了以四海集团为托运人的公路货运单。其后，货到香港，四海集团又委托中国远洋船公司海运到西雅图。集装箱在香港装船后，中国远洋船公司签发了以四海集团为托运人的海运提单，提单记载："装船港：香港，卸船港：西雅图"；运输条款："FCL—FCL"。集装箱在西雅图港卸船后，5 个集装箱中有 3 个外表状况有严重破损，四海集团在西雅图的代理与船方代理对破损做了记录，双方代理在破损记录上共同签字。之后，四海集团又办理了由西雅图到底特律的铁路运输。5 个集装箱运抵底特律华美服装公司后，收货人开箱时发现：3 个外表有破损的集装箱箱内布料已严重受损，另一个集装箱尽管箱子外表状况良好，关封完整，但箱内布料也有受损。由于货到底特律收货人开箱时，发现 5 个集装箱中有 4 个集装箱的货物受损，于是拒绝收货并向发货人提出赔偿。发货人于是向四海集团提出赔偿，并要求按最高货损限额的运输区段给予赔付。关于货损责任人、赔偿限额，四海集团与发货人、大地物流公司、中国远洋船公司、铁路集团等涉案方产生了争议。

2. 案例思政结合点

国际多式联运货损责任分析。

江南丝绸多式联运货损纠纷的解决需要遵循海运相关法规，借此引导学生加强对行业法律法规的了解和认识，提升法律素养和法治意识，这也充分体现了社会主义核心价值观（自由、平等、公正、法治），有助于加强学生对弘扬法治精神、构建和谐社会的理解。

3. 案例教学思路与过程

（1）课前环节：进行课前准备，提出预习任务，课前要求学生提前预习，并阅读案例内容。

（2）课中环节：教师针对案例内容提出两个问题，组织学生进行讨论，理论点结合案例深挖思政元素，提升课程思政实效。

两个问题分别是：

①该案例中的货损责任应该如何划分？

该案例中四海集团作为多式联运经营人，对全程运输负责，货到目的地后由于有 3 个集装箱外表破损，所以四海集团应该对这 3 个破损集装箱的货物损失负责。因为在海运段之前，4 个集装箱外表均完好，海运结束之后发现 3 个集装箱外表破损，所以这 3 个集装箱的货损发生在海运段，作为多式联运经营人的四海集团可以向海运段负责人中国远洋船公司追责。

而到达目的地外表完好，箱内货物损害的集装箱，由于集装箱交接方式为 FCL—FCL，并且运单上同时记载"由货主装箱、计数"的批注，四海集团只需要确保集装箱外表状况良好，关封完整，所以该箱货物损失应该由货主广州江南丝绸公司自行负责。

②解决该案例的货损纠纷应该参照哪些法规？对你有何启示？

该案例的处理需要明确两点：一是国际多式联运经营人的权利与责任；二是在不同的集装箱运输条款下各当事人该如何划分责任。多式联运经营人的权利与责任在《多式联运公约》中有约定，不同集装箱运输条款下各当事人的责任划分在海运相关法律法规（中国的海商法、维斯比规则等）中也有相关规定。因此，对于海运纠纷的处理，首先要熟悉相关法律法规中的条款，才能在案例中找到纠纷处理的依据，最后按照法律相关规定约定各方的货损责任。

在市场经济条件下，完善的法律体系既为国家的宏观管理提供了依据，也为企业的微观活动提供了准则。因此，构建一个完善的物流法律法规体系，规范物流发展中的无序现象，是我国物流发展中面临的迫切问题，完善的法律法规体系对我国物流业的健康发展尤为重要。

国际多式联运是一种先进的运输方式，是国际运输发展的重要趋势，中国的进出口贸易最主要的运输方式还是海运，而多式联运是最简便、最高效的一种运输方式。中国企业在参与进出口贸易的过程中，货物的国际运输难免因为海上风险而造成损失，而货损纠纷的处理依赖于完善的法律法规体系和国际惯例的制约。引导学生思考并意识到：作为一名物流专业的学生，在学习海上运输相关业务的同时，需要熟悉相关的国际国内法规和纠纷处理的惯例，提升专业素养和法律素养，做一名有责任感、办事公道、学法、懂法、守法、会用法的物流人才，同时提升学生对社会主义核心价值观中"自由、平等、公正、法治"的认识。

（3）课后反思。

①需进一步挖掘课程本身蕴含的思政元素及可能外延的思政元素，在融入和设计上更精细，避免生拉硬扯的思政元素融入，进一步探索润物细无声的融入方式。

②在课堂教学中，尤其在典型案例分析中，"讲故事"的能力要再提升，提高课堂案例讲授的吸引力。此外，案例的选取应该更加谨慎，最好选择中国的案例，讲中国故事。

③对思政效果的检验有待加强，如何将定性评价与定量评价结合起来，检验对学生的思政教学效果，需要进一步优化考核体系，设置科学的考评指标，准确评价思政教学效果，并做到持续改进。

《冷链物流》课程思政案例分析

陈春琳

课程名称:《冷链物流》

任课教师：陈春琳

章节内容：第二章　冷链储运管理

课程内容：冷冻冷藏运输方式及设备。

课程思政目标：秉承立德树人的教学理念，在教学过程中将专业知识和课程思政有机统一，潜移默化地融入课程思政要素。在讲解冷链运输时，引入共建"一带一路"下的冷链物流发展案例，宣传我国的开放政策，灌输国家发展理念，培养学生的开放意识和国际视野，帮助学生从多个角度理解和思考全球化、国际合作以及社会责任等。

案例设计及实施过程：

1. 案例内容

"中老泰"冷链班列 *

洪九果品的"中老泰"班列已经开通。这条班列是西部陆海新通道的重要组成部分，由重庆国际物流集团、江津区以及洪九果品等单位共同开通运行。该班列途经泰国尖竹汶、老挝塔纳棱陆港和万象南站，并最终到达中国成渝地区。2023 年 6 月 9 日，洪九果品公司首次独家包下"中老泰"冷链班列（成渝），从老挝万象南站出发，满载着 28 个铁路冷箱的榴

＊"洪九泰好吃"榴莲专列成功首发，为西部陆海新通道首列中老泰榴莲冷链班列［EB/OL］. https：//www. zhitongcaijing. com/content/detail/943231. html，2023 - 06 - 09，有删改.

莲专列驶出。这列装有400余吨榴莲的冷链专列于6月8日进入老挝万象南站，6月8日夜间从老挝万象南站发车，预计6月10日到达云南磨憨站，6月12日途经重庆江津小南垭站，6月13日到达终点站四川成都城厢站。榴莲专列主要经由中老铁路运输，相较传统的海运和陆运，时间更短、成本也大幅降低，真正意义上实现了降本增效，也让东南亚水果进境驶入"快车道"。更短的时效、更优的品质，让中国消费者们更好地享受到榴莲自由。

本次专列载运的28柜"洪九泰好吃"榴莲，是洪九果品匠心打造的自有品牌之一，精选自泰国东部榴莲优质产区的特供果园，具有果色正、果肉糯、果香浓的核心优势，平均出肉率在4房及以上。一颗颗"报恩榴莲"将通过"端到端"的先进数字化供应链，直达各个零售终端，洪九果品自主研发的"洪九星桥"全球供应链管理系统，实现了"采、运、销"全业务链的数字化管控。如在货品运输过程中，对在途路线、货柜状态、产品新鲜度、清关进程等数据进行实时监控追踪，最大限度确保果品的新鲜度，提升了运输效率，让每一颗到达消费者手中的榴莲都质优物美。

洪九果品"中老泰"班列的开通，紧跟共建"一带一路"下的货运新格局，对提升西部陆海新通道冷链效率具有重大意义。它不仅助力中国、老挝、泰国三国水果行业高质量发展，还服务成渝经济圈品质生活。通过该班列，泰国榴莲从果园采摘到抵达重庆仅需88小时，比传统海运和公路运输至少缩短10天，节约成本30%以上。此外，该班列实现了货运直达，为经济发展赋能，进一步夯实了渝新欧国际铁路联运大通道的运行优势。

2. 案例思政结合点

思政结合点：宣传我国的开放政策，灌输国家发展理念，培养学生的开放意识和国际视野，帮助学生从多个角度理解和思考全球化、国际合作以及社会责任等。

通过了解"中老泰"班列的开通背景和意义，学生可以认识到"一带一路"的重要性和深远影响。该班列不仅促进了中国与东南亚国家或地区之间的经贸往来，还加强了区域内的互联互通。这种国际合作模式有助于学生理解全球化背景下各国如何通过合作实现共赢。

"中老泰"班列的成功运营展示了中国在国际物流领域的强大能力和创新精神。例如，中老铁路跨境货物运输已经覆盖多个国家或地区，并且货物品类和开行列车数量显著增加。这可以让学生感受到科技进步和基础设施建设对经济发展的重要性。

此外，班列的开通也体现了多国政府、海关、铁路及企业间的紧密合作。这种跨部门、跨国界的协作精神是培养学生团队合作意识和社会责任感的重要途径。

3. 案例教学思路与过程

（1）课前环节：进行课前准备，提出教学任务，课前将课堂讨论案例信息告知学生，教师课堂播放"中老泰"班列相关视频。

（2）课中环节：组织学生分组讨论共建"一带一路"下的冷链运输问题，鼓励他们从不同角度提出解决方案，并分享各自的观点和见解。

（3）课后反思：把思政教育贯穿冷链物流学教学的全过程，要想做到"润物细无声"地将课程与思政相融合，还需要在融合前的事前准备上多下功夫，多方位、多领域发掘思政元素，以形象化、艺术化的教学手段引导学生，以多样化、多载体的教学方法深入引导学生。通过以上设计和实施过程，"一带一路"课程思政不仅能帮助学生掌握专业知识，还能培养他们的社会责任感和爱国主义情怀，为未来的职业生涯奠定坚实的思想基础。

《管理统计学》 课程思政案例分析

刘敬伟　杨　娇

课程名称：《管理统计学》

任课教师：刘敬伟、杨娇

章节名称：第一章　简单线性回归

课程内容：简单线性回归模型的构建、参数估计与假设检验。

课程思政目标：结合国家当前的经济政策，运用最新经济数据，建立简单的线性回归模型。

案例设计及实施过程：

1. 案例内容

关于消费与收入的统计计量分析模型

在构建以国内大循环为主体、国内国际双循环相互促进的新发展格局中，消费将扮演着愈发重要的角色。2022 年 4 月，国务院办公厅发布《关于进一步释放消费潜力促进消费持续恢复的意见》，提出消费是最终需求，是畅通国内大循环的关键环节和重要引擎，对经济具有持久拉动力，事关保障和改善民生。

居民消费在社会经济的持续发展中有着重要的作用。居民合理的消费模式和居民适度的消费规模有利于经济持续健康增长，而这也是人民生活水平的具体体现。改革开放以来随着中国经济的快速发展，人民生活水平不断提高，居民的消费水平也不断增长。但是在看到这个整体趋势的同时，还应看到全国各地区经济发展速度不同，居民消费水平也有明显差异。导致各地区居民消费支出有明显差异的因素有很多，例如，居民的收入水平、就业状况、零售物价指数、利率、居民财产、购物环境等都可能对居民消费有影响。为了分析什么是导致各地区居民消费支出有明显差异的最主要因素，并分析影响因素与消费水平的数量关系，可以通过建立相应的统计计量经济模型进行研究。

我们研究的对象是各地区居民消费的差异。居民消费可分为城镇居民消费和农村居民消费，但由于各地区的城市与农村人口比例及经济结构有较大差异，最具有直接对比可比性的是城镇居民消费。而且，由于各地区人口和经济总量不同，只能用"城镇居民人均消费支出"来比较，这是可从统计年鉴中获得数据的变量。所以模型的被解释变量 Y 选定为"城镇居民人均消费支出"。

因为研究的目的是各地区城镇居民消费的差异，并不是城镇居民消费在不同时间的变动，所以应选择同一时期各地区城镇居民的人均消费支出来建立模型，因此采用的数据是 2021 年的截面数据模型。

导致各地区城镇居民人均消费支出有明显差异的因素有多种，但从理论和经验分析，最主要的影响因素应是居民收入，特别是可支配收入，其他因素虽然对居民消费也有影响，但有的不易取得数据，如"居民财产""购物环境"；有的与居民收入可能高度相关，如"就业状况""居民财产"；还有的因素在运用截面数据时在地区间的差异并不大，如"零售物价指数""利率"。因此这些其他因素可以不列入模型，即便它们对居民消费有某些影响也可归入随机扰动项。为了与"城镇居民人均消费支出"相对应，选择在统计年鉴中可以获得的"城镇居民人均可支配收入"作为解释变量 X。

从 2022 年《中国统计年鉴》中得到表 1 数据。

表1 2021年各地区城镇居民人均消费支出与人均可支配收入

单位：元

地区	2021年城镇居民人均消费支出（Y）	2021年城镇居民人均可支配收入（X）	地区	2021年城镇居民人均消费支出（Y）	2021年城镇居民人均可支配收入（X）
北京	46776	81518	湖北	28506	40278
天津	36067	51486	湖南	28294	44866
河北	24192	39791	广东	36621	54854
山西	21965	37433	广西	22555	38530
内蒙古	27194	44377	海南	27565	40213
辽宁	28438	43051	重庆	29850	43503
吉林	24421	35646	四川	26971	41444
黑龙江	24422	33646	贵州	25333	39211
上海	51295	82429	云南	27441	40905
江苏	36558	57744	西藏	28159	46503
浙江	42193	68487	陕西	24784	40713
安徽	26495	43009	甘肃	25757	36187
福建	33942	51141	青海	24513	37745
江西	24587	41684	宁夏	25386	38291
山东	29314	47066	新疆	25724	37642
河南	23178	37095	全国	30307	47412

2. 案例思政结合点

以消费为主导扩大内需。

2022年12月14日，中共中央、国务院印发的《扩大内需战略规划纲要（2022—2035年）》（以下简称《纲要》）提出，展望2035年，实施扩大内需战略的远景目标包括消费和投资规模再上新台阶，完整内需体系全面建立；我国参与全球经济合作和竞争新优势持续增强，国内市场的国际影响力大幅提升等。

党的二十大报告从新时代全面建设社会主义现代化国家的要求出发，对加快构建新发展格局，着力推动高质量发展作出了一系列重大部署，明确要求"把实施扩大内需战略同深化供给侧结构性改革有机结合起来""着力扩大内需，增强消费对经济发展的基础性作用和投资对优化供给结构的关键作用"。《纲要》的出台对持续扩大和满足内需，释放新型消费巨大动能，实现创新驱动发展，促进扩大内需与深化供给侧结构性改革更紧密结合提供了重要的指引，对加快构建以国内大循环为主体、国内国际双循环相互促进的新发展格局具有重大意义。

消费已成为新时代扩大内需的最大动力来源。有效扩大和更好满足消费，对构建新发展格局、推动高质量发展意义重大。《纲要》把"全面促进消费，加快消费提质升级"放在扩大内需各项举措中的首要位置，突出了促进消费的引领性和重要性，强调了扩大内需特别是有效的需求增长要以消费为"出发点"，要以满足人民日益增长的美好生活需要为最终目标。

3. 案例教学思路与过程

分析工具：Stata 或 Eviews 计量分析软件。

分析过程：

（1）作人均消费支出（Y）与人均可支配收入（X）的散点图，简要说明两者之间的关系，并根据这种关系建立相应的计量模型。

Stata 命令：scatter y x

散点图如图 1 所示。

思考：数据要不要取对数？为什么？

模型构建：从散点图可以看出城镇居民人均消费支出（Y）和人均可支配收入（X）大体呈现线性关系，所以建立如下计量经济模型：

$$Y_i = \beta_0 + \beta_1 X_i + u_i$$

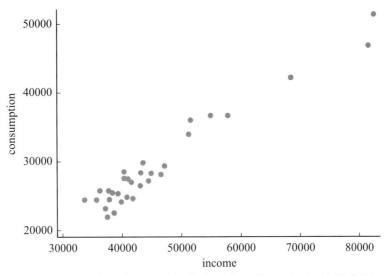

图 1　人均消费支出（Y）与人均可支配收入（X）的散点图

（2）假设所建立的模型满足相关理论假定，试对模型的参数进行估计，并恰当地报告、科学地解释回归结果。

假设所建模型及随机扰动项 u_i 满足经典线性模型的基本假定（复习：经典线性模型的基本假定），可以用 OLS 法估计其参数。运用计算机软件 Stata 或者 Eviews 作计量经济分析十分方便。

Stata 命令：reg y x

回归结果如表 2 所示。

表 2　　　　　　　　　　　　**Stata 回归结果**

Source	SS	df	MS	Number of obs	=	31
				F (1, 29)	=	486.47
Model	1.4058e + 09	1	1.4058e + 09	Prob > F	=	0.0000
Residual	83804182.8	29	2889799.41	R – squared	=	0.9437
				Adj R – squared	=	0.9418
Total	1.4896e + 09	30	49653499.9	Root MSE	=	1699.9

y	Coefficient	Std. err.	t	P > |t|	[95% conf.	interval]
x	0.5652699	0.0256288	22.06	0.000	0.5128531	0.6176866
_cons	3477.355	1210.207	2.87	0.008	1002.205	5952.506

Eviews 回归结果如表 3 所示。

表 3　　　　　　　　**Eviews 回归结果**

Dependent Variable：Y

Method：Least Squares

Date：02/01/23　Time：13：58

Sample：1 31

Included observations：31

Variable	Coefficient	Std. Error	t - Statistic	Prob.
C	3477.355	1210.207	2.873357	0.0075
X	0.565270	0.025629	22.05607	0.0000
R - squared	0.943741	Mean dependent var		29306.32
Adjusted R - squared	0.941801	S. D. dependent var		7046.524
S. E. of regression	1699.941	Akaike info criterion		17.77692
Sum squared resid	83804183	Schwarz criterion		17.86943
Log likelihood	- 273.5422	Hannan - Quinn criter.		17.80707
F - statistic	486.4700	Durbin - Watson stat		2.396222
Prob（F - statistic）	0.000000			

因此，在本例中，参数估计的结果为：

$$\hat{Y}_i = 3744.355 + 0.565 X_i$$

$$（1210.207）　（0.0256）$$

$$t = (2.87) \quad (22.06)$$
$$R^2 = 0.944 \quad F = 486.47 \quad df = 29$$

（3）对估计的模型进行相应的经济检验、统计检验和计量检验，并对检验结果加以说明。

①经济意义检验。

所估计的参数 $\hat{\beta}_1 = 0.565$，说明城镇居民人均可支配收入每增加 1 元，可导致城镇居民人均消费支出增加 0.565 元。这符合经济学中消费函数的边际消费倾向的意义。

②统计检验。

第一，拟合优度检验（回忆拟合优度的含义）：由回归结果可以看出，本例中可决系数为 $R^2 = 0.944$，说明所建模型整体上对样本数据拟合较好，即解释变量"城镇居民人均可支配收入"对被解释变量"城镇居民人均消费支出"的绝大部分差异作出了解释。

第二，显著性检验：对回归系数的 t 检验：针对 H_0：$\beta_1 = 0$，由回归结果还可以看出，估计的回归系数 $\hat{\beta}_1 = 0.565$ 的标准误差和 t 值分别为 $SE(\hat{\beta}_1) = 0.0256$，$t(\hat{\beta}_1) = 22.06$；在 5% 的显著性水平下，自由度 $df = 29$ 的临界值 $t_{0.025}(29) = 2.045$。因为 $t(\hat{\beta}_1) = 22.06 > t_{0.025}(29) = 2.045$，所以应拒绝 H_0：$\beta_1 = 0$。这表明，城镇居民人均可支配收入对人均消费支出有显著影响。

③计量检验。

由于建立的是简单线性回归模型，因此不考虑多重共线性问题；又因为模型数据采用的是截面数据，因此可以认为不存在序列相关性。所以，这里的计量检验主要是检验异方差性（回忆同方差与异方差的含义）。

Stata 命令：esta t imtest，white

检验结果如表 4 所示。

表 4　　　　　　　　Stata 异方差检验结果

White's test

H0：Homoskedasticity

Ha：Unrestricted heteroskedasticity

chi2(2) = 0.51

Prob > chi2 = 0.7759

Cameron & Trivedi's decomposition of IM – test

Source	chi2	df	P
Heteroskedasticity	0.51	2	0.7759
Skewness	0.13	1	0.7179
Kurtosis	2.52	1	0.1124
Total	3.16	4	0.5318

Eviews 异方差检验（white 检验）结果如表 5 所示。

表 5　　　　　Eviews 异方差检验（white 检验）结果

Heteroskedasticity Test White

F – statistic	0.232987	Prob. F（2, 28）	0.7937
Obs * R – squared	0.507455	Prob. Chi – Square（2）	0.7759
Scaled explained SS	0.246261	Prob. Chi – Square（2）	0.8841

从以上检验结果看，不能拒绝模型具有同方差的原假设（思考判断依据是什么）。

④由表 1 可以看出，西藏、陕西、青海、云南、贵州、甘肃六个地区城镇居民人均可支配收入低于全国平均水平，人均消费支出也普遍较低。如果这些地区的城镇居民人均可支配收入达到 30000 元，利用所估计的模型预测这些地区城镇居民可能达到的人均消费支出水平。

用 Stata 作回归预测十分方便（用 Eviews 需要一些手工计算），命令如下：

adjust x = 30000，ci

预测结果如表 6 所示。

表 6　　　　　　　　　　　　**回归预测**

Dependent variable：y　　Command：regress Covariate set to value：x = 30000			
A11	xb	lb	ub
	20435.5	［19402.7	21468.2］
key：xb　　　　=　　Linear Prediction ［1b，ub］　　=　　［95% Confidence Interval］			

由以上结果可知：当 $X = 30000$ 元时，Y 的点估计值（点预测值）为 20435.5 元，其 95% 置信度下的预测区间为 ［19402.7，21468.2］。

4. 教学效果与反思

在案例教学过程中，适当结合当前最新的经济政策来补充讲解课程教学中的相关知识点，一方面能保证课堂教学贯彻思政教育，引导学生正确理解相关知识及其应用，将教材中的理论知识与现实政策结合起来，赋予理论知识以更大的生机与活力；另一方面，通过在案例讲解中激发学生的讨论和思考，了解学生对于相关政策的理解程度和思想看法，提高课堂参与度。

在具体实施过程中，应强调学生的动手能力，能够独立运用相关分析软件实现数据分析和解释。另外，激发学生的思考能力，能够联系实际，以问题为导向，提高其发现问题、分析问题、解释和解决问题的能力。

《电子支付》课程思政案例分析

孙宗帝

课程名称：《电子支付》

任课教师： 孙宗帝

章节内容： 第六章　电子商务中的电子支付

　　　　　　第三节　第三方支付清算机构

课程内容： 第三方支付清算机构——支付宝。

课程思政目标： 从电子支付的信用角度出发，引导学生建立起对电子支付平台信用的判断力，进一步引导学生思考电子支付行业的快速发展和给人们生活工作带来的便利，电子支付平台之所以发展得如此迅速，核心基础是信用，从而引导学生诚实守信，讲信用，同时提高防范电子支付诈骗的意识，踏踏实实做事，老老实实做人。

案例设计及实施过程：

1. 案例内容

支付宝被骗追回实例*

支付宝（中国）网络技术有限公司是国内领先的第三方支付平台，致力于提供"简单、安全、快速"的支付解决方案。支付宝主要提供支付及理财服务，涉及网购担保交易、网络支付、转账、信用卡还款、手机充值、水电煤缴费、个人理财等多个领域。在进入移动支付领域后，为零售

---

　　* 周虹. 电子支付与网络银行［M］. 北京：中国人民大学出版社，2023：169 – 177；【支付宝诈骗案例】支付宝被骗追回的实例［EB/OL］. https：//www. docin. com/p – 2710433630. html.

百货、电影院线、连锁商超和出租车等多个行业提供服务，还推出了余额宝等理财服务。同时，支付宝与国内外 180 多家银行以及 VISA、Master-Card 等国际组织机构建立了战略合作关系，成为金融机构在电子支付领域较为信任的合作伙伴。

然而近年来利用网络交易支付工具支付宝进行诈骗的现象时有发生。支付宝诈骗，80% 的案件是卖方利用各种手段欺骗消费者，让买家上当，20% 的案件则是买方利用支付宝骗取商家货物、钱款。这些诈骗行为严重扰乱了网络交易秩序。

支付宝诈骗案例：

"骗子的招数可真多，要不是我细心，还真让他们给糊弄了。"15 日上午，市民俞女士拨打电话说，她前天晚上在淘宝网拍下一双儿童休闲鞋，网上成功支付了 39 元。第二天下午，俞女士接到一名自称是网店工作人员的电话。"对方开口就问我是不是买了一双儿童鞋，他们掌握的信息也太准确了。"俞女士不解地说。随后，自称工作人员的男子说，因为支付宝系统升级，造成钱款支付时出现被冻结状况，俞女士买鞋所付的 39 元钱他们在后台交易中也看不到，为了不影响发货，只能按照他们的要求重新转账。一听到与钱有关，俞女士就特别留神，当她表示不在家，身边没有电脑不能进行网上交易时，对方显得特别着急，并催着俞女士一定要抓紧时间处理，否则货物不能及时发出。一听到对方迫切的声音，还催着转账，俞女士便找借口挂断了电话。

随后，俞女士马上打开电脑，通过查询网上交易信息发现，自己所买的儿童鞋已经发货。在与店铺客服沟通后了解到，最近一段时间，已经有很多客户投诉，都是在下单后接到自称淘宝工作人员的电话，并说系统有故障导致无法正常发货，要求客户提供支付宝账号等个人信息，如果按照他们所说的去做，就会导致账号被盗。为此，店铺客服人员还特别提醒说："这伙骗子最近很猖狂，已经有多个店铺被骗，请提高警惕，不要相信任何陌生电话号码及旺旺信息，如有疑问及时咨询客服。"

2. 案例思政结合点

电商平台的信用。

电商平台的信用可以从三个层面展开分析：（1）从商业角度看电商平台的信用。电商平台的信用度高，能够吸引更多的商铺入驻电商平台，获得更多的收益。（2）从社会公众角度看电商平台的信用。电商平台的信用度高，消费者才能信任该平台，才能吸引更多的消费者在电商平台进行消费，促进电商平台健康发展。（3）电子支付领域仍然存在着诈骗的风险，需要提高防诈意识。

3. 案例教学思路与过程

（1）理论内容的案例导入教学。

理论讲述第三方支付所具有的功能及可能存在的风险。

第三方支付所具有的功能：

①为银行业金融机构办理票据和结算凭证等纸质支付指令交换和计算。

②为银行卡等卡类支付业务机构提供支付指令的交换和计算以及提供专用系统。

③为银行业金融机构或其他机构及个人之间提供电子支付指令交换和计算。

④为其他参与者提供支付指令交换和计算。参与者是指接受支付清算组织章程制约，可以发送、接受支付指令的金融机构及其他机构。

对于第三方支付，最主要的风险是信用风险、操作风险和流动性风险。第三方支付清算组织应建立清算业务风险防范机制，制定并实施识别、计量、监测和管理风险的制度。对于信用风险，第三方支付清算机构应当建立参与者信用风险损失分担的规则和程序；对于操作风险，第三方支付清算机构应当建立应急备案，制订应急备案和持续性计划，确保支付清算系统安全可靠运行；对于流动性风险，应建立应提准备金，以防范流动性危机。

（2）课中环节：教师对课堂展示的支付宝案例以三个问题为脉络组织学生展开讨论，理论点结合实例深挖思政元素，提升课程思政实效。

三个问题分别是：

①支付宝的经济效益和社会效益是什么？

电商平台的根本目的是取得既定或者理想的效益，电商平台的效益包含经济效益和社会效益两个方面。电商平台的经济效益，指的是电商平台对入驻商铺、消费者个人的经济生活所产生的影响；电商平台的社会效益，指的是电商平台对人们的思想、行为等方面和社会经济文化生活所产生的影响。用唯物辩证法来分析，电商平台的经济效益和社会效益既相互区别，又相互联系。两者在关注重点上有所区分，电商平台的经济效益是社会效益的基础，社会效益是电商平台经济效益实现的前提和保证，因此电商平台非常注重经济效益的实现，与此同时也追求在此基础上最大限度地提高社会效益。

支付宝案例就是典型的既追求电商平台的经济效益，同时兼顾社会效益的案例。支付宝平台以"信任"作为产品和服务的核心，提供支付及理财服务，涉及网购担保交易、网络支付、转账、信用卡还款、手机充值、水电煤缴费、个人理财等多个领域。在进入移动支付领域后，为零售百货、电影院线、连锁商超和出租车等多个行业提供服务，还推出了余额宝等理财服务。同时，支付宝与国内外180多家银行以及VISA、MasterCard等国际组织机构建立了战略合作关系，成为金融机构在电子支付领域最为信任的合作伙伴。

事实证明，电商平台以"信任"作为产品和服务的核心，提供支付及理财服务，通过提高企业形象、建立品牌情感价值来获得入驻商户和消费者的信任。不仅能够提高支付宝平台的社会形象，便利人们的生活，而且能够给电商平台带来很大的收益。

②支付宝为什么能够做大做强？

第三方支付的诞生给消费者、企业和商业银行都带来了益处，对商业银行来说，增加了网络银行和银行卡交易量，扩大了收入来源；对企业来说，有利于产品销售；对消费者来说，降低了支付成本。支付宝创立的信用担保机制弥补了中国信用体系的不完善和信用缺失问题，这一金融创新促进了中国电子商务的发展。

支付宝平台以"信任"作为产品和服务的核心，提供支付及理财服务，从而能够获得入驻商户和广大消费者的信任，所以电商平台的信用是第一位的，信用度越高，越能取得消费者和入驻商户的信赖。

其次，支付宝平台在支付流程上也较为简便和安全，考虑到顾客的需求，为消费者带来便利，支付宝的支付流程如下：

第一步消费者在电子商务网站上选购商品，最后决定购买，买卖双方在网上达成交易意向；

第二步消费者选择利用支付宝作为交易中介，用银行卡将货款划拨到支付宝账户；

第三步支付宝支付平台将消费者已经付款的消息通知商户，并要求商户在规定时间内发货；

第四步商户收到通知后按照订单发货；

第五步消费者收到货物并验证后通知支付宝；

第六步支付宝将其账户上的货款划入商户账户，交易完成。

因此，支付宝通过简化支付流程，同时确保资金支付的安全性，从而实现了安全快捷高效支付。

③为什么很多人在使用支付宝时被诈骗？

支付宝一方面给大家的生活学习带来了非常大的便利，几乎可以不用现金就可以进行购物、消费、娱乐，只需要手机扫码支付，极大地减少了时间成本，给人们的生活带来了极大的便利。

然而，很多人在使用支付宝时被诈骗了，原因有很多，一方面是诈骗分子能够精确掌握消费者信息，从而使消费者信以为真；另一方面是消费者对电子支付领域风险意识比较淡薄，从而缺乏防范，给诈骗分子可乘之机。因此，消费者需要注意个人信息保护，不要轻易泄露个人的信息，同时需要学习电子支付领域的相关知识，学会正确的操作方法，提高信息保护意识，提防诈骗。

（3）课后反思。

①通过学习第三方支付的概念、特点、优势、运行模式等，有利于学生更好地了解在电子支付领域中第三方支付的运用。仍然需要进一步挖掘课程本身蕴含的思政元素及可能外延的思政元素。

②在电子支付案例教学过程中，需要结合电子支付教材内容的核心点，认真学习有关第三方支付的案例，讲解问题点。一方面使枯燥的知识变得生动具体，促使学生更容易理解第三方支付方面的内容知识；另一方面能够紧贴当下热点，促进学生了解身边常用的第三方支付工具，如支付宝、微信等，不断接触新知识。

③在教学过程中，注意提醒学生们电子支付领域中可能存在的风险问题。在教学过程中，还要注意提问问题与分组讨论相结合，采取多种互动方式促进教学环节的顺利进行。

《销售管理》课程思政案例分析

孙宗帝

课程名称：《销售管理》

任课教师：孙宗帝

章节内容：第十章　销售竞争管理

　　　　　　第一节　销售竞争的特点

课程内容：销售竞争管理。

课程思政目标：从商业和社会角度，引导学生建立起对销售竞争管理的价值判断力，进一步引导学生思考销售行业人员应该具备的诚实、守信品质和承担的维护公序良俗社会责任。帮助学生树立正确的职业道德观念，严格保守企业核心秘密，维护企业的利益，同时注意保护个人信息。

案例设计及实施过程：

1. 案例内容

老干妈核心信息遭泄露*

据中国之声《全球华语广播网》报道，近日，贵阳市公安局南明分局向媒体通报，历经三个多月的侦查，警方一举将涉嫌泄露贵阳南明老干妈风味食品有限公司（以下简称"老干妈公司"）商业机密的贾某抓捕归案。该案涉案金额高达千万元人民币。

---

* ［美］查尔斯·M. 富特雷尔. 销售管理［M］. 熊银解译. 北京：高等教育出版社，2017.

2016 年 5 月，老干妈工作人员发现本地另一家食品加工企业生产的一款产品与老干妈品牌同款产品相似度极高，这引起了老干妈公司的警觉，并认为很可能存在本公司重大商业机密的泄露问题。经过半年观察，当年 11 月 8 日，老干妈公司到贵阳市公安局南明分局经侦大队报案，称疑似公司重大商业机密遭到窃取。警方视线最终锁定到老干妈公司离职人员贾某身上。

像老干妈公司这样的商业秘密被窃，在其他企业并不罕见。其后果可能是导致小企业客户瞬间流失，也可能给一家中型企业带来上千万元的损失，甚至可能使一个正蒸蒸日上的优势企业从此走向衰落。

2. 案例思政结合点

职业道德和个人信息保护。

信息保护可以从三个层面展开分析：（1）从社会层面，企业为社会作出贡献，企业的商业秘密需要得到保护，从而有利于社会上的各个企业得到健康有序发展；（2）从企业层面，企业的商业秘密是企业生存发展的关键，理应得到保护，促进企业之间公平合理竞争；（3）从个人方面，员工应该具有良好的职业道德，不能泄露企业核心秘密，维护企业的正当权益。同时个人应该保护好自己的信息，防止个人信息被滥用。

3. 案例教学思路与过程

（1）课前环节：进行课前准备，提出教学任务，课前将课堂讨论案例信息告知学生，教师课堂讲述老干妈公司核心信息遭泄露的例子，并进行销售竞争理论讲述。

①销售竞争的特点。

销售竞争产生的原因：一是竞争的焦点是争夺客户，而争夺的有效手段就是人员推销；二是所有的营销活动中，销售是核心和中枢，只有通过销售，营销的其他职能才能顺利实现，因此"营销战"在市场上就演变为"销售战"；三是销售活动的范围大大拓宽。客户管理被称为市场营销竞争的新手段，而有效的客户管理必须借助销售管理。

销售竞争特点的表现：

第一，促销活动从间接到直接，销售终端成为促销的重点。

第二，销售由原来的只重"价格战"到"价格战与非价格战并重"。

第三，销售活动从内扩展到外，关系销售和战略联盟被称为竞争的新形式。

第四，企业销售竞争从单一手段到多元手段，整合销售被称为时代潮流。

②销售竞争的策略。

价格竞争的类型：流行价格竞争、跟踪价格竞争、降价竞争、升价竞争、关系价格竞争。

狙击价格竞争是指企业为了赢得市场竞争的优势，在制定自己的价格策略时，为了狙击或阻挡竞争者进入自己的市场领域，既针锋相对，又机动灵活，从而使产品价格策略成为御敌之盾的价格策略。

销售服务竞争策略的实施：一是树立正确的服务观念；二是制定销售服务组合策略：完善销售服务项目、选准销售服务方式、扩大销售服务范围、创新销售服务策略。

销售网络竞争的基本模式：对抗型竞争模式、共生型竞争模式、差异化竞争模式。

（2）课中环节：教师对课堂观看的老干妈公司核心信息遭泄露案例以两个问题为脉络组织学生展开讨论，理论点结合实例深挖思政元素，提升课程思政实效。

两个问题分别是：

①企业员工的职业道德指的是什么？需要怎么做才能遵守职业道德？

企业生产经营活动的根本目的是取得既定或者理想的效益，企业的效益包含经济效益和社会效益两个方面，经济效益指的是企业活动所产生的影响；社会效益指的是企业产品和企业文化对人们的思想、行为等方面和社会经济文化生活所产生的影响。用唯物辩证法来分析，企业的经济效益和社会效益既相互区别，又相互联系。两者在关注重点上有所区分，企业的经济效益是社会效益的基础，社会效益是企业经济效益实现的前提和保证。企业员工需要保守企业的商业秘密，遵守企业的规定，具有敬业精神。

②个人应如何保护个人信息？

个人既要做到遵守企业规范，具有良好的职业道德，保守企业秘密，同时也要保护个人信息，防止信息泄露造成不必要的影响。随着网络时代的到来，公民个人信息的保护显得越来越重要，信息泄露往往会带来很多麻烦，轻则接到骚扰电话，重则遭受财产损失，甚至威胁到人身安全。

个人保护信息，可以采取以下几个方面的措施：

不轻易点击社交软件中不明来源的链接；不扫描没有安全保障的二维码；不要在陌生链接中填写个人信息；在公共场合不要随意连接 Wi-Fi，更不要连接公共 Wi-Fi 进行付款操作；不将不同账号的密码设置为同一个，不同平台设置不同的高保密强度密码；网银、网购的支付密码最好定期更换；不轻易开通"免密支付"功能，若开通免密支付，最好将银行卡设定日度限额或单次支付限额，一旦出现意外可避免损失扩大；不安装来路不明的软件，要认真阅读服务协议、用户隐私政策等说明，谨慎授权；淘汰掉的电子产品信息销毁要彻底，防止不法分子恢复数据；处理快递单、车票、账单等信息时，最好先抹掉个人信息部分再丢弃；不在社交软件上泄露过多个人信息，发布照片时尽量模糊含有个人信息或标注的真实身份信息，在公开网站平台填写信息时，避免使用真名或姓名拼写。一旦发现被骗，要立即向银行、网络支付平台等机构申请挂失、冻结资金。同时也要第一时间报警，尽可能提供账单、聊天记录等证据，以便警方破案。

（3）课后反思。

①通过学习销售竞争的特点、销售竞争的策略，有利于学生更好地了解销售竞争的性质。仍然需要在职业道德、个人信息保护等思政元素方面进一步挖掘。

②在销售管理案例教学过程中，需要结合销售管理教材内容的核心点，认真学习销售管理的案例，讲解问题点。一方面使枯燥的知识变得生动具体有趣，促使学生更容易理解销售管理方面的内容知识；另一方面能够紧贴当下热点，促进学生了解个人信息保护的重要性，既要维护企业的利益，也要维护好个人信息安全。

③在教学过程中，注意提醒学生销售竞争领域中存在的信息泄露风险问题，做到遵守企业规范，有良好的职业道德，不能泄露企业的核心秘密。同时做到保护好个人信息，如果遇到企业或者个人信息泄露的情况，也要通过法律途径维护企业和自身的合法权益。通过对思政点的讲解，促进学生更好地认识社会，有良好的职业道德，同时也要保护好个人信息，更要学会在自身信息泄露的情况下，采用法律手段维护自身权益。

《企业管理》 课程思政案例分析

李燕红

课程名称：《企业管理》

任课教师： 李燕红

章节内容： 现代企业文化管理

课程内容： 企业文化内涵、构成、功能、企业文化理论。

课程思政目标： 针对课程内容，用案例讲授理论知识点，从而激发学生的学习兴趣，把学生吸引到课堂中。分析案例中蕴含的家国情怀、民族自信心、责任和担当、自信、自强等思政元素，引导学生思考和反思。

案例设计及实施过程：

1. 案例内容

华为的企业文化*

（1）公司简介。

华为技术有限公司（以下简称"华为"），1987 年由任正非创立，总部位于广东省深圳市龙岗区。华为是全球领先的信息与通信技术（ICT）解决方案供应商，专注于 ICT 领域，坚持稳健经营、持续创新、开放合作，在电信运营商、企业、终端和云计算等领域构筑了端到端的解决方案优

---

* 探讨企业文化建设在企业管理中的作用 ［J］. 区域治理，2021（16）；华为技术有限公司企业文化建设研究 ［J］. 商场现代化，2017（002）；创新管理制度对于提升企业文化建设的效应研究——以华为公司实施产品集成开发流程再造为例 ［J］. 西安石油大学学报（社会科学版），2014（001）.

势，为运营商客户、企业客户和消费者提供有竞争力的 ICT 解决方案、产品和服务，并致力于实现未来信息社会，构建更美好的全连接世界。目前，华为拥有 20.7 万员工，华为的产品及解决方案应用于 170 多个国家和地区，为全球 30 多亿人口提供服务。

（2）企业文化建设历程。

初期阶段：百家争鸣，百花齐放（1988～1991 年）

华为在初创时期面临着资金短缺、人员不足、管理经验匮乏等多重挑战。然而，正是在这样的环境下，华为人凭借着对技术的热爱和对成功的渴望，开始了企业文化的初步探索。这一时期，华为内部思想活跃，各种观点和理念相互碰撞，形成了"百家争鸣，百花齐放"的局面。尽管存在思想混乱和强劲对手的压力，但华为人始终将"把华为做大做强"作为共同的奋斗目标。

中期阶段：走出混沌，迈向成熟（1992～2006 年）

随着公司规模的扩大和业务的拓展，华为意识到必须建立统一的企业文化来指导公司的长远发展。1996 年，任正非发表了《再论反骄破满，在思想上艰苦奋斗》的讲话，并启动了《华为基本法》的起草工作。《华为基本法》作为华为公司的纲领性文件，旨在引导企业中长期发展，成为全体员工的心理契约。经过数年的讨论和修订，《华为基本法》于 1998 年正式审议通过，标志着华为企业文化走向成熟。

在这一阶段，华为逐渐形成了"狼性文化"，强调进攻精神、敏锐嗅觉和群体意识。同时，华为还提出了"以客户为中心，以奋斗者为本"的核心价值观，并建立了全员持股制度，实现了员工与企业的利益共享。这些举措极大地激发了员工的积极性和创造力，为华为的快速发展奠定了坚实的基础。

现状阶段：与时俱进，自我超越（2007 年至今）

进入 21 世纪后，随着全球化和信息化的加速发展，华为面临着更加复杂多变的市场环境。为了保持竞争优势，华为不断调整和完善企业文化，以适应新的发展需求。2008 年，华为发布了《华为公司核心价值观》，进一步明确了企业文化的内涵和导向。此后，华为文化从哲学走向了实践，通过一系列创新举措和制度保障，将核心价值观融入日常管理和业务运营中。

在这一阶段，华为不仅注重技术创新和产品研发，还高度重视员工关怀和企业文化建设。公司设立了首席员工健康与安全官职位，加强员工健康管理和职业安全保障；同时，通过举办各种文化活动和培训项目，提升员工的归属感和幸福感。此外，华为还积极履行社会责任，参与公益事业和环保行动，展现了企业的良好形象和社会担当。

2. 案例思政结合点

企业文化的概念、构成；通过华为建设企业文化的实践案例，引导学生理解企业文化的含义、特征及其作用，拓展讲解华为勇于突破美国封锁的事例，展现企业家精神、企业承担社会责任，培养学生家国情怀、民族意识和爱国主义情操。通过华为员工艰苦奋斗、攻坚克难，助力华为成为跨国集团的事迹，培养学生爱岗敬业、不畏艰难、兢兢业业的职业道德。

3. 案例教学思路与过程

（1）教学导入。

目标设定：在课程开始前，首要目标是激发学生对企业文化重要性的认识，特别是以华为这一全球知名企业作为切入点，让学生理解企业文化的内涵与特征。播放一段华为创始人任正非的访谈视频或华为发展历程的短片作为开场，引出华为企业的发展史，剖析华为发展过程中企业文化对企业战略执行、员工凝聚力及市场竞争力的深远影响。

问题引导：播放视频后，提出几个启发性问题，如"你认为华为成功背后最重要的因素是什么？""企业文化在华为的发展中扮演了怎样的角色？""如果你是华为的一员，你会如何践行其核心价值观？"以此激发学生的思考，为接下来的深入讨论做好铺垫。引入华为企业文化的案例。

（2）课中环节。

教师对课堂观看的视频组织学生展开讨论，引出企业愿景、使命、价值观对企业的引领作用，并学习企业文化的构成、功能等知识点。同时，组织学生阅读华为企业文化建设历程的案例，引导学生剖析华为成功的原因，熟悉企业文化管理的知识点。

教学内容包括：

①华为企业文化概述：详细介绍华为企业文化的核心内容，包括"以客户为中心，以奋斗者为本"的核心价值观，以及"狼性文化"所体现的竞争意识、团队协作和创新精神。通过具体案例，如华为在国际市场的突破、技术创新的"里程碑"等，展现企业文化如何转化为实际行动和成果。

②案例分析：选取华为面对挑战时的决策案例，如面对国际制裁时的应对策略、研发5G技术的历程等，分析企业文化如何影响企业的战略选择、团队协作模式及员工心态。引导学生探讨在这些案例中，华为是如何通过企业文化保持竞争力并实现可持续发展的。

③小组讨论：将学生分为小组，每组分配一个与华为企业文化相关的议题进行深入讨论，如"企业文化如何促进创新思维""如何在团队中培养'狼性'又不失人文关怀"等。鼓励学生结合个人经历或社会现象提出见解，促进思想的碰撞与融合。

④总结分享：各组派代表分享讨论成果，教师进行总结点评，强调企业文化对于企业长远发展的重要意义，并引导学生思考如何将华为的经验教训应用到自己的学习、生活和未来工作中。

（3）课后反思。

①需进一步挖掘课程本身蕴含的思政元素及可能外延的思政元素，在融入和设计上更精细，避免生拉硬扯，进一步探索精细的、浸润式的隐形渗透。

②在课堂教学中，尤其在典型案例分析中，"讲故事"的能力要再提升，提高课堂案例讲授的吸引力。在案例教学过程中要从理论出发再回归到理论，避免进入案例分析讨论后泛泛而谈，要明确教学案例应服务于理论讲授。

《中国白酒知名品牌营销案例分析》
课程思政案例分析

罗　君

课程名称：《中国白酒知名品牌营销案例分析》

任课教师：罗君

课程内容：整合营销传播与信息沟通系统、广告策略和销售促进策略、人员推销、公共关系和事件营销、数字营销整合传播。孔府宴酒、秦池酒如何通过促销获得市场。

课程思政目标：产品促销须遵守国家法律，传播正能量，传递社会主义核心价值观，自觉恪守职业道德、积极履行社会责任。

案例设计及实施过程：

1. 案例内容

秦池案例分析 *

1. 背景回放

1996 年 11 月 8 日下午，名不见经传的秦池酒厂以 3.2 亿元人民币的"天价"，买下了中央电视台黄金时间段广告，从而成为令人眩目的连任两届"标王"。1995 年该厂曾以 6666 万元人民币夺得中央电视台

---

*　秦池酒案例分析 ［EB/OL］. https：//wenku. baidu. com/view/0505ea7b935f804d2b160b4e767f5acfa0c7834a. html?fr = income1 – doc – search&_wkts_ = 1729571174697&wkQuery = % E7% A7% A6% E6% B1% A0% E6% A1% 88% E4% BE% 8B% E5% 88% 86% E6% 9E% 90&needWelcomeRecommand = 1，2020 – 05 – 27.

"标王"。

秦池酒厂是山东省临朐县的一家生产"秦池"白酒的企业。1995 年，临朐县人口 88.7 万，人均收入 1150 元，低于山东省平均水平。1995 年厂长赴京参加第一届"标王"竞标，以 6666 万元的价格夺得中央电视台黄金时段广告"标王"后，引起大大出乎人们意料的轰动效应，秦池酒厂一夜成名，秦池白酒也身价倍增。中标后的一个多月时间里，秦池就签订了销售合同 4 亿元；头两个月秦池销售收入就达 2.18 亿元，实现利税 6800 万元，相当于秦池酒厂建厂以来前 55 年的总和。至 6 月底，订货已排到了年底。1996 年秦池酒厂的销售也由 1995 年只有 7500 万元一跃为 9.5 亿元。事实证明，巨额广告投入确实带来了"惊天动地"的效果。对此，时任厂长十分满意。然而，新华社 1998 年 6 月 25 日报道："秦池目前生产、经营陷入困境，今年亏损已成定局。"

2. 秦池模式

简单地说，秦池模式是一种以市场为龙头，以广告为依托，高风险、高回报的经营方式。

秦池模式是一种脆弱的经营方式，虽然它可以在风调雨顺之年带来丰厚的利润，但外部环境或内部机制稍有风吹草动便可能颗粒无收。很难用好坏来评判秦池模式，因为一些国外的品牌至今仍在中国市场上采用与之类似的经营方式，并且收效显著。但秦池模式的缺陷的确是致命的——这好比一壶烈酒，没有酒量的人，就不要去喝。

秦池模式成败的关键在于获取和延续广告效果。它以广告宣传为先导，又以广告效果为归宿。广告投入越大，预期市场就越大；预期市场越大，销售规模就越大；销售规模越大，平均到每一件产品中的广告费越少。秦池模式的风险在于：如果预期市场不能成为现实市场，巨额广告费就会成为企业沉重的负担，除非是拥有巨大财力的企业，一般企业会被拖垮。秦池模式实质上也是一种冒险的营销模式，但这种"冒险"必须以整个行业的发展趋势、竞争格局与市场需求为基础。

3. 案例成败分析

（1）秦池酒厂第一次在央视夺得标王以后大获成功的原因。

①通过有针对性的广告促销，树立企业品牌，获取了产品的市场份额。

企业利润的高低在很大程度上取决于产品销售量的大小。而产品销售量的大小，又在一定程度上取决于产品的市场份额。当同类产品很多而又难分上下的时候，树立企业品牌是争取市场份额的较好途径，甚至是有效的捷径。秦池酒走的正是这条道路。

②在央视夺取"标王"。

秦池酒厂以 6666 万元的价格第一次夺得广告"标王"后，广告的轰动效应使秦池酒厂一夜成名，"秦池"的品牌地位基本确立，市场份额也相应增加。1996 年秦池酒厂销售量大幅度增加，同时企业利润也以更大幅度增加。

③根据边际收益递减规律，当一种可变投入要素的投入量增加，而其他要素的投入量固定时，这种增加会达到峰值，之后边际产量开始下降。秦池酒厂第一次的广告投入正是在投入量增加的初期，还没有达到顶点，因此它开始的边际报酬是递增的。

（2）秦池酒厂第二次在央视夺得"标王"以后未能成功的原因。

①过分依赖广告的作用。

广告促销的确使企业走出了困境、尝到了甜头。但是从企业的长期经营来看，广告并不能构成企业的核心能力。只要有足够的资金，就能做大广告。"广告战"可以扩大市场容量和市场份额，但并不能从根本上区分企业之间的不同。如果广告刺激了销售的迅速增长，那么纯粹靠广告增加的销售往往是冲动型消费，缺乏稳定性，这部分顾客往往不是忠诚的顾客。企业为了维持销售增长，不得不增大广告投入，其结果是使企业过分依赖广告。如果某一天消费者的偏好发生了变化，或有新的选择，那么企业就会处于被动甚至危险的境地。

②违背了管理经济学的原理。

秦池酒厂在广告投入的初期，其边际报酬是递增的，而到达顶点后，其边际报酬就会逐步递减，秦池酒厂正是违背了这样的管理经济学原理而再次盲目投入巨额广告费，因此从理论角度上讲其收益的下降也是必然的。

③失去对市场的关注。

秦池酒厂投巨资于广告，似乎是关注市场，但白酒的消费者真的那样相信广告吗？从某种意义上说，秦池酒厂的广告投入与投资建厂没有本质的区别，也类似于"生产资料"方面的投资。尽管广告投入的增长速度必然要高于销售额的增长速度，但如果消费者并不真正需要这种广告，那么广告投入就会失去方向，失去最终的目的，因而就是一种浪费，正如许多企业过剩的生产能力一样。

④广告是一把"双刃剑"。

过度的广告投入会使消费者对产品产生过高的期望，而当产品稍有问题，就容易引起消费者过度的反应或在消费者心中留下难忘的阴影。1996年12月关于秦池酒厂《××参考报》4篇沿川藏公路两侧收购散酒勾兑"秦池"的报道，不仅使秦池酒厂陷入巨大的媒体危机之中，而且使刚树立的"秦池"形象遭受了损害，因而在一定程度上影响了其市场份额。

⑤没有增加相应配套投入。

企业夺得"标王"之后，客户订单增加，而仅凭其现有生产能力肯定是难以应付的，因此按照常规，企业应该加大资金投入力度，对现有厂房设备进行更新改造或扩建新的厂房设备，以此提高企业生产能力。但是巨额广告投入已使企业现金流动能力受到较大影响，企业扩大生产能力所需大量资金的来源更成问题。即使企业有能力扩大生产规模、提高生产能力，但无论是厂房设备的购建，还是白酒的酿造，都需要一定的周期，因而难以在较短的时间内立即满足眼前的客户订单。

⑥盲目的规模经济。

一个企业是否有能力管理从而获得经济效益，完全取决于企业的管理能力和整体素质。问题在于企业是否有能力有效地管理好自己的销售活动并管理好市场和顾客。秦池酒厂通过与四川春泉集团和其他酒厂建立联营关系，由春泉集团提供原酒，秦池酒厂进行科学勾兑，从而迅速扩大规模。这种模式应该说是科学的，符合经营规律。但由于酒是一种嗜好品，消费者消费它实际上消费的是酒背后的东西（包括产地、历史、工艺、文化内涵等），一旦消费者发现秦池酒实际上是川酒，就有上当受骗的感觉，因为消费者尤其是酒类消费者并不都是理性的。

⑦行业自身影响。

就行业而言，白酒行业是夕阳产业。4万余家白酒生产企业使白酒的生产量远大于销售量（约有50%的产量过剩）；同时洋酒的进入使白酒在酒业消费中的比例下降。到1997年白酒销量"滑坡"的势头更加严重。秦池酒厂的市场份额面临着严峻的考验。

4. 品牌塑造分析

秦池酒厂在品牌资产提升中是失败的，主要表现在：

①误认为品牌知名度高，品牌资产就一定高。

秦池酒厂夺标时，商标值6亿元，企业也因此而陷入品牌管理的误区：品牌资产一定高。相反秦池除品牌知名度外，几乎没有其他品牌资产。虽然品牌知名度是关键的品牌资产，但品牌资产还应包括品牌认知度、品牌联想和品牌忠诚度等资产。

如果只提升知名度，势必会造成企业过分地依赖广告。如果某一天消费者的偏好发生了改变，或有新的选择，那么企业就会处于被动甚至危险的境地，造成的结果只能是市场资源衰竭。

尤其是知名度越高，消费者的期望会越高，这样当产品稍有问题，就容易引起消费者过度反应，这也说明秦池酒厂在出现危机时，市场销量为什么会迅猛下滑。

②实际上，秦池的品牌知名度并未转换为品牌资产。

品牌知名度主要通过以下四种途径创造价值：确定能赋予品牌的其他

联想；熟悉与喜欢；牢靠与负责；可考虑的品牌。而秦池酒厂在这几种途径上做的都不尽如人意，也就失去了提升品牌资产的可能。主要表现在：

一是广告语让消费者不知所言，很难建立联想。"永远的绿色，永远的秦池"，把白酒、绿色和健康连在一起，缺乏说服力。

二是"媒体发难"以及"瓶盖危机"都对消费者的认知产生负面影响，不仅不能让消费者喜欢，而且也让消费者认为品牌不负责。

三是品牌管理者品牌评估意识淡薄，缺乏有效监控机制。

③在其品牌塑造过程中严重忽视媒体危机，对品牌公关的重要性没有认识。

1996年12月末，《经济参考报》连续发了4篇系列报道，其中影响最大的一篇就是《川酒滚滚流秦池》，指出秦池酒系大量收取沿川藏公路两侧的散酒勾兑而成。各地的转载、讨论对于秦池来说犹如雪上加霜，秦池第一次陷入巨大的媒体危机之中。1998年5月，四川一家报纸刊出一篇很小篇幅的报道，标题是《鲁酒几朵金花风光不再》，说的就是秦池、孔府家、孔府宴等酒厂在央视撤掉广告，企业日子不太好过的事情。这条小小的报道随即引起各大媒体的广泛注意。6月28日，《北京青年报》用一个整版的篇幅报道秦池酒厂，题目是冲击力很强的《秦池模式终结了吗》。有关秦池酒厂的报道在社会上掀起了一个不小的高潮。自此，秦池兵败的消息开始频频见诸报端。

而秦池集团面对这些会对秦池品牌造成严重影响的媒体事件并没有做过多的重视和回应，这种做法直接引起了消费者对秦池酒厂的不信任，这也是其失败的重要原因。

④品牌塑造没有深入人心。

名牌单凭广告是不能创造出来的，虽然塑造名牌也需要广告。由"标王"而形成的"名牌"，只能是一种"被更多人知道"的"名牌"，与被更多人喜欢的"名牌"是不同的，广告可以造成知名度暂时的提高，但一定特定的品牌如果不能进入"既知道又喜爱"的境界，便不能常存。没有在根本上塑造秦池品牌的灵魂，使其深入人心，得到人们最忠实的肯定，也是该品牌失败的一个重要原因。这直接造成了秦池媒体危机以后人们对他的普遍不信任。

总而言之，秦池品牌资产提升受阻的根本原因在于管理者缺乏风险意识，没有从消费者角度建立品牌资产评估体系，因此也就无法知道如何去提升其品牌资产，从而也就出现许多认识上的误区，最终造成企业的失败。

2. 案例思政结合点

企业需积极履行社会责任。

随着社会发展与时代要求，企业社会责任愈来愈重要。倘若企业仅承担经济责任而忽略其应担的社会责任，其后果是不仅会受到社会舆论抨击，甚至危害社会和人民的切实利益，企业的长远经济效益与社会效益必会陷入图圄。因而，在新形势下，企业的社会责任不再是单一的法律责任和经济责任，它要求企业适应时代和社会要求，在契约关系基础上履行好诚信道德责任，同时将这种责任逐渐转化为企业义务，创新企业思想政治道德建设工作，不断推进企业社会思想道德责任的落实。

3. 案例教学思路与过程

（1）理论内容的讲解。

整合营销传播与信息沟通系统、广告策略和销售促进策略、人员推销、公共关系和事件营销、数字营销整合传播。

（2）案例导入。

从秦池酒业是什么、企业及时代背景、秦池成功与失败原因探讨、案例反思入手。

（3）理论内容应用。

回顾促销的作用、促销组合、人员推销的基本策略和广告的设计原则、公共关系和营业推广的主要活动方式；运用促销组合理论分析企业在促销实践中存在的问题。

（4）课后反思。

在案例教学过程中，适当结合我国白酒传统文化等补充讲解课程教学中的相关知识点，一方面能保证课堂教学贯彻思政教育，引导学生正确理解相关知识及其应用，将教材中的理论知识与现实应用结合起来，赋予理论知识以更大的生机与活力；另一方面，通过在案例讲解中激发学生的讨论和思考，了解学生对于白酒行业的理解程度和思想看法，提高课堂参与度。

在具体实施过程中，应强调学生的动手能力，能够独立运用相关理论知识对白酒企业的市场活动进行剖析。另外，启发学生的思考能力，能够联系实际，以问题为导向，提高其发现问题、分析问题、解释和解决问题的能力。

《供应链管理》课程思政案例分析

杨 杰

课程名称:《供应链管理》

任课教师: 杨杰

章节内容: 第十章　供应链配送管理

　　　　　　第一节　运输方式与选择

课程内容: 运输方式与选择。

课程思政目标: 结合中国古代物流故事鼓励学生忠于实践、敢于创新,提高学生文化自信和国家认同感。

案例设计及实施过程:

1. 案例内容

郭守敬:直抵北京的漕运[*]

漕运是依靠水道船运物流调运粮食的一种专业运输方式,在我国古代,漕运是维系历朝历代经济命脉的重要事务,在推动国家政治、经济、文化发展方面发挥着难以估量的作用。与大运河关联度较高的另外一个人物是我国元代的郭守敬,他的贡献主要在于解决了大运河的水源问题,实现了大运河的漕运。大运河北方的水源问题解决后,才出现了全线漕运的辉煌。

郭守敬是我国元朝的一位官员,是我国古代重要的科学家,在我国当

---

[*] 王之泰. 中国古代物流思想与实践 [J]. 中国流通经济, 2015, 29 (06): 6 – 13.

时的治水、水监、水利以及与物流相关的水运工程等方面作出了很大的贡献。值得骄傲的是，郭守敬的科学成就不仅在当时是世界领先的，甚至在700多年后的今天，他的一些重要科学成果仍然具有世界水平。从物流角度看，郭守敬也对我国古代物流作出过重要贡献。

在物流方面，郭守敬提出、规划、设计并主持完成了自大都（现北京城）到通州的运河工程，这是他对物流的重大贡献之一。当时大运河这条水运物流大通道的终点并不是北京城，而是京东的通州，距离北京城还有几十里的路程，还不够系统和完整。当时，这段几十里的路程只有陆路可通，需要借助大量的牲畜和人力，才能完成这一段的物流，不仅具有当时陆路交通的一系列弊病：路上尘土飞扬、粪便遍布，运输速度缓慢、费用高……而且失去了水上"千帆竞驶"的壮观景象。物流一旦通过大运河到达通州，再转赴北京城，便从当时"先进的"水路运输变成了落后且运量小得多的陆运物流，再加之装卸消耗增加以及陆运更高的费用，使得这一段的物流费用猛增，成为大运河系统的一个"瓶颈"。因此，隋朝以后的金朝时期，就力图开凿一条从通州直达北京城内的运河，从而把京杭大运河的终端从通州延伸到北京城内。对于这项工程，当时的统治者非常重视，但由于北方缺水，加之地域及科学技术上的障碍难以突破，有很长一段时间，这段运河的水源问题都没有办法解决。后来，经历了几代人，一直到郭守敬的出现，这个难题才得到解决。郭守敬凭借其超人的才华和不懈的努力，依靠其多次失败积累的经验和教训，克服了一系列大的难题，不仅全面提出了从通州到北京城内运河的路线、规划、建设与整合方案，而且做出了高水平的规划和设计，特别重要的是解决了水源的问题，完成了这项工程。这段运河被称为通惠河，依靠通惠河，从南方驶来的船舶可以直接驶进元大都城内，一直到达当时元大都城内的终点码头——积水潭，有效解决了当时南粮北调的物流问题。但令人遗憾的是，近代中国经济的总体衰落也直接体现在了这段运河上，通惠河渐渐失去了当时的辉煌，不仅景观、功能无法与昔日相比，长度也仅仅剩下了原来东西向的一段。

正是由于郭守敬的贡献如此巨大，为纪念先贤、启迪后人，北京建有郭守敬纪念馆，记录郭守敬在天文、水利等方面为人类科学事业发展所作的卓越贡献。

如今，我们拥有空前的科技和经济能力，在很多方面超越了古人，大运河直达北京城内的辉煌迟早能够再现。恢复和发展这条河的生命活力应当成为几代人的责任。

2. 案例思政结合点

郭守敬注重调查、锲而不舍的成功经验，为元朝创造了很多水利工程的奇迹，同时也为当地人民造了不少福祉。郭守敬一生中从事了许多研究工作，在科学活动中，既能潜心观察客观事物的特点，从中掌握它们的发展规律；又能很好地发现和总结劳动人民的发明创造，从具体实践中得到运用和提高；并且还善于从别人的经验教训中吸取经验，取长补短，使科学研究事业逐渐趋于完善。引导学生学习郭守敬敢于大胆创新发明的可贵精神，提高学生国家认同感，增强学生的民族自信和文化自信。

3. 案例教学思路与过程

（1）理论内容的讲解思路。

①运输概念、物流活动、运输过程的关键影响因素；

②运输方式；

③运输方式的选择；

④案例分析。

（2）理论内容的案例导入教学。

①什么是运输？物流活动包含哪些？运输过程中的关键影响因素是什么？

运输是指用设备和工具将物品从供应链上一个节点运送到另一个节点的物流活动。京杭大运河有效解决了当时南粮北调的问题，日复一日地利用船从余杭运输物资到北京，这个过程中余杭是供应地、北京是接收地，供北京城居民消费的物资是流动的实体，船是设备和工具。

物流活动：物流活动中的运输、储存、装卸、搬运、包装、流通加工、配送等功能的具体运作。通过课堂讨论在京杭大运河的运作过程中，主要涉及了哪些物流活动，结合地图从京杭大运河的运作过程（起点余杭、余杭到北京通州段、中转站通州、通州到大都城和终点大都城）引导学生回答。

现代运输过程主要涉及发货人、收货人、承运人、政府、互联网和公众等参与者和制约因素。

②运输方式。

按照运输工具的不同，可以将运输方式分为铁路运输、公路运输、水路运输、航空运输和管道运输（见表1）。

表1　　　　　　　　　　不同运输方式的比较

运输方式	运输功能	运输特点	成本特征
铁路运输	主要承担长距离、大批量的货运。在没有水运条件的地区，几乎所有大批量货物都是依靠铁路运输	运输速度快，运输能力大，单位运输成本低，安全性高，但只能在固定线路上运输，需其他运输手段配合	铁轨、车辆与枢纽等投资固定成本高、变动成本低使其具有较高的运输规模经济性
公路运输	主要承担水运和铁路运输难以到达地区的长途运输，大批量货运以及铁路和水运难以发挥优势的短途运输	灵活性强，可采取门到门运输形式，减少中转次数。运输单位小，不适合大批量长距离运输，交通事故较多	固定成本最低和可变成本很高使其运输规模经济性较低
水路运输	主要承担大批量、长距离的运输、是在干线运输中起主力作用的运输形式	运输成本低，适合宽大和质量重的货物运输。运输速度较慢，港口装卸费用较高	码头或港口的港口费和装卸费等端点费用非常高，而在途费用很低

运输方式	运输功能	运输特点	成本特征
航空运输	适合运载价值高、运费承担能力很强的货物和紧急需要的货物	速度快，不受地形限制，可到达铁路和汽车不能去的地区。运费偏高，受重量限制	固定成本和变动成本都比较高，使其成为最贵的运输方式
管道运输	利用管道输送气体、液体和粉状固体的一种运输方式	可避免散失和丢失等损失，运输量大，适合连续运送物品。投资大、功能单一、灵活性差、单向运输	固定成本最高，对大口径管道运输具有规模经济性。受管道规格限制，运输物品过多，其规模经济性下降

多式联运指由两种及两种以上的交通工具相互衔接、转运而共同完成的运输过程。主要分为背负式运输、空背式运输、船背式运输、空海联运、海陆联运（见图1）。

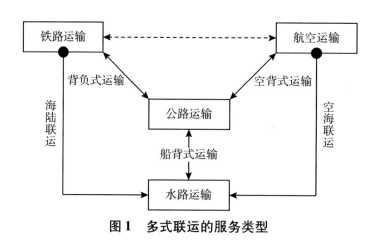

图1 多式联运的服务类型

③运输方式的选择。

运输方式选择取决于物品特性、运输距离、批量、成本和时间及其可靠性等因素。按运输物品特性，一般粮食、煤炭等货物选择水路运输；蔬菜等鲜活商品及电子产品等选择航空运输；石油、天然气等选择管道运输。按运输批量选择，一般 20 吨以下用汽车、20 吨以上用铁路、数百吨以上用船舶。按运输距离选择，一般 300 千米以内用汽车、300～500 千米用铁路、500 千米以上用船舶。

④案例分析。

以京杭大运河为例，分析其运作过程中包含哪些运输方式以及选择这种运输方式的原因。以小组形式对不同运输方式的优劣势及运输方式选择因素进行分析。

（3）小结。

总结课堂知识运输概念、运输过程关键因素和运输方式及选择。引导学生学习郭守敬善于总结前人成败经验以及在取长补短的基础上敢于大胆创新发明的可贵精神，并且通过对我国古代物流发展的了解，提高学生的国家认同感，增强民族自信、文化自信。

《新媒体营销》课程思政案例分析

王 雯

课程名称：《新媒体营销》

任课教师：王雯

章节内容：第六章 直播营销

课程内容：直播营销。

课程思政目标：通过理论讲解和案例分析，从平衡商业性和公共性的角度，引导学生培养自我判断能力和思辨能力，提升媒介素养，树立正确的商业价值观，自觉抵制泛娱乐化、低俗化等不良内容营销；进一步引导学生遵守法律法规，坚定社会主义核心价值观，思考直播营销行业应该诚实守信、导向积极，维护社会公序良俗，在追求商业性的同时要坚守公共性和公益性，积极承担社会责任。

案例设计及实施过程：

1. 案例内容

百万粉丝博主"提子"烹煮鲨鱼直播案例[*]

2022 年 7 月 12 日，百万粉丝博主"提子"烹煮鲨鱼的一则视频引发关注，网传视频显示，"提子"去到当地的一家海鲜超市门口，将一密封严实的包裹剪开，里面装着一条成年人那么长的鲨鱼，引来不少人围观。

---

[*] 南充女网红"提子"视频前烹食"大白鲨"账号被封禁 系从网购平台购买［EB/OL］. 重庆晨报官方网站，https://wap.cqcb.com/shangyou_news/NewsDetail?classId=7768&newsId=4976055，2022 – 08 – 01.

视频显示，"大白鲨"身长 2 米，摆好姿势后被运到"提子"二叔家进行分割。"提子"在户外烧了一口大锅，夸张地用了很多调料。鲨鱼尾巴用来烧烤，鱼身撒上调料。视频中，左上角写着"人工养殖可以食用"的说明文字。

但随后，有网友举报称，视频中的鲨鱼或为国际濒危野生动物噬人鲨（也称大白鲨），系国家二级保护动物。舆论开始发酵后，"提子"也作出了回应，但辩称是"尖齿鲨"，通过正规渠道购买。

经查，涉案当事人金某某（网名"提子"），2022 年 4 月 13 日通过网络以 7700 元人民币的价格购得鲨鱼一条，5 月 29 日、6 月 2 日先后对该鲨鱼进行摆拍和烹食，7 月 12 日将烹食该鲨鱼的视频发布到网络平台，随后该视频引发全网关注。

经中国水产科学研究院南海水产研究所根据残体组织样本 DNA 条形码鉴定，当事人购买烹食的鲨鱼属于《中国国家重点保护野生动物名录》中的二级保护动物噬人鲨。经农业农村部门认定，该噬人鲨价值 2.5 万元。当事人的行为违反《中华人民共和国野生动物保护法》有关规定。鲨鱼销售者和捕捞者沈某某、颜某某，已被福建省漳州市东山县人民检察院批准逮捕，非法购买、食用国家重点保护野生动物（噬人鲨）的网红博主金某某被处罚款 12.5 万元。

2. 案例思政结合点

思政结合点：提升自身媒介素养；营销传播者的社会责任。

（1）提升自身媒介素养。在以注意力及注意力变现为直播诉求的背景下，各类迎合受众低级欲望的营销传播内容不断涌现，以实现利润的最大化。大学生正处于三观形塑的重要时期，要保持独立思考的能力，树立正确的商业价值观，自觉抵制不良营销。

（2）从公共性和公益性的角度看营销传播者的社会责任，引导学生思考直播营销行业应该诚实守信、导向积极，维护社会公序良俗，在追求商业性的同时要坚守公共性和公益性，承担社会责任。

3. 案例教学思路与过程

（1）课前环节：进行课前准备，提出教学任务，课前将课堂讨论案例信息告知学生，让学生观看"百万粉丝博主'提子'烹煮鲨鱼"视频。

（2）课中环节：教师对该直播案例以问题为脉络组织学生展开讨论，理论点结合实例深挖思政元素，提升课程思政实效。

问题：如何看待直播营销的商业性和公共性？

网络直播基于互联网技术，借助于各类信息接收平台和终端，以即时的视频和语音信息为形态，实现传受即时互动，它打破了媒介内容和传播行为之间的界限，在生产内容的同时就进行了分发。网络直播作为一种技术手段被广泛运用到游戏产业、旅游观光、产品销售中，成为拉动文化消费升级、促进创业就业、助推经济结构优化的重要推动力量。

同时，网络直播赋予普通民众以前所未有的在场感，即在互联网技术的应用为普通大众所掌握后，"即时在场"的权力为普通民众掌握，继而能够随时随地以自主言说的主体形式面向公众发声，自媒体迅速兴起，大多数自媒体传播的内容导向积极向上，但也有一些自媒体宣扬的拜金主义、物质主义、消费主义及"颜值高于一切"的观念解构了传统伦理道德及社会主义核心价值观在互联网空间及日常生活中的阐释力和凝聚力，并反作用于社会现实生活，对公众的社会认知、行为施加潜移默化的影响。

"百万粉丝博主'提子'烹煮鲨鱼"直播就是典型的极端追求商业性、罔顾社会性的直播案例。事实上，这并不是网红"提子"首次用这类不常见食材直播烹饪，在她的视频中，20斤的蓝鲍鱼、30斤的金色变异娃娃鱼、50斤的鳄龟、比人脸还大的虎蟹、200斤的鸵鸟等动物都被她用作直播烹饪食材。从数据上看，这类视频虽然取得了"不错"的传播效果，让这位网红成为一名百万级粉丝博主，但从社会评价来看，"让人不适""博取眼球""恶心、害怕"等负面评价并不少见。

常在河边走，哪有不湿鞋，网红"提子"虽然在短期内满足了部分观众的猎奇心理，由此斩获了一波流量，获取了一定知名度，但无论从商业可持续发展还是承担社会责任的角度，无疑是双输的局面和失败的结果。实际上，这样的"吃播"案例并不鲜见，在商业可持续发展方面，一些网红只看到眼前一时之利益，为了博取眼球毫无下限，一味追求食材的新奇罕见，用猎奇的情节吸引关注，用浮夸的演技挑拨情绪，将"黑红也是红"的路线贯彻到底，不以为耻，反以为荣，试图在争议中赚取流量，在质疑中不断走红，浑然不觉自己已游走在违法犯罪的边缘，结果就是断送了自身的大好前途；在承担社会责任方面，一些网红完全罔顾，只是什么有流量就拍什么，什么出名快就做什么，不仅不思考自身的内容定位，不专注提升内容品质，反而以一些违背社会公序良俗甚至违法犯罪的内容来博人眼球，结果就是损害了用户的使用体验，也污染了网络空间的环境生态。

可见，如若落入"唯流量"的窠臼，只看眼前，一味追求商业利益，就注定走不长远，网络空间是亿万民众共同的精神家园，只有多一些创新创意少一些千篇一律，多一些用心打磨少一些跟风猎奇，网络直播和短视频的内容生态才能更加丰富而美好。

（3）课后反思。

①要进一步激发学生的自主学习和思考能力，引导他们从有限的课堂教学内容出发，深入思考理论和现象背后的原因，让学生透过理论知识点，更好地认知自我，关注现实，关照他人，认识世界。

②多用热点和疑点，激发学生的兴趣。热点之所以"热"，一是因为它是新发生的重大事件，具有很强的时效性；二是由于它是大是大非、鱼龙混杂、令社会关注的必须澄清的一些问题。以它创设情境导入新课较易引起学生兴趣，体现课程的时效性和理论联系实际的学科特色。用疑点导入，实践证明，疑点、矛盾、问题是思维的"启发剂"，可以激发学生浓厚的学习兴趣和高涨的学习热情，使探究新知识的认知活动变成学生的心理需求，并能让学生从思想上明辨是非，摆正观点。

③树立学生的自信心与勇气。充分发挥德育功能，讲究对知识的体验和感悟，这就要求全体学生主动参与，克服羞于开口交流的毛病，积极开展教学活动，常常使用表扬和鼓励的话语，激励学生，让学生能够大胆地表现自己。

《管理沟通》课程思政案例分析

黄思博雅

课程名称：《管理沟通》

任课教师：黄思博雅

章节内容：非语言沟通

课程内容：非语言沟通类型与几类非语言沟通解析。

课程思政目标：生活中的很多场景下信息都是通过非语言方式传递的，当代大学生应该从非语言的信息中获取信息，引导学生结合所学知识了解当下社会事件，洞察社会发展事态，透过现象看本质，正确解析其背后隐藏的信息，厚植学生爱国主义情怀，培育学生经世济民素养。

案例设计及实施过程：

1. 案例内容

（1）时间的暗示。

教师播放视频并提问：观看钟南山院士走红毯视频，结合当时的背景，你能从中获取哪些信息？

2020年9月8日，全国抗击疫情表彰大会上，钟南山院士被授予"共和国勋章"。观看领奖视频，请问你从这个视频中获取了哪些信息？

（2）通过外表、穿着的暗示。

提问：通过观察外交部副部长华春莹记者发布会现场照片，请分析图片的非语言信息。

2. 案例思政结合点

思政结合点：

（1）培养学生观察能力、从非语言信息中获取信息等能力，引导学生结合所学知识分析当下社会事件，透过现象看本质，正确解析其背后隐藏的信息。

（2）将非语言沟通与中华优秀传统文化结合，引导学生理论联系实际，厚植学生爱国主义情怀，培育学生经世济民素养。

3. 案例教学思路与过程

（1）课前环节：课前准备，提出教学任务，课前发布案例图片，教师发布钟南山院士领奖视频和华春莹记者发布会现场照片。

（2）课中环节：教师综合运用多样教学方法，深挖思政元素，实现教学质量的最优化。

①学生讨论发言，教师随机选取学生发表自己对图片的认识和看法。

②小组研讨，以小组为单位讨论，解析两幅图传递的信息。

③教师评价，细致讲解。

案例一，2020 年 9 月 8 日，习近平总书记在全国抗击新冠肺炎疫情表彰大会上，向钟南山颁授"共和国勋章"，肯定其在抗击新冠肺炎疫情斗争中作出的杰出贡献。17 年前抗击非典时，钟南山说："把重症病人都送到我这里来！"17 年后 80 多岁的钟南山院士提醒公众"没什么特殊情况，不要去武汉"，他却拿着无座票，毅然挤上广州开往武汉的高铁餐车，结合背景，钟南山院士走红毯故意走快，就如视频里说的，显示没老的目的是告诉大家他身体还很健壮，他不仅有为国家和人民服务的决心，还有为国家和人民服务的能力，这一举动充分展现了中华儿女先天下之忧而忧，后天下之乐而乐的爱国情怀，同时，象征着中国力量的钟南山院士以稳健快速的步伐向全世界传达了我们中华民族压不倒的自信和战斗决心！这是通过时间与人民沟通，与社会沟通，与世界沟通。

案例二，通过外表特征、穿着来进行沟通的例子。"外交官"是祖国的"门面"，作为国家对外的发言人，不仅要有智慧、学问和舌战群儒的能力，还要具备端庄、得体的穿衣品位。在照片里，华春莹巾帼不让须眉，巧搭西服，美得端庄得体。具体分析：短发尽显沉稳干练气质；正装西服，内搭白色上衣，端庄得体尽显东方女性的知性美；正统的职场西装搭配颜色鲜艳的胸针，点缀起到画龙点睛的效果，显得活泼有朝气；眼神坚定面带微笑搭配恰当手势，亲和但不失锐气，从容自带威严，尽显大国风范。

（3）课后反思。

在案例教学过程中要从理论出发，还要结合当前最新的时事政策变化来补充讲解课程教学中的相关知识点。在讲解到非语言沟通章节时案例较多，需要调动学生学习积极性，可以提前布置课下作业，通过"学习通"、慕课等线上学习 App 寻找案例资源，上课进行分享互动，同时在其他章节学习中，可以通过情景模拟、案例分析、小组讨论等方式鼓励学生参与课堂讨论。最后，教师需要对学生的讨论或提交的总结进行指导和点评，以加深理解并巩固学习成果。

《会计学》课程思政案例分析

尹　馨

课程名称：《会计学》

任课教师：尹馨

章节内容：第三章　会计核算基础

第二节　会计信息质量要求

课程内容：会计是一项管理活动，其主要目标是为财务报表使用者提供决策所需要的信息以及反映经营者受托责任的履行情况。要达到这个目的，就对会计信息具有一定的质量要求。主要包括可靠性、相关性、可理解性、可比性、实质重于形式、重要性、谨慎性、及时性等。

课程思政目标：帮助学生树立爱岗敬业、诚实守信、廉洁自律、客观公正、坚持原则、坚守法律底线等职业道德思想。

案例设计及实施过程：

1. 案例内容

瑞幸咖啡财务造假[*]

瑞幸咖啡（以下简称"瑞幸"）是依靠互联网的新零售模式企业，经营饮品及食品系列，除咖啡、茶饮之外，还出售轻食、坚果、零食和其他周边产品。瑞幸于 2018 年 3 月成立，2019 年 5 月美国首次公开募股（IPO）上市，成功打入中国咖啡市场，成为金融资本市场上的一匹"黑

---

[*] 瑞幸咖啡自曝造假 22 亿！股价重挫 75.75%　市值蒸发 350 亿元［EB/OL］. 凤凰网财经，https：//finance. ifeng. com/c/7vMPNSEopTU，2020 – 04 – 03.

马"。2020年初，做空机构浑水就曾发布报告做空瑞幸咖啡，直指其商业模式的漏洞。2020年4月2日，瑞幸发布公告称COO财务造假，2019年第二季度到第四季度造假金额22亿元，舆论一片哗然。

2. 案例思政结合点

可靠性是会计信息质量的第一要求。在我国会计实务中，从几年前的银广夏、绿大地、万福生科到近年来的瑞幸咖啡、康美药业、新绿股份，财务造假事件频频发生，说明会计信息质量违背了可靠性这一基本要求。在课堂教学中，可采用案例教学法，以瑞幸咖啡财务造假为案例，分析财务造假的动机、后果以及管理启示。会计人员不论出于何种目的进行虚假账务处理，都体现了其综合素质的缺乏。财务人员没有坚守职业道德底线而进行财务造假，使得公司会计信息违背可靠性原则，影响公司自身决策，也阻碍了行业发展。将会计职业道德的内容引入课堂，引入爱岗敬业、诚实守信、廉洁自律、客观公正、坚持原则、坚守法律底线等职业道德思想，有利于使未来的会计从业人员遵循这些要求，更好地为企业的利益相关者服务。

3. 案例教学思路与过程

（1）课前环节：以课程思政为引领，明确课程模块和思政模块的教学内容，有目的、有针对性地进行课前准备，保障教学时间的合理安排和教学环节的充分实施，达到预设的教学目的。课前任务包括：

①线上知识点自学，选取国家精品慕课《基础会计》作为线上教学资源（https：//www.icourse163.org/course/DUFE－1003322004?from＝searchPage&outVendor＝zw_mooc_pcssjg_）。

②课前案例了解，教师发布瑞幸财务造假相关阅读材料，学生课前对本节案例进行初步了解（https：//zhuan lan.zhihu.com/p/260050602；https：//www.bilibili.com/video/BV1c7411s7Zm/?spm_id_from＝333.337.search－card.all.click）。

（2）课中环节：教师需要综合运用灵活多样的教学方法及新颖多变的

教学手段，改进教学过程，传递思政精神，实现教学质量的最优化。

①学生案例介绍，随机选取学生对瑞幸案例进行简单介绍。

②小组研讨，以小组为单位讨论瑞幸财务造假产生的原因及造成的后果。

③教师评价，教师对学生活动进行总结和评价，尤其强调财务会计人员综合素质缺乏进而直接导致会计信息质量失真。结合知识点讲授会计信息质量要求，启发学生爱岗敬业、诚实守信，践行社会主义核心价值观。

（3）课后环节：在课后环节，教师需以学生的学习反馈、教学督导的教学评价以及校内外同行的教学交流为基础，对《会计学》课程思政进行过程评价、总结评价和动态评价。

《品牌管理》课程思政案例分析

田戊戌　张孝蔚

课程名称:《品牌管理》

任课教师: 田戊戌、张孝蔚

课程内容: 品牌延伸战略。

课程思政目标: 从文化传播的角度,引导学生了解中国民族品牌,树立民族自豪感,坚定"四个自信"和实现品牌强国的理想信念。认识到定位的重要性,以此启示学生对自己优点的定位,对自己人生的定位和思考。着重培养学生的专注意识及专业精神。树立品牌在追求经济效益的同时应坚守社会责任的正确价值观。在弘扬品牌文化的同时也引导学生树立正确的价值观和人生观。与此同时,也将品牌文化深深根植于心践于行。

案例设计及实施过程:

1. 案例内容

云南白药牙膏品牌: 中药核心资产如何成功外溢?*

云南白药创制于 1902 年,集品牌、产品和公司名称于一身,业内公认是中华老字号最具有创新力的代表。2021 年 7 月入选全球制药品牌价值二十五强,被评为中国最强的医药品牌,入选 2021 年全球药企排名第 34。云南白药核心资产是如何成功延伸到牙膏行业的呢? 答案是依托白药核心属性。

---

* 赵临云. 牙膏品牌延伸的效果评价与启示 [J]. 企业经济, 2009 (10): 108 – 111.

　　"云南白药"品牌是我国民族品牌，拥有国家保密配方。2000年以来，云南白药品牌得到了快速发展。在百年云南白药散剂的基础上，公司先后开发了胶囊剂、酊剂、膏剂、气雾剂等多系列产品。

　　当云南白药旗下的中药类产品结构趋于稳定时，全公司如果再仅仅依赖传统白药产品增长空间就会越来越有限。在此情景之下，云南白药集团必须寻找新的重要的利润增长点。然而，药品的开发周期长，审批非常严格。

　　在牙膏产品领域，国家针对功能性牙膏还没有固定的国家标准。云南白药集团从中洞察到发展机遇。于是，2003年云南白药组建了自己的健康产品事业部，通过充分利用公司品牌、白药的品种优势，在健康产品领域打造出新的经济增长点，有效延伸到白药的天然药物产业链。

　　云南白药牙膏这项产品专利从思路产生到产品定型，费时仅一年多。公司研发人员把白药的有效成分从植物中提取出来做成牙膏，以牙膏为载体，利用患者一天多次刷牙对口腔进行保健护理。云南白药牙膏得到了消费者的认可，深受消费者喜欢。由此可见，云南白药牙膏产品的延伸源于云南白药集团的核心产品优势。

　　2. 洞察行业机遇

　　据中国牙膏行业调研分析报告显示，我国牙膏产品的产量以平均每年13%的速度递增，目前已成为全球牙膏消费量最大的国家。2005年牙膏产量高达52亿支，整个口腔清洁用品市场的规模则接近78亿元。可见，我国牙膏市场具有很大的增长空间。另外，从当时的竞争态势来看，中草药牙膏的市场占有率有不断扩大的趋势，中草药牙膏以其绿色天然、功效独特的优势吸引了众多消费者的目光。与此同时，不少日化企业都相继加入中草药牙膏的生产行列。一直以生产含氟牙膏为主的国际知名牙膏品牌高露洁也开始推出中草药概念的牙膏。正是看到深具发展潜力的牙膏市场以及拥有巨大成长空间的中草药牙膏产品细分市场，云南白药集团决定进入中草药牙膏产品细分产品领域。

3. 精细化营销运作

（1）云南白药牙膏的巧妙定位。

在高露洁、佳洁士、黑人、中华等知名牙膏品牌群雄争霸的市场中，云南白药牙膏作为一个新品牌，如何被消费者快速认可的呢？这就要求其营销运作要打破传统思维模式。为此，云南白药牙膏跳出普通牙膏阵营，不让云南白药牙膏"姓牙"，而是要将云南白药牙膏作为"口腔护理保健牙膏"，让它成为综合改善成年人口腔问题、给大众带来真正口腔健康的"非传统牙膏"。与普通日化牙膏相比，云南白药牙膏"非传统"表现在对牙齿健康问题"更专业"的解决之道。为此，云南白药牙膏将自己定位在更有效解决牙龈出血、肿痛、口腔溃疡等口腔问题。与一些草本汉方牙膏相比，云南白药牙膏运用"国家保密配方"，强调独含云南白药六大活性因子。因而"功效更强"的诉求逻辑上成立，容易对消费者形成产品偏好。总之，云南白药牙膏"非传统牙膏"的定位，创出了一个区别于传统牙膏的新品类，开创了中国市场的"第三代牙膏"。

（2）云南白药牙膏的营销策略配合。

为了让云南白药牙膏的上述定位得以实现，定价、渠道、传播等营销运作上，公司也下足了功夫。考虑到当时牙膏市场已经有比较成熟的三大品牌（高露洁、佳洁士、中华），单靠低价已难以攻占市场，而且云南白药牙膏的开发生产成本本身就比较高。因此，为了匹配"非传统牙膏"的定位，再依赖对消费者的深度洞察，云南白药牙膏最终定价20元左右。如此定价策略，让云南白药牙膏在品牌林立的市场上，显得很突出，很容易引起消费者的关注。

在产品销售渠道上，云南白药牙膏采用了医药渠道、日化渠道并举的策略。云南白药牙膏没有苦等渠道的缓慢建设，首先从自己已有深厚基础的药店入手，让消费者首先可以买得到；同时，营销团队逐步开发现代化超市等日化产品主打的零售终端渠道。等到云南白药牙膏在现代超市等日化产品主打的渠道也站稳脚跟之后，营销团队再对渠道进行全面理顺，实现对不同形态的终端渠道的深度覆盖。

在品牌传播方面，云南白药牙膏采取了"诉求多段化、形式多样化、媒介多位化"的传播策略。传播诉求上，围绕"口腔保健专家"的产品核心诉求，云南白药牙膏全面上市后，展开了一系列的"活动软文炒作"。通过媒体让消费者对这支牙膏产生了较高关注度。为了确保媒体声音在零售终端落地，更好地收割销售战果，云南白药牙膏迅速展开了一系列零售终端的陈列生动化设计、制作，通过终端的宣传海报、跳卡等简洁有效的终端物料，将媒体上的传播声势继续在零售终端执行落地，并收获销售战果。

总之，利用云南白药传统的白药产品核心属性优势，加之科学严密而又创新的营销策略相配合，云南白药牙膏在市场已被知名品牌占据的情况下，成功创造出新的牙膏品类，赢得消费者的喜爱，建立起品牌领导地位，可以称得上品牌延伸的经典案例。

4. 案例思政结合点

思政结合点：品牌建设与品牌延伸的社会责任。

第一，云南白药成功将白药核心资产延伸到药膏行业，是创新，是兼容。在新时代下，如何进一步挖掘老字号传统技艺和品牌内涵，弘扬老字号创新实践及工匠精神，扩大中国品牌影响力，满足人民群众对美好生活的向往，不只是老字号企业保持品牌活性的目标，更是中华老字号如何进一步坚守深厚文化底蕴与匠心精神的主题。只有兼容并包、与时俱进，以创新擦亮招牌，才能振兴老字号，为实施品牌强国战略添砖加瓦。

第二，云南白药牙膏通过巧妙的市场定位占领市场，获得良好的品牌延伸效果。找准优势，正确定位是品牌营销的基础，也是品牌是否成功的基石，因此我们必须认识到定位的重要性。人也一样，学生要对自己进行定位，对自己的优势准确定位，发挥核心优势，扬长避短，进而对自己的人生进行定位思考。

第三，云南白药延伸成功的一大原因是通过对核心资产进行品牌延伸，维持了核心资产的优势，而不是盲目延伸。通过对盲目品牌延伸的负面效果的阐述，启发学生要专注于核心事业、核心优势的培养，深耕某一领域，培养学生的专注意识、专业精神。

5. 案例教学思路与过程

（1）课前环节：进行课前准备，提出教学任务，课前将课堂讨论案例信息告知学生，教师课堂上播放案例视频。

（2）课中环节：教师在播放案例视频时应结合生活实例深挖思政元素，提升思政实效，引导学生从生活实际中感受品牌的作用与影响。

①理解品牌延伸的内涵和意义。品牌延伸（brand extension）是指利用现有品牌名进入新的产品类别，推出新产品的做法。

②理解品牌延伸带来的正面和负面效果。

品牌延伸的积极作用：品牌延伸最基本的正面功能表现在消费者层面和企业层面。在消费者层面，品牌延伸的基本功能包括降低消费者对新产品的感知风险；提高市场对新产品的质量认知；满足消费者多样化需求。在企业层面，品牌延伸能提高公司的营销效率。品牌延伸是公司拓展市场、推动业务成长和增收的主要战略之一。

品牌延伸不当引起的负面效果：母品牌的联想不能转嫁给延伸产品、产生不合时宜的品质联想、模糊母品牌定位、损害母品牌形象。

③掌握品牌延伸应遵循的一般性原则。

品牌延伸应以匹配性为基础。越优质的品牌，越能够进行品牌延伸；品牌定位越抽象，越有利于进行品牌延伸；产品线越宽，越有利于品牌延伸；延伸品类竞争环境越恶劣，越不利于品牌延伸。

④理解品牌延伸的实施步骤。

明确品牌定位、识别延伸机会、设计营销方案、推广延伸产品、评估延伸结果。

（3）案例讨论过程。

学生分成5组，设置层层深入的5个问题，每组认领自己感兴趣的1

个题目，组长组织组员对这一问题进行深入研讨。问题设置有难易程度的区分，使能力较强的同学可以挑战更高难度，中等水平的同学可以找到适合自己的问题，基础薄弱的同学也可以在学习中获得提高。问题聚焦云南白药牙膏品牌延伸战略，结合需掌握的理论知识，使思政育人元素自然融入其中。

问题如下：

你认为云南白药牙膏品牌延伸成功的秘籍是什么？

通过对案例的了解，你认为如何制定品牌延伸的路线和策略？

通过对案例的了解，你认为品牌延伸成功需要遵循什么样的原则？

结合案例其他知识，阐述品牌延伸的正面和负面效果。

老字号如何实现品牌传承和创新？云南白药能否为其他老字号品牌延伸提供借鉴？

（4）课后反思。

①需进一步挖掘课程本身所蕴含的思政元素及可向外延伸的思政元素，在思政融入和设计上更精细，同时也更自然。在课程中融入思政元素，目的是润物细无声地教育引导学生，生拉硬扯式的思政融入不仅突兀且毫无效果。在授课过程中要进一步探索精细的、浸润式的隐形渗透。

②在课堂教学中，教师要系统梳理研讨内容，科学客观地评价各组表现，并进一步升华思政元素，突出中华老字号的品牌精神和传承创新，坚定实施品牌强国战略的理想信念。突出品牌延伸的正确定位和核心优势策略，帮助学生正确定位自己。

③在案例教学过程中应结合当前最新的案例来补充讲解课程教学中的相关知识点。一方面能保证课堂教学贯彻思政教育，引导学生正确理解相关知识及其运用，赋予其生机和活力；另一方面，通过案例讲解激发学生的讨论和思考，了解学生对于相关知识的掌握程度，提高课堂的参与度。但在实施过程中，要求教师要及时更新教学内容，此外学生的有效参与度还有待提高，仍存在讨论中"搭便车"的现象。

《电子商务管理》课程思政案例分析

李士燃

课程名称：《电子商务管理》

任课教师：李士燃

章节内容：1.1　电子商务管理的内涵

　　　　　　1.1.2　电子商务管理的性质

课程内容：电子商务管理的性质（自然属性、社会属性）。

课程思政目标：要在课程教学中坚持以马克思主义为指导，引导学生树立远大理想，弘扬爱国主义情怀，树立正确的人生观、世界观、价值观；具备爱岗敬业、诚实守信的良好职业道德；具备电子商务要求的基本素养；具有良好的逻辑思维分析判断能力；具有服务意识、创新意识以及团队合作意识等。

案例设计及实施过程：

1. 案例内容

国内企业淘宝打败国际电商巨头 eBay*

eBay 的中国之路从来都不平坦。2002 年，eBay 收购了当时中国最大的拍卖网站易趣网 1/3 的股份，从而借道进入中国市场。2003 年，eBay 收购了易趣网的全部股份，从而使后者变为自己的全资子公司。到此为止，eBay 收购易趣网总计支出 1.8 亿美元。2005 年，eBay 又投入 1 亿美元在中

---

* 笔者根据网经社相关报道整理，详见 www.100EC.CN。

国市场发动营销攻势。

然而，面对国内本土企业的强势发展，eBay 体现出"水土不服"。到了 2005 年末，eBay 的市场份额只剩下 1/3 了，淘宝则接近 60%，最后经过一番运作，惠特曼把 eBay 的在华业务卖给了李嘉诚旗下的 Tom 在线，退出了中国市场。

2. 案例思政结合点

思政结合点：本土企业品牌战胜外国企业品牌，增强民族自信。

Ebay 是成立最早的电子商务公司之一，也是全球最大的在线交易平台，2003 年依靠收购易趣进入中国市场，但是，在短短的 2 年后，却在中国电子商务行业快速发展的时候退出了中国，其中很重要的一方面原因是在中国市场中，已经无力与本土电商品牌淘宝竞争。

3. 案例教学思路与过程

（1）理论知识点：管理的自然属性和社会属性。

（2）理论内容的案例导入教学。

什么是管理的自然属性？什么是社会属性？

电子商务管理的自然属性主要体现在两个方面：

第一，电子商务管理渗透了电子商务活动的"三流"——资金流、信息流、物流相互协同和和谐的过程中的每个细节，是现代电子商务活动运行的不可或缺的机制。

第二，电子商务管理对于现代电子商务活动具有特殊作用。

电子商务管理的社会属性就是其作为一种具体经济活动的管理方式，本质上与一个国家或者社会所奉行的社会制度、经济制度、法律制度、政治制度的内涵是一致的，都旨在维护经济活动的运行和发展。

管理的自然属性和社会属性给我们带来了什么启示？

学习和掌握管理二重性原理，可以促使我们认真研究生产力和生产关系的运动规律，在社会生活中按照客观规律进行科学管理；可以帮助我们正确认识和对待国内外管理理论和方法，借鉴其中的"精华"，摒弃其中的"糟粕";可以鼓舞我们发挥社会主义生产关系和上层建筑的优越性,丰富和发展有中国特色的管理理论和方法。

4. 教学效果与反思

课程思政教学改革是学习贯彻习近平新时代中国特色社会主义思想在教育方面的重要举措,在专业课教学过程中,积极挖掘授课内容的思政元素,在向同学们讲解专业知识的同时,让学生们获得更多关于政治素养、塑造正确人生观、世界观和价值观的机会,进一步提高学生们适应社会、认识社会的能力,卓有成效地提高当代大学生的综合素质。

在《电子商务管理》课堂教学中,秉持立德树人的教学任务,充分挖掘思政元素,融入课堂教学各个环节,达到"润物细无声"的教学效果。当然,在具体实施过程中,还需要进一步改进教学手段和创新教学方法,不断思考适合课程思政的专业课教学新模式,不断更新思政素材,挖掘发生在学生身边的、他们喜闻乐见的素材,让学生更加乐于接受,在积极的学习氛围中获得专业知识和达到思政育人效果。

《电子商务法律与法规》课程思政案例分析

柏传超

课程名称：《电子商务法律与法规》

任课教师：柏传超

章节内容：第四章　电子合同法律制度

　　　　　　第五节　电子商务合同概述

课程内容：合同。

课程思政目标：法律课程天然地具有"思政"属性，其背后所体现的公平、平等、正义等价值观念，贯穿于法律条文当中，融汇于法律课程当中。

本课针对学生普遍存在的社会责任感、国家认同感、民族自豪感弱化问题，着重思想统领、行为引领，通过了解清王朝签订的丧权辱国的《马关条约》这段悲痛历史，加强学生的爱国主义教育、中华民族共同体意识教育，激发学生的爱党、爱国热情，树立强烈的历史使命感、时代责任感，切实将思政教育入脑入心。

案例设计及实施过程：

1. 案例内容

清朝政府签订《马关条约》

日本明治维新后，蓄意对外扩张，逐渐形成了以侵略中国为中心的"大陆政策"。其第一步是攻占台湾，第二步是吞并朝鲜，第三步是进军满蒙，第四步是灭亡中国，第五步是征服亚洲，称霸世界。

此时的中国是一个通过洋务运动回光返照的帝国，政治腐败，人民生活困苦，官场中各派系明争暗斗、尔虞我诈，国防军事外强中干，纪律松弛。世界主要资本主义国家逐步向帝国主义过渡，日本的侵略行径在一定程度上得到西方列强的支持。

1894 年，朝鲜爆发东学党起义，朝鲜政府军节节败退，被迫向宗主国清政府乞援，日本乘机也派兵朝鲜，蓄意挑起战争。1894 年（光绪二十年）7 月 25 日丰岛海战爆发，中日甲午战争开始，由于日本蓄谋已久，而清朝仓皇迎战，这场战争以中国战败、北洋水师全军覆没告终。清朝政府迫于日本军国主义的军事压力，于 1895 年 4 月 17 日上午 11 时 40 分，李鸿章代表清政府与日本在马关春帆楼签订丧权辱国的《马关条约》，其主要内容包括：中国承认朝鲜独立；割让台湾岛及其附属岛屿、澎湖列岛与辽东半岛给日本；赔偿日本 2 亿两白银；开放沙市、重庆、苏州、杭州为通商口岸；允许日本人在通商口岸开设工厂。1895 年 5 月 8 日，中日两国在芝罘（今山东烟台）交换两国皇帝的批准书，条约正式生效。

条约的签订也使民族危机空前严重，半殖民地化程度大大加深。该条约适应了帝国主义列强对华资本输出的需要，随后列强掀起了瓜分中国的狂潮。

2. 案例思政结合点

思政结合点：合同的概念

合同是双方当事人本着"公平、自愿、平等"原则协商的约定、协议。

《马关条约》的签订，背后是日本帝国主义通过战争、暴力侵犯我国主权与领土完整，利用"军事压力"迫使中国签订条约的侵略意图。明面上，日本帝国主义通过双方签订条约，从而达到"中方自愿签订"的目的，使日本掠夺中国资源的行为成为一种"合法合理"的行为，背后却是"军国主义"侵略与压迫，将强取掠夺偷换为"自愿"赔偿。

3. 案例教学思路与过程

（1）课前环节：进行课前准备，提出教学任务，课前要求学生了解

《马关条约》签订的背景、历史。

（2）课中环节：教师播放中日甲午海战、签订《马关条约》相关视频，总结签订《马关条约》的历史背景，作出关于《马关条约》是否是合同的设问，引出教学内容。

具体如下：

①播放视频；

②同学们，这段历史给了我们哪些启示呢？

一是政治体制的腐败，会阻碍国家、民族发展的步伐，清朝封建的专制制度是国家落后的关键因素。

二是"落后就要挨打"，没有科学技术的进步，就没有国家的进步。

三是开放包容，不能"闭关锁国""故步自封""夜郎自大"。

提问：中国在中日甲午战争战败后，迫于日方的军事压力，于1895年4月签订了《马关条约》，大家认为此条约是否属于现代法律意义上的合同呢？

合同的概念：

以"平等、自愿、公平、诚信"等为原则的，经双方协商一致的协议。从中可以体现出，合同是在平等的地位上自愿签订的，但《马关条约》是平等的地位上自愿签订的吗？日本帝国主义侵略者的可恶之处在于，通过"合同"这种形式，把"不合法不合理"的行为变成一种"合法合理"的行为，妄想从历史上销毁"罪书"，其实是在自欺欺人，欺骗全世界。

哪里有压迫，哪里就有反抗。面对外患内忧、民族危机的境遇，中国人民是不会甘愿长期忍受外敌侵略的。中国的志士仁人和各阶层民众先后发起了一系列救亡图存的斗争。但是，这些努力都一一失败了，亿万人民仍在水深火热中挣扎。

但是1921年，党的成立改变了中国的前途命运，中国共产党通过"革命、建设、改革"，彻底改变了近代以来100多年中国积贫积弱、受人欺凌的悲惨命运，中华民族走上了实现伟大复兴的壮阔道路。

（3）课后反思。

本门课程具有"思政"属性，但如何"显性"让学生感受到思政，如何通过学生喜闻乐见的方式传递思政元素，如何润物无声、沁人心脾地让学生接受思政，需要巧妙设计。思政战线是没有硝烟的战线，严防历史虚无主义对我国大学生的思想侵蚀，需要一代又一代教师筑好"思政"之堡。

《宏观经济学》课程思政案例分析

黄 丹

课程名称:《宏观经济学》

任课教师:黄丹

章节内容:第十五章 宏观经济政策

第二节 财政政策

课程内容:主要涵盖了宏观经济政策中的财政方面内容。包括政府如何运用税收和支出政策来影响国家经济的总需求,以达到宏观经济目标,如促进增长、控制通货膨胀、减少失业率等。课程内容还包括政府预算的编制、财政政策的工具和限制、财政政策的历史案例研究,以帮助学生理解财政政策的原理、实施和影响,以及它在宏观经济管理中的作用。

课程思政目标:

(1)通过案例讨论,让学生了解新冠肺炎疫情发生以来我国出台的一系列财政政策及其对经济复苏的作用机制。

(2)通过案例讨论,分析新冠肺炎疫情期间我国出台的这些财政政策的及时性和必要性,进而有效建立学生的制度自信,产生民族自豪感和幸福感。

案例设计及实施过程:

1. 案例内容

财政支持新冠肺炎疫情防控政策措施*

为应对新冠肺炎疫情对实体经济的冲击,财政部深入贯彻习近平总书记

---

* 关于支持金融强化服务 做好新型冠状病毒感染肺炎疫情防控工作的通知 [EB/OL].
https://www.gov.cn/zhengce/zhengceku/2020 – 02/03/content_5474105.htm,2020 – 02 – 01.

一系列重要指示批示精神，认真落实党中央、国务院决策部署，主动作为、履职尽责，及时出台一系列财税政策措施。

财政政策包括对个人、企业、机关事业单位及地方财政的救助措施。

个人方面，提供补助补贴，包括对确诊患者个人负担费用实行财政兜底，对疑似患者和参加疫情防控的工作人员给予定额临时性补助；实施税费优惠；延长创业担保贷款贴息期限。

企业方面，提供资金支持，包括保障企业贷款，中央财政给予贴息支持，贴息期限不超过 1 年；对受疫情影响的小微企业，加大各级政府性融资担保，且降低担保和再担保费率，取消反担保要求；提供税费优惠，包括对疫情防控重点保障企业，对受疫情影响较大的交通运输、餐饮、住宿、旅游等行业企业，个体工商户和小微企业，社会捐赠用于应对疫情的现金和物品进行税收减免，此外还包括行政事业性收费和政府性基金减免政策和减免企业社会保险费等措施。

机关事业单位方面，对防疫物资免征关税，并且采取政府采购方式，依法开启"绿色通道"。

地方财政方面，阶段性提高地方财政资金留用比例；向地方预拨医疗卫生、稳就业、稳投资、财力补助等方面资金 1839 亿元（见图 1）。

2. 案例思政结合点

思政结合点：中国特色社会主义下的财政政策及其效果。

自新冠肺炎疫情在全球蔓延以来，各个国家和地区的经济发展遭受了不同程度的打击。一方面，居家隔离导致居民消费需求骤减；另一方面，企业生产被迫中断，产业链和供应链出现断裂。供给和需求的同时下降导致各国经济下滑。

通过对疫情期间我国出台的一系列财政政策措施的介绍，让学生对我国财政政策及其作用有更准确和透彻的理解，进而产生民族自豪感和幸福感。同时，疫情期间出台的这些财政政策是十分及时和必要的，能够有效建立学生的制度自信，感受我国政策的科学性。

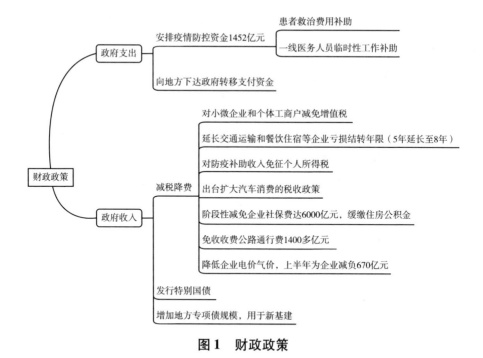

图1　财政政策

3. 案例教学思路与过程

（1）课前环节：在课前准备阶段，向学生介绍新冠肺炎疫情的重大影响及其对经济的负面影响，讲述我国在应对新冠肺炎疫情促进经济发展上的卓越效果，讲解财政政策的基本概念和理论，鼓励学生思考财政政策对国家宏观经济的影响。

（2）课中环节：阐述我国在应对新冠肺炎疫情促进经济发展时所采取的经济政策、措施以及效果；并对课堂讲述的财政政策案例以两个问题为脉络组织学生展开讨论，理论点结合实例深挖思政元素，提升课程思政实效，总结我国在实施财政政策的制度优势和执行力优势，以及政策效果所带来的制度自信和民族自豪感。

两个问题分别是：

①财政政策在经济领域发挥着重要作用，在社会领域具有怎样的积极作用？

财政政策在社会领域扮演着至关重要的角色。它通过资助社会福利项目，如医疗保健、教育、社会保障等，为民众提供基本保障，促进了社会公平和减轻了社会不平等的压力。通过扶持弱势群体，财政政策也在减轻贫困问题上起到了积极作用，构筑了稳固的社会安全网。

此外，财政政策在社会基础设施建设方面也起到了积极推动作用。政府投入资金用于修建道路、桥梁、公共交通等基础设施，提高了居民的生活品质。教育方面的支持也是财政政策的一项重要任务，通过资助教育项目，提供教育贷款或奖学金，促进了教育的普及和国民素质的提高。

另外，财政政策还在卫生保健、文化艺术、环保和可持续发展等方面发挥了积极作用。资助医疗保健项目改善了医疗设施和服务水平，保障了公众的健康。对文化和艺术的支持促进了创意产业的发展，推动了文化多样性和文化产业的繁荣。同时，财政政策也用于支持环境保护和可持续发展项目，鼓励绿色技术创新，减少了对环境的不利影响，实现了经济和环境的双赢。

②如何看待合理有效的财政政策对于重塑经济强国，实现中华民族伟大复兴的重要性？

合理有效的财政政策是实现经济强国的基石。通过巧妙运用税收、支出和债务等手段，政府可以引导资源向关键领域投入，促进经济结构升级和技术创新。这种战略性的财政调控有助于激发内需、提升生产力，从而推动国家跻身经济强国的行列。

在实现中华民族伟大复兴的过程中，财政政策的社会层面也至关重要。通过资助社会福利项目、改善教育和医疗条件，财政政策可以构建坚实的社会基础。这不仅提升了国民素质，还加强了社会的凝聚力和稳定性，为伟大复兴提供了有力支持。

此外，合理有效的财政政策还能够推动可持续发展和提高国际竞争力。通过投资于环保、科技创新和教育，政府能够塑造绿色经济、提高国家创新力，应对全球挑战。在复杂多变的国际环境中，明智的财政政策成为实现中华民族伟大复兴不可或缺的战略手段。

（3）课后反思。

①需进一步挖掘课程本身蕴含的思政元素及可能外延的思政元素，在融入和设计上更精细，避免生拉硬扯的思政元素，进一步探索精细的、浸润式的隐形渗透。

②在课堂教学中，尤其在典型案例分析中，"讲故事"的能力要再提升，提高课堂案例讲授的吸引力。在案例教学过程中要从理论出发再回归到理论，避免进入案例分析讨论后泛泛而谈，要明确教学案例应服务于理论讲授。

③课后学生的思考还有待加强，课后学生应该如何从课程内容和课后思考中来提升思想政治教育的实效这一问题还需要深入思考，要让学生透过课程理论知识点更好地认识自身、认识现实环境、认识所处的世界。

《数据分析与挖掘》课程思政案例分析

况永圣

课程名称：《数据分析与挖掘》

任课教师：况永圣

章节内容：
第五章　案例实战
第一节　基于 RFM 模型和 K – means 聚类

课程内容：基于客户历史订单数据进行客户细分。

课程思政目标：认识到做好对客户价值的分析工作可以引导企业进行正确的商务运营。对供应链中的客户价值进行分析，可以帮助企业分析比较不同客户的客户价值，进而帮助企业在面向客户制定运营策略、营销策略时，针对不同的客户做出不同的决策，为客户提供个性化服务。通过 K – means 模型认识到每一次努力不一定都是最优的，但都在往最优的方向进发。

案例设计及实施过程：

1. 案例内容

21 世纪，企业与企业之间的竞争已经逐渐演变为供应链与供应链之间的竞争。不管是电子产品还是消费品，甚至食品连锁店的供应链都成了业界研究的对象，大家逐步认识到供应链不再是简单的计划、生产和物流配送，而是能确实给企业带来巨大收益的竞争利器。而供应链的竞争优势则主要产生于更好地满足客户的需求而带来的客户价值的提升。

从企业角度出发，客户价值即根据客户消费行为和消费特征等变量测度出客户能够为企业创造的价值。客户是企业的重要资源。客户价值可以衡量客户对于企业的相对重要性，是企业进行差异化决策的重要标准。那么，如何对客户价值进行分析呢？

本次实验将基于一份脱敏的客户订单数据集，结合消费品的客户特点，从客户价值的衡量和细分方面出发，基于 RFM 模型和 K-means 算法的客户价值分析，对客户进行分类，分析比较不同客户群的客户价值，进而帮助企业在面向客户制定运营策略、营销策略时，针对不同的客户做出不同的决策，为客户提供个性化服务，实现精准化运营，获取最大的转化率，协助企业在供应链竞争中占据优势地位。

2. 案例思政结合点

思政结合点：诚信、敬业的社会主义核心价值观和服务精神。

可以从多方面展开分析：（1）践行诚信、敬业的社会主义核心价值观，保证经手数据不泄露；（2）对供应链中的客户价值进行分析，可以帮助企业分析比较不同客户的客户价值，进而帮助企业在面向客户制定运营策略、营销策略时，针对不同的客户做出不同的决策，为客户提供个性化服务，践行服务精神；（3）从 K-means 原理出发，探究应不断迭代，追求更好的自己。

3. 案例教学思路与过程

（1）课前环节：进行课前准备，提出教学任务，课前将课堂案例信息告知学生，教师课堂上组织学生进行操作流程和现实含义的讨论。

（2）课中环节：教师与学生针对案例数据，探索数据的特征，尝试不同的建模方法，合理地进行聚类，实现客户的分群。以案例的建模流程为主线，将理论点结合实例，培养学生理论联系实际能力和发散性的思维，深挖流程中的思政元素，提升课程思政实效。

（3）课后反思。

①需进一步挖掘课程本身蕴含的思政元素及可能外延的思政元素，在融入和设计上更精细，避免生拉硬扯的思政元素，进一步探索精细的、浸润式的隐形渗透。

②在课堂教学中，"讲故事"的能力要再提升，提高课堂案例讲授的吸引力。在案例教学过程中要从理论出发再回归到理论，避免进入案例分析讨论后泛泛而谈。

③课后学生的思考还有待加强，课后学生应该如何从课程内容和课后思考中来提升思想政治教育的实效这一问题还需要深入思考，要让学生透过课程理论知识点更好地认识自身、认识现实环境、认识所处的世界。

《白酒营销学》课程思政案例分析

田文英

课程名称：《白酒营销学》

任课教师： 田文英

章节内容： 第十章　白酒促销策略

　　　　　　第二节　白酒促销策略创新及应用

课程内容： 促销的社会责任及现实意义

课程思政目标： 从白酒促销的创新及应用角度，引导学生明确促销策略对白酒营销的重要性；明确企业发展要紧跟时代发展和满足人民需求；明确企业发展的社会责任及现实意义。进一步引导学生在现有营销策略的基础上，根据实际发展所需，积极创新促销方式方法，并有效应用于实际。

案例设计及实施过程：

1. 案例内容

支付宝的"中国锦鲤"活动玩出新高度[*]

2018 年 9 月 29 日，支付宝联合 200 多个全球商家在微博举行转发抽奖活动。支付宝官微发出一条名为"祝你成为中国锦鲤"的微博，表示将于 10 月 7 日抽取转发这条微博的粉丝 1 名，赠送锦鲤大礼包。锦鲤大礼包奖品清单包括首饰、手机、化妆品，还有免费豪宅和亚洲、北美、非洲和

---

[*] 连漪. 营销策划：原理与实务［M］. 北京：中国人民大学出版社，2021.

欧洲等多个国家的旅行安排。锦鲤大礼包中的奖品都是抽奖微博下商家自愿提供的商品，而非支付宝出钱购买。在线用户只要转发该微博即可参与抽奖。

支付宝的"中国锦鲤"活动上线不到一小时就聚集了上百条商家评论，各类大牌纷纷现身。该活动上线 6 小时之内，转发量迅速突破 100 万。10 月 6 日，支付宝的"中国锦鲤"活动转发量突破 300 万。10 月 7 日，支付宝履行承诺，公布了中奖用户，即信小呆。信小呆因此一夜爆红，其微博粉丝数呈现爆炸式增长。支付宝的"中国锦鲤"活动成为企业营销史上转发量最快突破百万的企业微博活动。最终这条微博收获了 400 多万的转评赞及 2 亿的曝光量。在这次促销活动中，支付宝除了设置抽奖和开奖外，支出接近零，所有的奖品都由商家提供。支付宝不花任何费用就完成了一场空前的品牌推广。

启示：支付宝的"中国锦鲤"活动是 SP 促销工具中抽奖方式在新媒体环境下的创新应用。这场支付宝寻找"中国锦鲤"抽奖活动策划成功的关键在于中奖者的极度稀少和奖品的极度丰厚，契合消费者对好运气的期望。

2. 案例思政结合点

思政结合点：促销的社会责任及现实意义。

促销是营销策略组合之一。促销是企业在一定的预算范围内，针对明确的时间、地点和客户群，提供一些临时性的附加利益，以实现对消费者、中间商以及销售人员交易行为的积极影响的营销传播活动。成功的促销应做到以下几点。第一，促销方式或平台要符合消费者的使用习惯；第二，促销要让消费者有看得见的利益，真正让利给消费者；第三，促销要抓住时机，恰到好处，吸引消费者的关注，并成功激发消费者的购买欲以及愿意主动推广；第四，促销也要注重承担社会责任，要具有切实可行的现实意义。

支付宝的"中国锦鲤"活动是 SP 促销工具中抽奖方式在新媒体环境

下的创新应用。这场支付宝寻找"中国锦鲤"抽奖活动策划成功的关键在于中奖者的极度稀少和奖品的极度丰厚，契合消费者对好运气的期望。成功吸引了消费者的关注，消费者获取了看得见的利益。

3. 案例教学思路与过程

（1）课前环节：在课前准备环节，要根据授课内容提出教学任务，并于课前将案例信息告知学生，让学生在课前利用互联网搜集"支付宝的'中国锦鲤'活动玩出新高度"的相关背景知识，根据案例中的信息分析，提出自己的见解。

（2）课中环节：教师在课堂上播放案例视频或者以文字的形式展示案例内容。并以问题的形式组织学生展开讨论，力求理论点结合实际案例深挖思政元素，提升课程思政实效。学生根据自己的理解在课堂上发言，教师给予点评，最后总结提炼案例中传递的信息与问题。为使学生对创意的理念有更深入的了解和认识，掌握创意的特点以及创新的方法，一定要提前布置案例任务让学生下去收集信息。

（3）课后反思：在授课过程中，应更加注重思政元素的挖掘，在融入和设计上更精细化，避免生拉硬扯，要进一步探索精细的、浸润式的隐形渗透，积极引导学生主动发掘案例背后的思政元素，并将其潜移默化地融入整个教学环节中。

在案例导入过程中，应做到自然过渡、衔接合理，尤其是典型案例的讲解分析，要注意激发学生的好奇心和求知欲，提高课堂案例讲授的吸引力。在案例教学过程中要从理论出发，通过实践检验，再回归到理论，避免进入案例分析讨论后泛泛而谈，要明确教学案例应服务于理论讲授。

《市场营销学》课程思政案例分析

刘　文

课程名称：《市场营销学》

任课教师：刘文

章节内容：第一章　绪论

课程内容：营销理念是指导企业经营活动的观点、态度和思维方法，是一个企业的经营指导思想。其核心是如何对待顾客，如何处理企业、顾客和社会三者的利益关系，以及企业的工作重点应放在何处。营销观念的发展共经历了六个阶段：生产观念、产品观念、推销观念、市场营销观念、社会营销观念及营销观念3.0。每个阶段的营销观念都会以案例辅以讲解，其中企业的社会营销观念部分导入华为经营理念及社会责任案例，看华为如何处理企业、顾客和社会三者的关系，如何履行社会责任。

课程思政目标：

（1）引导学生树立正确的市场意识，认识到在市场经济条件下企业营销管理的重要性，初步形成现代营销思维，并引导学生品德向正确、健康方向发展，培养德才兼备的人才。

（2）使学生了解制定战略时要具有系统思维和国际视野，考虑中国特色，让学生具备良性竞争意识、团队协作能力和开拓创新精神。

案例设计及实施过程：

1. 案例内容

华为公司可持续战略实施路径[*]

华为是全球领先的信息与通信技术（ICT）解决方案供应商，消除数字鸿沟，促进经济、环境和社会的和谐与可持续发展是华为一直以来的可持续发展愿景。为此，华为不仅支持联合国可持续发展目标的实现，还同时与供应链上下游的客户和供应商密切合作，致力于构建一个可持续、更美好的全联接世界。华为的可持续发展战略主要表现在：

（1）在商业道德方面，华为恪守商业道德、遵守国际公约和各国相关法律法规。华为推进海外各子公司的合规体系建设，已经在100多个业务相关国家完成对标当地与ICT产业相关的法律要求。在145家子公司全面落实了反商业贿赂实践、反商业贿赂实践，并在此基础上结合自身业务特点，持续强化反商业贿赂管理体系建设，比如诚信与合规文化、合规管理以及对外交流方面的建设。

（2）在网络安全方面，2018年华为基于"网络环境是不安全的，网络攻击是常态化的"假设，以动态响应的思维构建了产品规划与开发的全视图，发布了新的网络安全框架，以应对更为复杂的网络安全环境。

（3）清洁高效，低碳循环：致力于减少生产、运营等过程以及产品和服务全生命周期对环境的影响，通过创新的产品和解决方案，促进各行业的节能减排和循环经济发展，持续牵引产业链各方共建低碳社会。

绿色产品：把绿色环保理念融入产品规划、设计、研发、制造、交付和运维等各个环节中，通过持续的技术创新，不断提升产品和解决方案的资源使用效率，向客户提供领先的节能环保产品和解决方案。

绿色运营：致力于在办公、生产、物流及实验室等方面提升资源使用效率，降低温室气体及废弃物排放强度，将华为运营打造为环境友好型

---

* 笔者根据华为公司官网信息整理。

典范。

绿色伙伴：持续保证华为产品的环保符合性，促进合作伙伴运营活动符合环境法规要求，牵引供应链节能减排，提升华为产业生态链综合竞争力。

绿色世界：致力于不断推广绿色 ICT 综合解决方案，促进各个行业的节能减排，积极推动资源节约、环境友好的低碳社会建设。

华为秉持"开放、合作、共赢"，携手全球伙伴，通过技术创新，积极推进绿色环保，着力实现更好的数字包容，促进可持续发展，共同构建一个更加美好的万物互联的智能世界。

2. 案例思政结合点

思政结合点：企业如何践行社会主义核心价值观、如何履行社会责任。

3. 案例教学思路与过程

通过讲授、提问、案例与讨论等教学方法，使学生了解营销观念经过了哪些演变？现代营销发展的新趋势是什么？通过案例让学生了解营销观念的演变。

主题研讨分为案例介绍、学生分组研讨、各组代表发言、教师总结四个部分，具体安排为：

（1）案例介绍：科技赋能可持续发展，共建更加绿色的智能世界（附以案例视频）。

（2）讨论如下问题：

①华为公司的发展战略反映出何种营销管理哲学？

②华为的营销管理哲学与其他几种营销理念有何不同？

③请举例说明与华为采取一样营销管理理念的企业及其采取的措施。

④你认为华为的这种营销管理哲学会成为未来的主流吗？会否有其他更新的理念出现？

（3）学生分组讨论：学生分为 8 组，设置层层深入的 4 个问题，指定小组重点思考回答其中1道题目：1~2组第1题；3~4组第2题；5~6组第3题；7~8组第4题。如果对所属小组的回答不满意，其他小组可以补充回答。

（4）各组代表发言：各组选出代表进行发言，教师实时点评，增加师生互动并引导生生互动，打造深度参与的学习情境。

（5）课后反思：教师系统梳理研讨内容，评价各组表现，并进一步升华思政元素，突出华为企业经营理念中社会责任的履行以及核心价值观的贯彻。

《生产运作管理》课程思政案例分析

张晓莲

课程名称：《生产运作管理》

任课教师：张晓莲

章节名称：第二单元

课程内容：生产运作过程。

课程思政目标：白酒制造目前面向产品全生命周期，时代的发展需要数字化转型、新技术的应用、科学的信息化布局。智能制造、数字化转型都是让我国从低端制造向高端制造转变的重要途径。通过相关案例的学习，使学生认识到我国目前急需制造业转型升级，制造业要想重塑新优势势必要转化内涵、提档升级，深刻认识到智能制造是应对"双重挤压"挑战的必须之选，是加快我国智能制造技术产业化的客观需要，是破解能源、资源和环境约束，实现节能减排目标的有力手段。通过本部分的学习激发学生为了祖国发展的斗志，对新技术的学习和探索激发出浓厚的兴趣和意愿。让学生增强民族自豪感，并积极引导学生认识到国家在转型过程中不仅拥有机遇，同时面临挑战。

案例设计及实施过程：

1. 案例内容

茅台集团自动化包装生产选址坛厂，打造智造双 10 吨布局，抢占白酒市场生产制造的高地。茅台集团自动化包装生产线依靠高新技术实现智能制造，再到销售运营以及售后服务保障全链条的完整性，使其在白酒供应链核心企业更具有现代化并领导行业。标志着茅台集团已具备智能智造的完整性和自主性。

课程选择与专业知识点相关的事件或案例，从思政教育维度切入，阐述其背后的思政元素，以隐形嵌入方式将思政教育融入教学。第一章概论部分，引入茅台集团智能制造案例，引发学生对制造强国、智能制造、产业转型升级的思考和讨论。

2. 案例思政结合点

白酒行业面临传统和现代的碰撞，茅台集团数字化转型中面临众多挑战，作为高等院校白酒专业的学生，应该肩负起行业发展和企业发展的双重重担，要让学生感受到责任和担当。智能制造、数字化转型都是让我国从低端制造向高端制造转变的重要途径。

3. 案例教学思路与过程

（1）思政教学切入。

按"教学目标—教学内容—教学方法"的路径，综合教学目标和教学内容要求，确定各知识点的教学方法。在本案例的思政教学设计中，主要采用了以下两种切入方式：

①问题创设法。由专业知识点涉及的思政教育元素切入，提问引发学生思考或讨论。如新产品研究与开发中提出的"产品生命周期规律的思考必然反映"，由此引出"白酒行业创造"和"白酒智造"的研讨，让同学们深刻思考关键核心技术对企业的重要战略意义。

②事件或案例导入法。选择与专业知识点相关的事件或案例，从思政教育维度切入，阐述其背后的思政元素，以隐形嵌入方式将思政教育融入教学。

（2）"任务＋项目＋活动"混合式教学模式应用。

根据学生的学习特点及课程目标，以任务为中心，以产出为导向，综合考虑多种教学法的优势，形成融项目教学、任务型教学和活动教学为一体的混合式教学模型。以线上课程资源及线下面授课程为基础，以基于任务的自主学习、基于项目的协助学习和基于活动的交互学习为手段，开启以学生学习为中心的教学实践。

①学生开展基于线上精品课程资源的自主学习，在规定的时间内完成知识点的学习。

②实施基于任务的自主学习。教师设计多个学习任务，引导学生逐一完成，如画白酒工艺流程图，实验内容等任务要求团队自主完成。

③实施基于活动的交互学习。基于活动的教学可以增强学生的学习动机和学业成就，这对培养学生的高阶思维能力很重要。本课程多关注案例学习的研讨活动，从多个维度、多个知识点分析几个精选案例，同时关注案例融入的多个思政元素。有些综合案例可以贯穿整门课程的学习中，有助于培养学生的综合认知能力、分析复杂问题的能力和辩证思考能力。

④实施基于项目的协助学习。本课程的课程报告要求学生以小组为单位，通过分工协作，确定选题、制订计划、开展研究、分析整理、汇报成果，互评项目。整个项目周期为一个学期，项目学习贯穿课堂内外，同一小组中，成员要明确分工，在评价考核中，需要标注自己为小组项目作出的具体贡献。教师在学生项目学习的过程中提供协助，这是对学生三大拓展能力培养的具体举措。

《营销策划》课程思政案例分析

田文英

课程名称：《营销策划》

任课教师：田文英

章节内容：第一章　营销策划导论

　　　　　　第四节　营销策划中的创意

课程内容：创意与营销策划的关系及社会意义。

课程思政目标：从营销策划的创意及应用角度，引导学生明确创意对营销策划的重要性。营销策划是一种创新行为，要创新，就要把创意贯穿于营销策划的过程之中。创意成功与否是营销策划能否取得成功的关键。从某种意义上来说，创意是营销策划的灵魂。创意与我们的生活紧密结合，人类的生活充满了创意，同时人类的发展也离不开创意。所以，要明确创意对人类与社会的实际意义。明确营销发展要紧跟时代发展和人民需求；明确企业发展的社会责任及现实意义。进一步引导学生在现有营销策划的基础上，根据实际发展所需，积极创新促销方式方法，并有效应用于实际。

案例设计及实施过程：

1. 案例内容

故宫穿越 600 年成"网红"[*]

近年来，故宫博物院一改传统严肃的公众形象，展现出了逆生长的

---

[*] 连漪. 营销策划：原理与实务［M］. 北京：中国人民大学出版社，2021.

"萌"形象。威严皇族历史人物集体"卖萌"，呈现极大的反差趣味，成了故宫贴近年轻人最佳的传播方式。

"故宫淘宝"最初源于故宫博物院 2010 年在淘宝网开设的企业店铺，店铺中的文创产品设计元素均源自馆藏文物，品类涉及衣食住行，但销量不佳。2013 年 9 月，"故宫淘宝"微信公众号上线，早期文章中规中矩，点击量并不理想。2014 年，《雍正：感觉自己萌萌哒》成为"故宫淘宝"公众号第一篇阅读量超过 10 万的爆款文章。此后，"故宫淘宝"公众号开始在各个社交媒体平台上走红，康熙、乾隆也都成了"网红"

故宫博物院成功地展现了历史与社交媒体的巧妙融合。故宫官方微博、微信以及 App 获得广泛关注和喜爱。2014 年，故宫推出了三款 App：胤禛美人图、紫禁城祥瑞、皇帝的一天。之后，故宫在网络上陆续"打"开了宫门，开发出各类 App：每日故宫、故宫展览、清代皇帝服饰、韩熙载夜宴图……如今故宫博物院官方微博拥有超过 611 万粉丝；故宫淘宝拥有 94 万粉丝。故宫文创产品销售逐年增长。

2. 案例思政结合点

思政结合点：创意在营销策划中的重要性及现实意义。

创意是指人们在经济、文化生活生产中的思想、点子、主意、想象等新思想的思维成果，是一种创造新事物、新形象的思维方式和行为。创意的现实意义表现在以下几个方面：一是创意作为一种思维方式，有其自身特点，包括积极的求异性、睿智的灵感、敏锐的洞察力、丰富的想象力。二是创意的培养和开发。创意活动是一种高智能的脑力活动，创意的产生需要创意者具有丰富的知识、优秀的个人素质以及对丰富的生活阅历。这对创意者提出了非常高的要求。为了适应创意活动的要求，需要创意者采取一定的措施，有意识地培养和提高自己的创新意识和创新能力。特别是要注重创意与现实社会及生活的密切联系。此外，营销的方式要结合实际发展及消费者的需求来展开，从更深层次上来看，还要结合国家历史文化进行营销。

3. 案例教学思路与过程

（1）课前环节：在课前准备环节，要根据授课内容提出教学任务，并于课前将案例信息告知学生，让学生在课前利用互联网搜集"故宫穿越600年成'网红'"的相关背景知识，根据案例中的信息分析，提出自己的见解。

（2）课中环节：教师在课堂上播放案例视频或者以文字的形式展示案例内容，并以问题的形式组织学生展开讨论，力求理论点结合实际案例深挖思政元素，提升课程思政实效。学生根据自己的理解在课堂上发言，教师给予点评，最后总结提炼案例中传递的信息与问题。为使学生对创意的理念有更深入的了解和认识，掌握创意的特点以及创新的方法，一定要提前布置案例任务让学生下去收集信息。

（3）课后反思：故宫博物院借助多种社交媒体平台，结合故宫自身文化资源，运用逗趣调侃售逐年增长的风格与顾客互动，形成了独具特色的品牌形象。凭借一系列出色的网络营销策划，600年的"老品牌"故宫展现年轻化风采。多岁的故宫成为一个年轻态的超级大"网红"，"老品牌"故宫展现年轻风采。

在授课过程中，应更加注重思政元素的挖掘，在融入和设计上更精细化，避免生拉硬扯的思政元素，要进一步探索精细的、浸润式的隐形渗透，并将其潜移默化地融入整个教学环节中。

在创意的培养和开发阶段，要特别注重途径的选择，如习惯性创新意识的培养途径，强制性创新意识的培养途径，激发灵感，提升想象力，等等。

在案例导入过程中，应做到自然衔接，尤其是典型案例的讲解分析，要注意激发学生的好奇心和求知欲，提高课堂案例讲授的吸引力。在案例教学过程中要从理论出发再回归到理论，避免进入案例分析讨论后泛泛而谈，要明确教学案例应服务于理论讲授。

《服务营销》课程思政案例分析

傅清华

课程名称：《服务营销》

任课教师：傅清华

章节内容：第一章　服务营销概述

第一节　服务的特征与作用

课程内容：服务的特征与作用。

课程思政目标：随着经济的发展，顾客的期望值提高了，他们不仅希望买到好的商品，还希望企业能提供系统的服务方案，以及在整个购买过程中都能获得优质的服务。同时，技术的快速发展和市场竞争的白热化，使制造企业很难只通过实体商品来保持长期的竞争优势。而要想使企业在激烈的市场竞争中始终立于不败之地，服务成为其未来核心竞争力之一，并为企业和国家的高质量发展打下坚实的基础。

案例设计及实施过程：

1. 案例内容

上海迪士尼为什么那么吸引人

目前全球共有 6 家迪士尼乐园，中国有两家，一家在上海，一家在香港，其他四家分别位于美国加利福尼亚州、美国佛罗里达州、日本东京、法国巴黎。上海迪士尼魔法王国主题乐园，是目前中国内地唯一一家迪士尼乐园，每天有上万次的人流量，遇到节日、寒暑假，各地游客纷至沓来，人山人海。

上海迪士尼为什么那么吸引人？这与它的特色服务营销密不可分。不管是亲子游还是家庭游、闺蜜游，来这里都能度过一段愉快的时光。

（1）为顾客创造独特的体验。迪士尼乐园充满了创造性的富丽堂皇和诙谐生动的视觉感受，扩展了主题公园的梦幻感觉。它不仅是供儿童游乐的欢乐世界，更重要的它也是大人们的娱乐休息场所。

（2）良好的服务态度。乐园工作人员服装整洁新颖，甜美的笑容、一丝不苟的工作作风给顾客留下了无须言传的深刻印象，大大提高了顾客的满意度和幸福感。在乐园大门口有旅客接待站，可以免费为带孩子的游客提供童车和婴儿车，这让带孩子的游客感到很温馨；门口还有狗舍，狗不得入园但可以寄养，这为带狗旅游的游客解决了很多麻烦。进入大门后有轮椅供残疾人使用。在园内的许多景区都提供童车、婴儿车及轮椅供人使用。

（3）差异化的特色服务。所有的小卖部、饮食店、表演场所、街景区都设有大量与景观相协调且清扫方便的大容量垃圾箱。在各种游乐节目中，迪士尼都十分注意顾及顾客的参与性，总是创造机会让人们发挥自己的主观能动性。园区设有沿着"道路"行驶的小型汽车，方便儿童与家长共同乘坐，由孩子驾驶汽车绕过各种复杂的转弯，在园区中穿梭。

这种设施配置拉近了孩子与父母的距离，让家人参与以给孩子留下深刻且美好的回忆。垃圾桶的高度也是如此，孩子们伸手可及，还有专门供小朋友照相的卡通人物，种种皆体现了特色服务。

（4）欢乐的氛围营造。园区中员工起到了一定主导作用，包括微笑、眼神交流、令人愉悦的行为、美丽的外表、特定角色的表演以及与每位游客近距离接触的细节。

问题思考：迪士尼乐园为什么对大人和小孩都具有一定吸引力？

2. 案例思政结合点

思政结合点：服务在经济中的主导性日益增强。

随着服务业的快速发展，其规模不断扩大，对本国经济和全球经济变得越来越重要，从而引起了人们对服务和服务营销的更多关注。

目前，许多国家已经或正在步入服务经济。从全球经济的发展趋势来看，一个国家首先是从农业经济向工业经济转变，然后由工业经济转变为服务经济。当服务部门所创造的价值在国民生产总值（GNP）中所占比重大于50%时，就进入了服务经济时代。历史上，英国率先完成转变，美国、日本、德国和法国等相继完成了转型。现在，许多国家在以更快的速度进行这种转变，走向服务经济。要想实现我国经济社会的高质量发展，必须重视和发展服务经济。

3. 案例教学思路与过程

（1）课前环节：进行课前准备，提出教学任务，课前将课堂讨论案例信息告知学生，教师课堂播放"迪士尼宣传片"视频。

（2）课中环节：教师对课堂观看的"迪士尼宣传片"以两个问题为脉络组织学生展开讨论，理论点结合实例深挖思政元素，提升课程思政实效。

两个问题分别是：

①上海迪士尼乐园成功的关键是什么？

2017年11月，迪士尼公司发布了全年财报，报告显示，上海迪士尼乐园在第一个完整运营财年获得的运营收入超过了迪士尼总部对其首个财年实现收支平衡的预期，成为迪士尼在全球最快实现盈利的乐园。迪士尼乐园取得如此瞩目的成绩与其本土化经营策略的成功有很大的关系。

上海迪士尼乐园的本土化经营策略。

第一，环境设施的本土化。

一是乐园周边环境本土化；二是乐园内部环境本土化。

第二，服务产品的本土化。

一是娱乐表演本土化；二是旅游纪念品本土化；三是园区餐饮本土化。

第三，运营管理的本土化。

一是人力资源管理本土化；二是管理培训本土化。

第四，促销方式的本土化。

一是促销主体本土化；二是与本土品牌合作。

②上海迪士尼乐园存在的问题有哪些？你认为该如何改进？

第一，排队问题。排队问题是导致体验感较差的主要原因。现场排队主要存在以下几点问题：一是排队过程枯燥，互动内容很少；二是排队中仅排队入口和设备入口有演职人员，过程中无人管理；三是排队过程中没有休息辅助设施；四是排队时缺乏阶段性排队剩余时间的提示。迪士尼乐园的线上调研显示，87.0%的游客在游玩前会事先了解客流、项目等情况，由此可见游客的游园热情较高。但面对大客流，园方在缓解排队过长上所采取的措施有效性不足，尤其在诸如节假日、寒暑假和极端天气等特殊时期，未能满足游客的需求。

第二，服务问题。线上调研显示，64.4%的游客认为园区演职人员"服务态度不佳"；28.8%的游客反映演职人员"缺少服务意识，不积极"，演职人员对工作不热情，对游客爱理不理。

综合上述服务问题发现，游客对迪士尼服务存在负面意见的根本原因在于客流过大，有限的演职人员面临超高的游客服务压力，导致服务质量没有保障。

此外，"黄牛"问题、人工安检慢、设施故障等也对游客体验造成了一定的消极影响。

第三，寒暑假游客体验最差。从月度游客体验结果来看，寒暑假为游客体验的低谷。寒暑假的长周期适合家庭集体出游，势必带来客流量的井喷效应。此外，寒暑假也是极端天气的频发期，多重的叠加效应是对园方管理能力的巨大考验。

（3）课后反思。

①需进一步挖掘课程本身蕴含的思政元素及可能外延的思政元素，在融入和设计上更精细，避免生拉硬扯，进一步探索精细的、浸润式的隐形渗透。

②在课堂教学中，尤其在典型案例分析中，"讲故事"的能力要再提升，提高课堂案例讲授的吸引力。在案例教学过程中要从理论出发再回归到理论，避免进入案例分析讨论后泛泛而谈，要明确教学案例应服务于理论讲授。

③课后学生的思考还有待加强，课后学生应该如何从课程内容和课后思考中来提升思想政治教育的实效这一问题还需要深入思考，要让学生透过课程理论知识点更好地认识自身、认识现实环境、认识所处的世界。

《物流技术与装备》课程思政案例分析

傅清华

课程名称：《物流技术与装备》

任课教师：傅清华

章节内容：第三章　仓储技术与装备

　　　　　　第四节　自动化仓储技术

课程内容：自动化仓储技术。

课程思政目标：本课程重点关注提升学生的组织协调能力、物流技术分析和应用能力，运用多种手段培养和提升学生在物流实践等方面的能力；注重培养学生综合运用所学知识分析和解决问题的能力，提高学生的职业竞争力。按照"自主学习、实践应用、创新创业"的人才培养目标，为党和国家培养"善策划、懂物流、会应用"的专业物流人才。

案例设计及实施过程：

1. 案例内容

某公司自动化立体仓库的应用

某公司是中国目前低压电器行业最大的销售企业之一，主要设计制造各种低压工业电器、部分中高压电器、电器成套装备、汽车电器、通信电器、仪器仪表等，其产品包括 150 多个系列、5000 多个品种、20000 多种规格，商标被国家认定为驰名商标。该公司 2002 年销售额达 80 亿元，集团综合实力被国家评为全国民营企业 500 强。在全国低压工业电器行业中，该公司首先在国内建立了 3 级分销网络体系，经销商达 1000 多家。同时，建立了原材料、零部件供应网络体系，协作厂商1200多家。

（1）自动化立体仓库的功能。

该公司自动化立体仓库是公司物流系统中的一个重要部分。它在计算机管理系统的高度指挥下，高效、合理地存储各种型号的低压电器成品。准确、实时、灵活地向各销售部门提供所需产成品，并为物资采购、生产调度、计划制订、产销衔接提供了准确信息。同时，它还具有节省用地、减轻劳动强度、提高物流效率、降低储运损耗、减少流动资金积压等功能。

（2）自动化立体仓库的工作流程。

某自动化立体仓库占地面积达1600平方米，高度近18米，拥有3个巷道。作业方式为整盘入库，库外拣选。其基本工作流程如下：

入库流程；出库流程；回库空盘处理流程。

（3）自动化立体仓库主要设施。

主要设施：托盘；高层货架；巷道式堆垛机。

（4）计算机管理及监控调动系统。

计算机管理及监控调动系统不仅对信息进行管理，同时也对物流进行管理和控制，集信息与物流于一体。同时，还对立体库所有入库作业进行最佳分配及登录控制，并对数据进行统计分析，以便对物流实现宏观调控，最大限度地降低库存量及资金的占用，加速资金周转。

2. 案例思政结合点

思政结合点：学习好物流技术与装备的社会责任。

物流技术与装备的社会责任可以从两个层面展开分析：一是通过学习，全面提升学生的组织协调能力、物流技术分析和应用能力，运用多种手段培养和提升学生在物流实践等方面的能力，注重培养学生综合运用所学知识分析和解决问题的能力，提高学生的职业竞争力。二是物流是国家的基础设施，一定要学习好和应用好物流技术与装备，为国家下一步物流高质量发展打好基础，培养和储备优秀的物流人才。

3. 案例教学思路与过程

（1）课前环节：进行课前准备，提出教学任务，课前将课堂讨论案例信息告知学生，教师课堂播放"自动化立体仓库"视频。

（2）课中环节：教师对课堂观看的广告案例以两个问题为脉络组织学生展开讨论，理论点结合实例深挖思政元素，提升课程思政实效。

两个问题分别是：

①自动化立体仓库作为现代化的物流设施，对提高仓储自动化水平具有怎样重要的作用？

答：一是提高空间利用率。早期立体仓库构想的基本出发点是提高空间利用率，充分节约有限且昂贵的场地，在西方有些发达国家提高空间利用率的观点已有更广泛、深刻的含义，节约土地已与节约能源、保护环境等更多方面联系起来，有些甚至把空间利用率作为考核仓库系统合理性和先进性的重要指标。仓库空间利用率与其规划紧密相连。一般来说，立体仓库的空间利用率为普通仓库的 2~5 倍。

二是先进的物流系统提高企业生产管理水平。传统的仓库只是货物的储存场所，保存货物是其单一功能，属于静态储存。立体仓库采用先进的自动化物料搬运设备，不仅能使货物在仓库内按需要自动存取，而且还可以与仓库以外的生产环节进行有机连接，并通过计算机管理系统和自动化物料搬运设备使仓库成为企业物流中的重要环节。企业外购件和自制件进入立体仓库短时储存是整个生产的一个环节，是为了在指定的时间自动输出到下一道工序进行生产，从而形成自动化的物流系统环节，属于动态储存，是当今立体仓库发展的明显技术趋势。以上所述的物流系统又是整个企业生产管理系统（从订货、设计和规划、计划编制和生产安排、制造、装配、试验以及发运等）的一个子系统，建立物流系统与企业生产管理系统间的实时连接是目前自动化立体仓库发展的另一个明显技术趋势。

三是加快货物存取，降低劳动强度，提高生产效率。建立以立体仓库为中心的物流系统，其优越性还表现在立体仓库具有快速的入出库能力，能妥善地将货物存入立体仓库，及时自动地将生产所需零部件和原材料送达生产线。同时，立体仓库系统降低了工人的综合劳动强度。

四是减少库存资金积压。通过对一些大型企业的调查，我们了解到由于历史原因造成管理手段落后，物资管理零散，使生产管理和生产环节的紧密联系难以到位。为了达到预期的生产能力和满足生产要求，就必须准备充足的原材料和零部件，这样，库存积压就成为较大的问题。如何降低库存资金积压和充分满足生产需要，已经成为大型企业面对的大问题。立体仓库系统是解决这一问题的最有效手段之一。

五是现代化企业的标志。现代化企业采用的是集约化大规模生产模式，这就要求生产过程中各环节紧密相连，成为一个有机整体，要求生产管理科学实用，做到决策科学化。建立立体仓库系统是其有力的措施之一。由于采用计算机管理和网络技术使企业领导宏观快速地掌握各种物资信息，且使工程技术人员、生产管理人员和生产技术人员及时了解库存信息，以便合理安排生产工艺，提高生产效率。国际互联网和企业内部网络更为企业取得与外界在线连接，突破信息"瓶颈"，开阔视野及外引内联提供了广阔的空间和坚实强大的技术支持。

②公司自动化立体仓库在公司物流系统中占据着什么样的地位？其功能是什么？

答：自动化立体仓库是一种高度现代化、智能化的仓储设备，其内部采用精密计算机系统管理，操作灵活、存储空间大、效率高、物品保护，为现代化仓储管理提供了强有力的支撑。其主要的作用可以分为以下几个方面。

首先，自动化立体仓库可以极大地提高仓储效率。人工管理的仓库存在诸多限制，如吊运能力、运输距离、存储容量等问题，需要大量的人力、物力进行维护，且操作过程易受到人为因素的干扰，而自动化立体仓库可以克服上述难题，其智能化的仓储系统通过计算机控制运输装置，快速、稳定地完成存取货物，从而实现快速高效的仓储管理。

其次，自动化立体仓库可以提升货物的质量。一些大型物品如电子产品等在存储过程中需要进行精细化保护，以免受到人类误操作等因素导致损坏，而自动化立体仓库可以为这些物品提供更加安全、可靠的保护，大幅度降低货物受损发生的概率。

再次，自动化立体仓库可以大幅度降低人力成本。因为其智能化的系统可以实现全自动存取货物，减少人工干预，人力成本得到大幅度降低。同时，自动化立体仓库还可以有效减少吊车、搬运车等设备的使用以及维护费用。总的来说，智能化的系统使得立体仓库成为机械化、自动化的基础设备。

最后，自动化立体仓库的设计灵活度也很高。因为其采用了智能化的结构和管理系统，可以根据不同的储存要求和库房尺度进行个性化定制，可以让用户根据实际需求选择库房高度、货架形式、托盘尺寸等要素。

（3）课后反思。

首先，面对经管类学生，新事物层出不穷，在授课过程中必须坚持每一个教学环节，根据服务业发展和服务营销研究进展，对教学内容，尤其是思政内容（素材）推陈出新，帮助学生在更好地掌握物流技术与装备精髓的同时，树立正确的世界观、人生观、价值观和爱岗敬业的精神。

其次，思政案例教学通过不断摸索和实践，还需要更加深入和全面，如何引导学生进一步深入学习和思考，如何更有效地融合实践素材，如何整合更多的优质案例资源等，都是进一步教学需要思考和解决的问题。

最后，在今后的教学中，还要与时俱进，不断更新教学内容，创新教学模式和方法，进一步提升教学效果。

提升驾驭知识的能力，努力做好"课程思政"的传播者。进一步钻研融入思政的知识切入点，做到以德立身、以德立学、以德施教，在专业课的教学中才能做到引人入胜中潜移默化，和风细雨里润物无声，使课堂成为弘扬主旋律、传播正能量的主阵地，把真善美的种子不断播撒到学生心中。

　　课程思政教育是将"德育"融入育人育才教育过程的方式方法，是加强对学生世界观、人生观、价值观培养的必然要求。课程思政建设是高等院校立德树人的根本任务，是每一名教育工作者的长期课题，其内涵也在不断拓展。这就要求我们以更加开放包容的态度，结合不断发展变化的社会经济、政治、文化环境，持续调整自己的教育教学策略，以满足学生不断成长发展的需求，真正实现专业课程与思想政治理论课程的"协同效应"，达到"为党育人、为国育才"的战略目标。

第四篇

第二课堂课程思政

2022 年茅台学院团支部"微团课"竞赛

赵媛媛　　吴鹏西

活动名称：2022 年茅台学院团支部"微团课"竞赛

负责教师：赵媛媛、吴鹏西

参与人员：茅台学院各团支部书记

活动思政目标：团课是团组织对团员进行系统教育的重要途径。通过组织开展 2022 年团支部"微团课"竞赛，不断提升支部书记的政治引领力，充分发挥支部书记"领头雁"的作用，持续加强对团员青年的政治引领、思想引领，不断提升基层团组织的组织力、凝聚力、战斗力，团结引领广大团员青年不忘初心跟党走。

活动方案及实施过程：

1. 活动方案

（1）竞赛名称。

赛项名称：工商管理系 2022 年团支部"微团课"竞赛

主办单位：工商管理系

承办单位：工商管理系团总支

（2）竞赛内容。

紧扣主题，积极向上。从党史、团史出发，贴近青年和共青团工作实际，包含学习习近平总书记在庆祝中国共产主义青年团成立 100 周年大会上的重要讲话精神、贵州红色文化、贵州脱贫攻坚成就、贵州乡村振兴成绩、中国特色社会主义的制度优势等内容。题目可自拟。

（3）竞赛方式。

团课讲授形式不限，场景布置不提倡繁杂多样，不要求过度包装，避免舞台表演性课程，确保每一堂参加比赛的"微团课"都是基层团组织和团干部能学习、易实施、能复制、易推广的示范课。

既可以是一人讲，也可以是多人演绎；既可以采取课堂教学、案例讲解等方式，也可以设计互动讨论、共话成长经历等；既可以是典型事迹分享，也可以是先进人物访谈。

总体要求是主题突出、导向正确、内容充实、逻辑清晰、真实自然、共鸣感强，重在让听者入脑入心。可借助 PPT 等多媒体辅助工具，增强微团课直观性、互动性和生动性。

（4）竞赛流程。

①比赛须知。

提交时间：2022 年 9 月 4 日 22：00 前

提交内容：竞赛报名表、授课教案、授课 PPT

提交方式：邮件形式发送（命名格式：专业班级 + 主讲人姓名 + 参赛作品名称）

比赛时间：2022 年 9 月 6 日

活动地点：具体通知

根据文件要求，请每个参赛团队的负责人加入 QQ 群方便联系。

②比赛要求。

团课时间：讲授时间为 6 分钟。

团课主题：紧扣主题、积极向上。从党史、团史出发，贴近青年和共青团工作实际，包含学习习近平总书记在庆祝中国共产主义青年团成立 100 周年大会上的重要讲话精神、贵州红色文化、贵州脱贫攻坚成就、贵州乡村振兴成绩、中国特色社会主义的制度优势等内容。微团课题目自拟，可参考附件 2：《2022 年贵州省高校团支部"微团课"参考主题》。

③有关要求。

参赛选手须为我校团支部书记，每个作品参赛选手不超过 6 人，指导老师不超过 2 人。

微团课内容不得抄袭，一经发现即直接淘汰。

团总支负责对本单位推报作品的意识形态把关，包括但不限于语言措辞、国旗国歌国徽使用、团旗团歌团徽使用、党和国家领导人图片使用、历史人物图片使用等。

（5）奖项设置。

一等奖 1 名：证书 + 奖品

二等奖 1 名：证书 + 奖品

三等奖 1 名：证书 + 奖品

优秀奖 3 名：证书

（6）经费预算（见表 1）。

表 1　　　　　　　　　　活动经费预算表

序号	类别	物品	单价/元	数量	合计/元
1	宣传	横幅		1 条	
2		横幅		1 条	
3	奖状	证书		36 张	
4	礼品	抱枕毯套装		6 套	
5		头戴式风扇		6 台	
6		多功能台灯		6 台	
7	奖品	冰雾式风扇		6 台	
8		新青年书签		6 套	
总计：　　　元					

2. 活动思政结合点

为深入学习贯彻习近平新时代中国特色社会主义思想和党的十九大精神，狠抓团的基层建设，进一步落实"三会两制一课"制度，引导广大团员青年投身思想政治理论学习，学团史、知团情、比团务。创新团课形式，丰富团课内容，激发团员的学习兴趣，通过讲授团课的形式，提高团员青年的思政意识，引导大学生主动学习习近平新时代中国特色社会主义思想，主动参与其中。同时，引导各团支部切实做好基础工作，以实际行动建设好团支部，发展好支部团员，努力培养勇担时代责任和历史使命，投身中国特色社会主义伟大建设事业的新时代青年团员。

3. 活动实施过程

（1）报名动员。

发布报名通知，组建工商管理系2022年团支部"微团课"竞赛QQ群，开展线下动员。比赛采取的是讲授形式，可一人讲解，也可多人参与演绎，形式多样。报名表参见附件1。

（2）比赛指导。

指导老师由思政理论知识丰富的专业课教师和思政相关专业教师担任，采取线上和线下相结合的方式为学生提供指导和帮助。

（3）系级选拔赛。

2022年9月6日，工商管理系举办了"微团课"比赛。比赛开始前由主持人介绍了比赛规则和参赛队伍，系领导和辅导员老师担任评委。

在竞赛中，各团支部书记充分展现了新时代共青团员的责任与担当，经过角逐，3支团队分别荣获一二三等奖，3支团队荣获优秀奖，并且推选了3支团队进入校级决赛（见图1、表2）。

图1　系部初赛现场

表2　　工商管理系2022年团支部"微团课"竞赛获奖名单

序号	团支部	参赛选手	获奖等次
1	市场营销213班团支部	徐晓霞、吴黔云、吴芳蓉、陈丹、赵娣	系赛一等奖
2	物流管理212班团支部	韦美妹、刘珍英、肖紫寒、臧晓丽、冯本发、龙昌兰	系赛二等奖
3	市场营销201班团支部	于晴、冯玉梨、张婵媛、潘红叶、计江燕	系赛三等奖
4	电子商务212班团支部	张源、周凤云、黄荣鑫、袁双波、张祺俊	系赛优秀奖
5	物流管理201班团支部	蒋诗佑、李奇森、朱桥、袁颖、马雄、欧政阳	系赛优秀奖
6	电子商务211班团支部	王令、罗运霞、余梅莹、尹悦、赵冉冉	系赛优秀奖

（4）校级决赛。

2022 年 9 月 20 日，校团委于 A1 –202 教室组织开展茅台学院 2022 年团支部"微团课"大赛，校团委副书记、学生工作处教师、招生就业处教师以及马克思主义学院教师出席本次比赛评委。比赛过程中，各选手对党史团史、"时代楷模"、伟大成就等内容进行讲解。他们用党的百年奋斗历程为共青团员们注入精神力量。用新时代英雄人物为团员青年们树立人生榜样。此次大赛共有 13 支队伍参加，经过激烈角逐，共 6 支队伍获奖（见图 2、表 3）。

图 2 校级决赛现场

表 3 2022 年茅台学院年团支部"微团课"竞赛工商管理系获奖名单

序号	团支部	参赛选手	获奖等次
1	市场营销 213 班团支部	徐晓霞、吴黔云、吴芳蓉、陈丹、赵娣	校赛二等奖

序号	团支部	参赛选手	获奖等次
2	物流管理 212 班团支部	韦美妹、刘珍英、肖紫寒、臧晓丽、冯本发、龙昌兰	校赛三等奖
3	市场营销 201 班团支部	于晴、冯玉梨、张婵媛、潘红叶、计江燕	校赛三等奖

4. 活动效果与反思

（1）活动成效。

此次比赛不同于以往的"微团课"形式，突破了传统的团课授课方式，设计互动环节，让团课更加思想深刻、富有内涵、贴近青年、生动活泼。同时，以赛促学，学以致用，不断夯实"三会两制一课"制度。

（2）活动反思。

团课讲授需要丰富的理论知识储备、专业的讲授技巧、与时俱进的政治敏锐度。因此，今后在培养学生思政理论素质上需投入更多的精力，需丰富活动形式。

附件1

2022年茅台学院团支部"微团课"竞赛报名表

姓名		性别	
所在系部		专业名称	
现任职务		年级	
联系电话		电子邮箱	
团课名称			
团课教案（写明微团课主题、时长、提纲及简要内容等，字数控制在1000字内，可另附页）			
参赛选手	（如有其他参赛选手请填写，含负责人不超过6人）		
指导老师	（指导老师不超过2人）		
团总支意见	（盖章） 年　月　日		

附件2

2022年贵州省高校团支部"微团课"参考主题

一、党史学习教育内容（含长征文化等）

1. 党的青年运动史

2. 长征精神感动了我

3. 我的家乡的红色故事

4. 遵义会议精神给青年人的启示

5. 赏析毛泽东在贵州作的诗词

6. 从黎平会议看中国革命的黎明曙光

7. 贵州红色文化融入主题团日活动

8. 传承弘扬贵州红色精神

9. 运用贵州红色文化提升"青马工程"培训品牌

10. 苟坝那盏照亮中国革命的马灯

11. 贵州近现代革命英雄的感人事迹

二、习近平总书记关于青年和共青团工作重要论述（含团章知识与基础团务等）

1. 习近平总书记在庆祝中国共产主义青年团成立100周年大会上的讲话

2. 《论党的青年工作》认识

3. 新时代共青团工作的创新路径

4. 政治性贯穿"三会两制一课"

5. 青年践行马克思主义青年观

6. "中国梦"引领我的大学生活

7. 新时代青年学生应坚持的成长成才观

8. 新时代大学生该有的责任担当

9. 再现我的支部工作

三、贵州乡村振兴（含青年榜样故事等）

1. 我是乡村振兴的获益者

2. 乡村振兴让家乡发生巨变

3. 从乡村振兴看贵州青年榜样

4. 我眼中的贵州农村蜕变

5. 让青春在贵州乡村振兴战场闪光

6. 黔货出山助力乡村振兴

7. 易地扶贫搬迁的故事

8. 我眼中的乡村振兴创业青年

9. 我把"论文"写在贵州大地上

四、中国特色社会主义的制度优势（含爱国主义教育等）

1. 习近平总书记对贵州重要指示批示精神

2. 中国共产党贵州省第十三次代表大会精神

3. 马克思主义中国化、时代化

4. 中国式现代化道路

5. 我的家乡变化看社会主义制度优势

6. 从疫情防控看社会主义制度优势

7. 从团支部工作看爱国主义教育题材的运用

8. "五四"精神中的爱国主义

9. 当代青年如何坚持党的集中统一领导

10. 党的领导是我们制度的最大优势

11. 互联网与制度自信教育

12. 从贵州桥梁博物馆看社会主义制度优势

13. 从贵州医疗卫生事业进步看社会主义制度优势

14. 从乡村振兴看社会主义制度优势

工商管理系第二届大学生讲思政课风采大赛

王　肖

活动名称： 茅台学院第二届大学生讲思政课风采大赛

负责教师： 王肖、徐思军、周红素、吴鹏西、赵媛媛

参与学生： 工商管理系学生

活动思政目标： 全面推动习近平新时代中国特色社会主义思想"三进"工作，推进新时代高校思想政治理论课改革创新，引导学生深化对思政课教学内容的学习与思考，充分发挥思政课在大学生思想政治教育中的主渠道作用和大学生在思政课学习中的主体地位，展现新时代大学生的马克思主义理论素养和精神风貌。

活动方案及实施过程：

1. 活动方案

（1）活动主题。

奋进新征程，一起向未来

（2）活动对象。

工商管理系全体学生

（3）组织机构。

主办单位：茅台学院工商管理系

承办单位：工商管理系团总支学生会

（4）活动流程。

①活动时间及地点：

报名时间：2022 年 4 月 14～22 日

比赛时间：初赛：2022 年 4 月 24 日

决赛：2022 年 4 月 26 日（具体时间另行通知）

根据文件要求，请每个参赛团队的负责人加入 QQ 群进行报名。

活动地点：另行通知。

②活动内容：

各团队围绕《马克思主义基本原理》《毛泽东思想和中国特色社会主义理论体系概论》《中国近现代史纲要》《思想道德与法治》《形势与政策》5 门课程中的有关章节或专题，围绕"四史""喜迎党的二十大""乡村振兴"等热点进行 5 分钟（初赛）和 12 分钟（决赛）的课堂教学。

教学内容要符合 2021 年最新版本思政课教材要求，教学观点要积极向上、合理正确，教学设计要构思精巧。

③比赛要求。

学生自行组织参赛队伍，每个团队成员 3~5 人。

各支参赛团队将进行 5 分钟（初赛）和 12 分钟（决赛）课堂实景模拟讲课，与课堂学生实景互动。

最终由专家评审团对比赛结果进行裁定。

④比赛规则及评分方法。

以专家评审的方式，组织系部评审老师对参赛团队进行评审，评分实行实名制，具体评分标准见附件 1，成绩评定采用百分制，得分为去掉一个最高分和一个最低分后的平均分，最终得分保留小数点后两位。

（5）奖项设置。

一等奖 1 名：证书 + 奖品

二等奖 1 名：证书 + 奖品

三等奖 1 名：证书 + 奖品

优秀奖 3 名：证书

（6）经费预算（见表1）。

表1 经费预算

序号	类别	物品	单价/元	数量	合计/元
1	奖状	证书		30 张	
2	奖品	评委礼物		6 台	
3		一等奖		5 盒	
4		二等奖		5 台	
5		三等奖		5 个	
6	宣传	横幅		1 条	
总计： 元					

2. 活动思政结合点

党的十八大以来，以习近平同志为核心的党中央高度重视高校思想政治理论课建设，习近平总书记多次在会议和讲话中对高校思想政治理论课改革创新作出重要指示。2022年是党的二十大召开之年和"十四五"开局之年，应时代呼唤，守正创新，高校思想政治理论课建设进入朝气蓬勃的新阶段。

为深入贯彻落实习近平新时代中国特色社会主义思想和习近平总书记关于深化思政课改革创新的重要指示精神，贯彻落实"立德树人"根本任务，学校将思政课改革创新纳入"十四五"发展规划，通过组织开展"大学生讲思政课"风采展示大赛，引导大学生主动学习习近平新时代中国特色社会主义思想，主动参与思政课教学、主动思考研究现实问题，深化对党史、新中国史、改革开放史、社会主义发展史的理解学习，进一步坚定中国特色社会主义道路自信、理论自信、制度自信、文化自信，确保思想上政治上行动上与党中央有关决策部署保持同向同行，展现新时代大学生丰富扎实的理论素养和奋发向上的精神面貌，为全面建设社会主义现代化国家贡献青春力量。

3. 活动实施过程

（1）报名动员。

发布报名通知，组建第二届大学生讲思政课风采大赛 QQ 群，开展线下宣传推广活动。

邀请指导教师：思政课是政治性、理论性较强的课程，需要思政专业教师给予正确指导，引导带领学生准确把握精神实质和内涵。特别邀请了专业教师指导本次比赛。

比赛采取的是团队赛，每个团队成员 3～5 人。学生跨越系别、年级、专业自行组队，踊跃报名。

（2）比赛指导。

指导老师由思政理论知识丰富的专业课教师和相关教师担任，采取线上与线下相结合的方式为学生提供指导和帮助。

（3）系级选拔赛。

2022 年 4 月 26 日，工商管理系举办了以"奋进新征程，一起向未来"为主题的第二届大学生讲思政课风采大赛。比赛开始前由主持人介绍了本次比赛的规则和参赛队伍，系领导和思政老师担任评委。

经过近 3 个小时的展示，3 支团队分别荣获一二三等奖，3 支团队荣获优秀奖。其中一二三等奖团队晋级，代表工商管理系参加校级总决赛。一等奖的队伍由不同系别、年级、专业的同学组队，理论知识掌握更加全面，比赛经验更加丰富，展现出扎实的理论基础和良好的青春风采（见图 1、表 2）。

图 1　系级选拔赛比赛现场

表2   **系级选拔赛获奖名单**

序号	班级	姓名	获奖等次
1	电子商务 212 班	马 成	一等奖
	电子商务 193 班	赵庆朝	
	白酒酿造 212 班	杨 钰	
	食品质安 213 班	雷春晴	
	葡萄酒 211 班	许银滢	
2	电子商务 202 班	熊国行	二等奖
	电子商务 202 班	朱梅丹	
	电子商务 202 班	牟子欣	
	电子商务 193 班	陈雅馨	
	电子商务 201 班	彭云霞	
3	电子商务 211 班	张 浩	三等奖
	电子商务 211 班	王 英	
	电子商务 212 班	秦三优	
	市场营销 202 班	敖茜颖	
4	物流管理 201 班	邱欢欢	优秀奖
	物流管理 201 班	周群群	
	物流管理 201 班	杨 梅	
	物流管理 201 班	罗富祥	
	物流管理 201 班	岳 广	
5	电子商务 192 班	陈明亮	优秀奖
	电子商务 192 班	陈广廷	
	电子商务 194 班	杨 航	
6	电子商务 202 班	王 鑫	优秀奖
	电子商务 202 班	钟玲玉	
	电子商务 212 班	张 源	
	市场营销 213 班	张中阳	

（4）校级决赛。

5月24日，在留芳楼202教室举行第二届大学生讲思政课校级决赛，学校领导、特邀嘉宾和相关教师参与了本次活动。比赛现场，18支比赛团队围绕"青春献礼二十大、强国有我新征程"主题，立足《思想道德与法治》《中国近代史纲要》《毛泽东思想和中国特色社会主义理论体系概论》《马克思主义基本原理》《形势与政策》5门思政课，自选主题，用青年的视角和话语回答"中国共产党为什么能""中国特色社会主义为什么好""马克思主义为什么行"，既有建党百年的历史之思，也有奥运精神、生态文明建设的时代之问；既有当代青年与中国梦的时代相逢，也有构建人类命运共同体的国际视野。

特邀评委从教态、教学设计、教学内容、教学方法等方面给予了全面指导和点评。

校领导在讲话中高度肯定了学校青年学子用课堂教学的方式讲解党史国史，并勉励青年学子要立足实际，用奋斗的青春书写精彩人生，要牢记习近平总书记对青年的殷切期盼，走好新时代的长征路。

经过激烈角逐，共产生了一等奖1名、二等奖3名、三等奖6名、优秀奖8名，优秀指导教师4名，优秀组织奖1名。其中工商管理系进入校赛的三个团队，分别荣获一二三等奖（见图2）。

图2　校级决赛现场

4. 活动效果与反思

（1）活动成效。

此次比赛是思想政治理论课改革创新的重要举措，是大学生思想政治教育的重要环节，也是全面推进习近平新时代中国特色社会主义思想进教材、进课堂、进学生头脑的具体体现，有利于推动学校思想政治教育高质量发展。

同学们通过此次活动走上思政课讲台，从被动学习转为主动学习，有效调动了学习思政课的积极性、主动性和创造性，增强了学习思政课的满足感和获得感，促进学生热爱思政课、学好思政课，从党的非凡历程中汲取继续前进的智慧和力量。

指导老师通过此次比赛进一步提升实践教学水平，践行以赛促学、以赛促教，促进学校思政教学改革。团队赛的比赛形式，要求团队成员分工协作共同完成比赛内容，锻炼了学生团结协作能力和互帮互助的品质。

（2）活动反思。

讲授思政课程需要丰富的理论知识储备，专业性强，部分学生存在畏难情绪中途退赛，影响了小组成绩。今后可通过多种形式的思政活动，增强学生学习积极性，提升理论素养。

因宣传力度不够，比赛覆盖面较窄。在系级选拔赛中市场营销专业的学生参与人数较少，大三、大四学生参与度不高。可以加大宣传力度，邀请不同专业、不同年级的学生和不同部门、专业的老师参与，以期更多师生从比赛中受益。

附件

茅台学院第二届大学生讲思政课专家评委评分细则

项目		评分要求	得分
课堂教学 45分	教学内容 20分	紧扣参赛主题，概念准确，理论严谨，反映或联系思政课新教材的新思想、新概念、新成果	
		理论联系实际，符合学生的特点	
		注重理论性、思想性、趣味性和针对性，内容充实，信息量大，渗透专业思想	
	教学组织 15分	教学过程安排合理，方法运用灵活、恰当，教学设计方案体现完整	
		启发性强，能有效调动学生思维和学习积极性	
		熟练、有效地运用多媒体等现代教学手段	
		肢体语言运用合理、恰当，教态自然大方	
		仪表自然得体，着装得当，精神饱满，亲和力强	
	教学特色 10分	教学有个性，形成特色与风格，教学理念先进，风格突出，感染力强，有亲和力，效果好	
	教学大纲 15分	符合教学大纲，内容充实，反映科学前沿教学目标明确，思路清晰，切实可行	
教学设计 20分	重点难点 10分	准确把握课程的重点难点，针对性强	
	教学设计 10分	符合思政课程教学设计要求	
合计			
专家评委签名			

工商管理系"青梨"宣讲团初选

徐思军　吴鹏西　赵媛媛　周红素　王　肖

活动名称："青梨"宣讲团初选

负责老师：徐思军、吴鹏西、赵媛媛、周红素、王肖

参与学生：工商管理系全体学生

活动思政目标：挑选政治立场坚定、理论素养较高、宣讲能力优秀的宣讲团成员。深入学习宣传贯彻党的二十大精神，引导学生深刻领会、准确把握大会精神实质，认真学习党的二十大报告中提出的一系列重大理论观点、重大方针政策、重大工作部署，切实把思想和行动统一到党的二十大精神上，把力量凝聚到实现党的二十大确定的各项目标任务上，进一步统一思想、振奋精神、落实行动、砥砺奋进，助推学校发展再上新台阶。

活动方案及实施过程：

1. 活动方案

（1）方案名称。

方案名称：工商管理系"青梨"宣讲团初选

主办单位：茅台学院工商管理系

承办单位：工商管理系团总支学生会

（2）选拔标准。

主要考查学生的政治素养、理论素养、宣讲能力。要求坚决拥护中国共产党的领导和中国特色社会主义制度，增强"四个意识"、坚定"四个自信"、做到"两个维护"，坚决贯彻执行党的基本理论、基本路线、基本

方略。要求具有扎实的理论基础，能够深刻领会习近平新时代中国特色社会主义思想和党的二十大精神，并准确把握马克思主义的基本原理和核心要义，自觉用中国特色社会主义理论体系武装头脑、指导实践。要求宣讲人能力出众，具有较好的语言表达能力，善于将宣讲内容转化为青年人易于接受、喜闻乐见的"青言青语"和小道理、小故事，推动党的二十大精神在青年中入耳入脑入心。

①参选资格审查。

考察形式：团总支书记书面审查

审查时间：90分钟

审查标准：根据学生提交的报名材料，着重审查学生政治立场、理论素养、演讲能力三个方面。

操作流程：

向学生辅导员了解报名参选学生基本情况；

通过学生学习等经历了解学生政治立场；

注重对学生宣讲能力的考查。

②初选活动阶段。

竞赛形式。

提前发布通知。要求学生自选党的二十大有关主题，准备5分钟的演讲。工作人员提前获取参选名单，现场随机抽号，参选学生按序号进行演讲。

参赛须知。

各参选选手必须遵守规则，按时参加参选、抽签和比赛；参选选手必须在赛前10分钟入场签到；各参选选手必须从始至终听取其他参选选手的演讲；遵守会场纪律，不起哄、不喝倒彩，做文明观众，对每一位选手的比赛都给予掌声鼓励。

评分标准。

本次演讲比赛中主题演讲采用100分制进行评判，要求理论联系实际，主题思想内容和完美的表达形式相统一。

主题思想内容占 50 分：主题鲜明深刻 15 分、联系实际 15 分，材料典型 20 分。

表达形式 50 分：有声语言 20 分、态势语言 20 分、全场效果 5 分、风度仪表 5 分。

评委评分当场计分。每位选手演讲完毕后，评委分析，把握评分尺度，为选手打分。

去掉一个最高分，去掉一个最低分，取其余的平均分为选手最后得分（保留小数点后两位）。

演讲要求。

热爱祖国，拥护中国共产党的领导，思想政治觉悟高，品行端正，积极向上，具有坚定的政治立场、正确的理想信念。

具有扎实的政治理论功底。

拥有流畅的语言表达能力。

理论联系实际，演讲内容符合学生青年特点，用自己所感、所悟、所想，宣讲党的二十大主题精神。

操作流程。

为以示公正，各参选人员在比赛前以抽签的形式决定演讲顺序，演讲顺序按抽签的结果进行。

演讲时间：不超过 5 分钟，超过 5 分钟酌情扣分。

各参选人员必须服从评委及主持的一切评判和指挥，严禁在现场发生争执以及出现影响比赛正常进行的行为，否则将取消参选资格和成绩。

演讲时，其他人员应保持安静，不准喧闹，影响参选人员正常发挥。

如出现比分一样的情况，则采取加赛的形式，决出优胜者。

（3）技术规范。

演讲主题：根据党的二十大报告内容，自选演讲主题。

（4）参选方式。

本次参选比赛根据评委打分，按照评委打分高低最终初选确定 8 名宣讲成员。

（5）参选流程。

本次初选活动共分为动员报名、名单汇总、参选名单确定、初选活动进行四个阶段。初选的整体安排如表 1 所示。

表 1　　　　　　　　　　初选整体安排

时间	环节	备注说明
10 月 24～26 日	动员报名	发布报名通知，组建 QQ 交流群。学生踊跃报名，报名对象包括大一、大二、大三的学生
10 月 27 日	名单汇总	通过辅导员鼓励及答疑解惑，学生踊跃报名，截至 10 月 26 日 17 点，共有 20 名学生提交报名表
10 月 28 日	参选名单	着重考查学生政治素养、理论知识、演讲能力，确定参选名单
10 月 28 日	初选阶段	组织参选活动，确定初选名单

（6）初选结果。

本次初选活动圆满结束，共有 8 名学生入选"青梨"宣讲团初选名单，并将初选结果报学生工作部（处），由学生工作部（处）对青年宣讲团报名人员进行资格审查，遴选确定宣讲团成员。

2. 活动思政结合点

十年树木，百年树人。我们要在全面建设社会主义现代化国家的新征程上大力培育青年力量，切实把思想和行动统一到党的二十大精神上，把力量凝聚到实现党的二十大确定的各项目标任务上，进一步统一思想、振奋精神、落实行动、砥砺奋进，助推学校发展再上新台阶。

本次"青梨"宣讲团初选面向工商管理系大一、大二、大三学生，共分为动员报名、名单汇总、参选名单确定、初选活动进行四个阶段。"志之所趋，无远弗届，穷山距海，不能限也。"参选人员积极分享对党的二十大报告的理解，修身如玉，当行善积德，做正直之人。人生的道路应该找准方向、把握目标、砥砺前行、争先创优、敦品励行。

3. 活动实施过程

（1）报名动员。

发布报名通知，组建 QQ 交流群。学生报名踊跃，报名对象包括大一、大二、大三的全体学生（见图 1）。

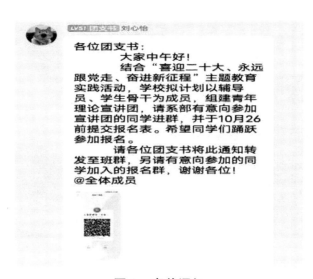

图 1　赛前通知

（2）报名汇总。

通过辅导员鼓励及答疑解惑，学生踊跃报名，截至 10 月 26 日 17 点，共有 20 名学生提交报名表。

（3）参选名单。

鼓励参与过"大学生讲思政课""微团课"等活动的同学积极报名，优先考虑优秀党员、优秀团员、优秀退伍军人、优秀学生干部、三好学生等青年加入青年宣讲团，着重考查学生政治素养、理论知识、演讲能力三个方面，共确定 12 名学生参与初选活动。

（4）初选阶段。

工商管理系于 10 月 28 日在 A1-417 教室进行"青梨"宣讲团成员初选活动。主持人讲解初选规则，在工作人员与参选选手的共同努力下，本次"青梨"宣讲团初选活动圆满结束，经过激烈的角逐，共评出 8 名青梨"宣讲团成员（见图 2）。

图 2　初选现场

4. 活动效果与反思

（1）活动成效。

初选过程中，同学们斗志昂扬、积极活跃、准备充分，现场气氛十分活跃。通过此次活动，参选人员积极分享对党的二十大报告的理解，做正直之人。人生的道路是自己选择的，上下求索之前，应该找准方向，把握目标，砥砺前行，争先创优，敦品励行。做有为青年，内外兼修，仁义廉明，将中华民族的优良品质发扬光大，做新时代青年中的中流砥柱，在复兴之路上勇做追梦人。今后，工商管理系将按照学校统一安排，把宣讲党的二十大主题精神作为重中之重，形成宣讲常态化、制度化、规范化，推动宣讲活动进班级、进支部、进网络，进宿舍，着力打通青年理论武装工作"最后一公里"。

（2）活动反思。

因报名时间短，宣传力度不够，此次竞赛的报名人数较少，覆盖面还不广，大二、大三学生参与积极性不高。以后举办此类活动时，可以加大宣传力度，尤其是要面向全体学生贯彻宣讲的主题精神，把参与宣讲对学生成长的意义讲清楚、讲透彻，以期更多学生从初选中脱颖而出，优中选优，选拔出优秀的宣讲团成员。

工商管理系第四届思政理论知识竞赛

周楚玉

活动名称： 工商管理系第四届思政理论知识竞赛

负责教师： 周楚玉

参与学生： 工商管理系全体同学

活动思政目标： 为激发同学们关注时事政治、关注国计民生的热情，提升同学们的思想政治水平，提高同学们对时政热点的关注度，工商管理系围绕党的二十大精神举办此次"工商管理系第四届思政理论知识竞赛"。

活动方案及活动流程：

一、活 动 方 案

活动名称：工商管理系第四届思政理论知识竞赛

主办单位：茅台学院工商管理系

承办单位：茅台学院工商管理系团总支学生会

竞赛规则：

（1）竞赛的题型分为必答题、抢答题、风险题三种。

（2）必答题每人必须回答 4 题，每题为 10 分，答对加 10 分，答错不得分，由参赛人员依座位次轮流作答，答题时间为 30 秒。

（3）抢答题共设 20 题，每题 10 分，答对获得 10 分值，答错扣 5 分值，每题答题时间为 30 秒。

（4）每位参赛选手共设一道风险题，每题 30 分，参赛人员可以选择答或者不答，如果选择答，回答正确获得 30 分，答错则扣掉 30 分。

（5）为以示公正，各参赛人员在比赛前以抽签的形式决定比赛顺序，答题的顺序按抽签的结果进行。各类题目用信封装好并封口，待抽签后，主持人宣布比赛正式开始时才可以拆开。

（6）回答必答题及抢答题时，只有在主持人宣布"请回答"或"开始"时才可以站起回答，否则视为无效。

（7）选手回答问题必须站立，答题完应说"答题完毕"，不可再作补充。

（8）各参赛人员必须服从评委及主持的一切评判和指挥，严禁在现场发生争执以及出现影响比赛正常进行的行为，否则将取消违纪参赛人员比赛资格和成绩。

（9）比赛时，其他人员不准作任何提示，一经发现将取消该题的回答成绩，并对相关观众予以警告，勒令离场。

（10）如出现比分一样的情况，则采取加赛的形式，决出优胜者。准备加赛题 10 题，在最终比分相同时供排名使用，加赛题为抢答题，每题 20 分，答对加 20 分，答错给对方加 20 分。

二、活 动 流 程

（一）笔试阶段

1. 笔试形式

由共青团总支部负责选取统一时间进行考试，考试形式为闭卷答题，笔试题型分为选择题、填空题和问答题三类，如果两份试卷最后得分一样，以卷面整齐者获胜。由学生会负责改卷。

2. 笔试结果公布

笔试评分完毕公布成绩，选取笔试成绩排名前 12 的人员进入决赛。

（二）决赛阶段

由初赛阶段产生的 12 名同学参与决赛，通过决赛选出一等奖 1 名、二等奖 1 名、三等奖 1 名、优秀奖 3 名。

奖项设置：

一等奖：证书 + 奖品

二等奖：证书 + 奖品

三等奖：证书 + 奖品

优秀奖：奖品

三、活动实施过程

1. 动员报名

发布报名通知，组建工商管理系第四届思政理论知识竞赛群，比赛采取个人赛形式，召开线上宣讲会。

学生踊跃报名，报名者覆盖 2019～2022 级学生。

2. 比赛指导

为了督促大家学习，检查大家的学习效果，每隔几天会推送一套模拟比赛题，每套模拟题包括三个部分：必答题、抢答题、风险题，增强参赛同学的思政意识。

四、活动效果与反思

1. 活动成效

此次活动的举办让同学们加深了对思想理论知识的掌握，深入宣传了党的二十大精神，在全系掀起了学习贯彻党的二十大报告内容及会议精神的热潮，充分展示了工商管理系自信自强、奋发进取的精神风貌。

2. 活动反思

因宣传力度不够比赛覆盖面较窄，一些学生没有及时看到消息，未及时参加比赛。下次活动可以加大宣传力度，期望更多师生从竞赛中受益。

抢答器存在问题，有选手一直按抢答器，但工作人员未看到。下次活动对于机械类设施的使用，要安排专门的工作人员负责，同时要注意掌控全场，及时应对机器失灵问题。

工商管理系禁毒知识竞赛

周红素　徐思军　王　肖　吴鹏西　赵媛媛　周楚玉

活动名称：禁毒知识竞赛

负责老师：周红素、徐思军、王肖、吴鹏西、赵媛媛、周楚玉

参与学生：工商管理系全体学生

活动思政目标：防范毒品带来的危害，提高广大大学生抵制毒品的能力，进一步加强校园毒品的预防教育工作，切实加强学校禁毒宣传工作，加深学生对于禁毒知识的了解，掀起禁毒宣传教育活动的高潮，营造全员禁毒的浓厚氛围，有力增强全体学生的禁毒意识和提升防护技能。

活动方案及实施过程：

1. 活动方案

（1）竞赛名称。

赛项名称：工商管理系 2022 年禁毒知识竞赛

赛项组别：本科组

主办单位：茅台学院工商管理系

承办单位：工商管理系团总支学生会

（2）竞赛内容。

主要包括毒品基本知识、禁毒法律法规以及青少年毒品预防教育等内容。在毒品基本知识方面考察了常见的毒品种类、新型毒品种类、常见的毒品伪装、毒品带来的危害、国际禁毒日等，禁毒法律法规方面考察了禁毒国际公约、国家出台的禁毒文件、关于毒品的犯罪行为、对吸毒行为的处理等，青少年毒品预防教育方面包括对陌生行为的判断、自身可以采取

的行动等内容。

①初赛阶段。

考试形式：闭卷答题

总分值：100 分

竞赛时间：90 分钟

阅卷人员：工商管理系团总支学生会

操作流程：

选手提前进入考场，按照座位号依次就座；

2022 年 11 月 5 日 14：00 时开始笔试；

15：30 考试结束，停止答题，收回试卷。

②决赛阶段。

竞赛形式：为每位选手配备抢答器，采取现场答题形式进行。竞赛的题型分为必答题、抢答题、风险题三种。

评分标准：

必答题每人必须回答 4 题，每题为 10 分，答对加 10 分，答错不得分，由参赛人员依次轮流作答，答题时间为 30 秒。

抢答题共设 20 题，每题 10 分，答对获得 10 分值，答错扣 5 分值，每题答题时间为 30 秒。

每位参赛选手共设一道风险题，每题 30 分，参赛人员可以选择答或者不答，如果选择答，回答正确获得 30 分，答错则扣掉 30 分。

操作流程：

为以示公正，各参赛人员在比赛前以抽签的形式决定比赛顺序，答题的顺序按抽签的结果进行。各类题目用信封装好并封口，待抽签后，主持人宣布比赛正式开始时才可以拆开。

回答必答题及抢答题时，只有在主持人宣布"请回答"或"开始"时才可以站起回答，否则视为无效。选手回答问题必须站立，答题完应说"答题完毕"，不可再作补充。

各参赛人员必须服从评委及主持的一切评判和指挥，严禁在现场发生争执以及出现影响比赛正常进行的行为，否则将取消违纪参赛人员比赛资格和成绩。

比赛时，其他人员不准作任何提示，一经发现将取消该题的回答成绩，并对相关观众予以警告，勒令离场。

如出现比分一样的情况，则采取加赛的形式，决出优胜者。准备加赛题5题，在最终比分相同时供排名使用，加赛题为抢答题，每题10分，答对加10分，答错给对方加10分。

（3）技术规范。

竞赛的知识和能力范围主要以《中华人民共和国禁毒法》、《中华人民共和国刑法》、《强制戒毒办法》、《麻醉药品和精神药品管理条例》、中国禁毒网以及禁毒的典型案例等为基本框架，对纳入题库的题目进行严格审核把关，考核学生对毒品的了解程度，提升预防毒品的能力。

（4）竞赛方式。

本次大赛为个人赛，根据选手答题成绩进行排名。学生自主报名，由工商管理系团总支学生会负责选取统一时间进行考试，考试形式为闭卷答题，笔试题型分为选择题、填空题和问答题三类，如果两份试卷最后得分一样，以卷面整齐者获胜。由学生会负责改卷。

笔试评分完毕公布成绩，选取笔试成绩排名前10的人员进入决赛。

由初赛阶段产生的10名同学参与决赛环节，通过决赛选出一等奖1名、二等奖2名、三等奖3名。

本次竞赛成绩笔试阶段采取阅卷评分、决赛阶段采取现场实时计分模式。

（5）竞赛流程。

本次大赛分为初赛和决赛两个阶段。两个阶段均采取线下赛模式进行，后期根据其他特殊情况进行调整，大赛的整体安排如表1所示。

表 1 **禁毒知识竞赛时间安排**

时间	环节	备注说明
11 月 1 ~ 2 日	动员报名	建立禁毒知识竞赛 QQ 交流群，参赛学生扫码进入交流群，做好群管理
11 月 2 ~ 4 日	赛前学习	介绍比赛形式和规则，熟悉比赛流程，解答参赛学生疑问。同时分发相关学习资料，进行赛前培训和学习，提高学生学习积极性
11 月 5 日	初赛阶段	组织报名学生进行笔试，开展阅卷工作
11 月 8 日	决赛阶段	做好赛前组织工作，组织进入决赛的学生进行现场答题

（6）奖励设定。

本次比赛采取奖项设定，不设奖金，分发对应奖品。一等奖占比 10%，二等奖占比 20%，三等奖占比 30%，即一等奖 1 名、二等奖 2 名、三等奖 3 名。分别颁发获奖证书和相应奖品（见表 2）。

表 2 **奖项设置**

	获奖等级	奖品
奖品	一等奖	蓝牙耳机
	二等奖	电动牙刷
	三等奖	充电宝
	参与奖	小礼品

2. 活动思政结合点

随着信息时代的到来，各种犯罪现象层出不穷，尤其是毒品犯罪。近年来，一些缺少社会阅历的青少年抵挡不住毒品的诱惑，年纪轻轻的就走上了吸毒、贩毒的道路。

党和国家曾就禁毒工作作出许多重要论述及指示批示，禁毒事关国家安危、民族兴衰、人民福祉。青年是整个社会力量中最积极、最有生气的力量，高校大学生是青年群体中的中坚力量，肩负时代重任，要做新时代的青年追梦人，所以加强青年大学生的毒品教育尤为重要。

本次大赛以禁毒为主题，该赛项面向工商管理系全体在校学生，帮助学生了解禁毒知识，提高学生的毒品防范意识，考查学生的知识学习能力、团队合作能力、临场应变能力，调动了学生的学习积极性。

3. 活动实施过程

（1）报名动员。

通过辅导员、系学生会、班级班长等渠道发布此次竞赛报名通知，组建QQ交流群，方便及时发布活动通知、解答参赛选手疑问等。学生报名踊跃，短短一天，报名人数达到110人，包括大一、大二、大三的学生。

（2）比赛指导。

初赛前提供禁毒知识学习资料，在QQ交流群分发相关学习资料，采取线上与线下相结合的学习形式，学生可以到办公室咨询竞赛问题，以线上自主学习为主，指导老师和活动负责人在QQ群进行答疑（见图1）。

图1 赛前学习培训

（3）初赛阶段。

2022 年 11 月 5 日组织了工商管理系禁毒知识竞赛，比赛开始前进行了简短的动员会，由主持人介绍比赛流程、规则和特别注意事项。经过 90 分钟的笔试，由共青团总支部学生会进行阅卷，最终笔试成绩排名前 10 的人员进入禁毒知识竞赛的决赛环节。

（4）决赛阶段。

11 月 8 日举行工商管理系禁毒知识竞赛决赛，主持人讲解比赛规则。在工作人员与参赛选手的共同努力下，本次禁毒知识竞赛活动圆满结束，经过激烈的角逐，最终评出一等奖 1 名、二等奖 2 名、三等奖 3 名（见图 2）。

图 2　决赛比赛现场

4. 活动效果与反思

（1）活动成效。

竞赛过程中，同学们斗志昂扬，积极活跃，纷纷举手抢答，现场气氛十分活跃。通过此次活动，让同学们充分认识到当前禁毒形势的严峻，使同学们牢固树立"珍爱生命、远离毒品"的意识，自觉抵制毒品诱惑。今后，工商管理系将继续把禁毒工作作为重中之重，结合本系实际开展禁毒教育系列活动，切实加强学校禁毒宣传教育工作，营造全员全过程禁毒的浓厚氛围，进一步推动全体同学禁毒意识和防护技能的提升。

（2）活动反思。

本次活动因报名时间短，宣传力度不够，报名人数只占到全系学生的10%，覆盖面还不够广，尤其毕业年级大四的学生参与积极性不高。下一步可以加大宣传力度，将禁毒知识竞赛覆盖到本系全体学生，以期更多学生从禁毒知识竞赛中受益。